焦竑与晚明新儒思想的重构

钱新祖 著 宋家复 译

东方出版中心

图书在版编目(CIP)数据

焦竑与晚明新儒思想的重构 / 钱新祖著；宋家复译.
—上海：东方出版中心，2017.7
　ISBN 978－7－5473－1124－0

　Ⅰ.①焦… Ⅱ.①钱… ②宋… Ⅲ.①焦竑(1540—
1620)—哲学思想—研究 Ⅳ.①B248.995

中国版本图书馆CIP数据核字(2017)第101951号

　　上海市版权局版权合同登记号：图字09-2017-336号
本书简体中文版由台湾大学出版中心授权出版

焦竑与晚明新儒思想的重构

出版发行：东方出版中心
地　　址：上海市仙霞路345号
电　　话：62417400
邮政编码：200336
经　　销：全国新华书店
印　　刷：常熟新骅印刷有限公司
开　　本：720×1020毫米　1/16
字　　数：241千字
印　　张：19.25　插页2
版　　次：2017年7月第1版第1次印刷
ISBN 978-7-5473-1124-0
定　　价：58.00元

东方出版中心邮购部　电话：(021) 52069798

献给三位老师

James B. Parsons, Jr.

Donald M. Lowe

Wm. Theodore de Bary

谢　辞

我想要对这本书所题献的三位老师表达特别感激之意：James B. Parsons, Jr.教授，他的明史专家风范引发了我对近世中国历史最初的兴趣；Donald M. Lowe教授，我从他的身上学会了思考不一定需要是实证式的，以及思想史的确可能作为一种具有学科性格的知识形式；以及Wm. Theodore de Bary教授，他作为我在哥伦比亚的导师，以及在这个国家（译注：指美国）中新儒思想研究发展的原初动力，他教导我中国思想传统之所以值得追寻，不仅仅是因为它作为一个学术关怀的对象，具有历史上的意义与相关性，同时由于它作为一个人文主义的承担与事业，具有哲学上的重要意义。

我在哥伦比亚当研究生的期间，极大地受惠于Yoshito S. Hakeda教授与Philip B. Yampolsky教授的教导，他们引领我进入中国佛学文本的专业堂奥（technicalities），如果没有受过他们的训练，本书的一大部分将无法写成。我深深地感谢他们。我也同时深深地受惠于陈荣捷教授，我无法正式地宣称他是我的老师，但是通过他对中国哲学的等身著作，以及他对本书初稿的批判性审阅，我受益良多。

许多朋友与同事都曾对本书提供了协助。我要特别感谢Irene T. Bloom博士以及David T. Roy教授，他们以审慎、敏锐的态度阅读了初稿。他们具有建设性的批评让我免于犯下一些难堪的错误。Guy S. Alitto教授、何炳棣教授、李欧梵教授与邹谠教授也都读了本书部分或全部的初稿,提供许多有用的评语,对此我非常感谢。同时我要对芝加哥大学远东图书馆的工作人员致上谢意,特别是James K. M. Cheng 与 Wen-pai Tai 先生,基于他们的协助,我得以越洋取得善本书的复本,以及 Tai-loi Ma 先生慷慨的书目咨询。Matthew A. 以及 Amy Sanders Levey 编制了索引,感谢他们的协助。

我三篇之前已经刊布过的文章收录在本书之中,我要感谢期刊编辑与出版社允许我使用这些材料:"Chiao Hung and the Revolt against Ch'eng-Chu Orthodoxy," 收入于Wm. Theodore de Bary 等:*The Unfolding of Neo-Confucianism* (New York: Columbia University Press, 1975);"The Neo-Confucian Confrontation with Buddhism: A Structural and Historical Analysis," *Journal of Chinese Philosophy* 9(1982);以及 "The Conception of Language and the Use of Paradox in Buddhism and Taoism," *Journal of Chinese Philosophy* 11(1984)。

最后,我想要感谢我的妻子Anne,她作为我在中国思想史研究旅途上的友伴,经常扮演着我忠贞不渝的批评者,这是一份辛劳、沮丧而无从言谢的工作。她对这本书的贡献,远远比她自己所认定的更多。

目　次

第一章
问　题

正　名

　　虽然本书聚焦于一位个别人物，但它其实关心晚明三个牵涉广泛的议题：宗教折衷（syncretism），特别是在新儒思想家中流传的那种；新儒思想中程朱与陆王学派之间的历史性争议；以及考据学作为一个形构（as a formation）的兴起。"宗教折衷"这个词语，在宗教研究中为学者经常使用，然而在这些使用者之间，对其精确的定义并没有达成共识，有些例子里，单一学者的个人著作中，在这个词语的使用上甚至都有歧义。例如，Helmer Ringgren 在他的文章《折衷诸问题》（"The Problems of Syncretism"）里，将宗教折衷定义为"任何两种或更多宗教的混合……其间来自数个宗教的元素融合并且彼此影响。"[1] 这个定义没有明显地区别下列两者：宗教折衷作为一个"来自数个宗教元素融合"的过程，以及宗教折衷作为这样一个过程的结果，也就是"任何两种或更多宗教的混合"。大致上说，Ringgren 似乎想要折衷这个词语同时指涉这两者。但是他使用这个词语时，并未保持前后一致，因为就在同一篇文章中，他也谈到"折衷的最后

---

[1] Helmer Ringgren, "The Problems of Syncretism," in *Syncretism*, ed. Sven S. Hartman (Stockholm: Almqvist & Wiksell, 1969), p. 7.

产物、结果",[1]因此将宗教折衷的定义仅限定于混合的过程,而不含混合的结果。

不同于 Ringgren, Ake Hultkrantz 将宗教折衷下列两者区分开来:作为一个混合的过程,以及作为这个过程的最终产品——亦即混合物。他将后者称为"混融"(fusion),并将宗教折衷这个词语完全保留去指"宗教混融的过程,而不论混融这个词所具有的进阶意义"。[2]在本书中,我将大致依循 Hultkrantz 的定义,但是作出一些修正。一方面,我将保留 Hultkrantz 对于混合过程与最终产物之间的区辨,也将如同 Hultkrantz 一般,用"宗教折衷"一词只指这样一种过程。另一方面,我不仅将混合过程包含在宗教折衷一词之中,同时也包含为此过程提供证成理由的一种意识在内。这种意识虽然不一定在所有混合宗教的人身上找得到,但是的确盛行在许多这些人之中,因此,它作为宗教折衷的充分而非必要条件被包含进来。

此外,我将使用综合(synthesis)一词代替 Hultkrantz 的"混融"。本书中所使用的"综合",相当于 Hultkrantz 的"混融",定义为"完成的宗教合并"(complete religious amalgation)。[3]不过,它并不是一个宗教折衷的最终产物的完整概念。"混融"或者综合,只是来自宗教折衷的一种可能的产物。虽然综合可以是宗教折衷的一种产物,但是它与宗教折衷并无必然的关系。如同下文所示,虽然在某些例子中,宗教折衷与综合都有出现,但是也有一些例子只有折衷而无综合,或者是只有综合而无折衷。

---

[1] Helmer Ringgren, "The Problems of Syncretism," in *Syncretism*, ed. Sven S. Hartman (Stockholm: Almqvist & Wiksell, 1969), p. 12.

[2] Ake Hultkrantz, "Pagan and Christian Elements in the Religious Syncretism among the Shoshoni Indians of Wyoming," in *Syncretism*, p. 15.

[3] 同上。

宗教折衷：晚明时期从传统出发创新

长远以来，宗教折衷在中国历史上有诸多倡议者与实践者。例如说，当佛教最初被引入中国的时候，它是被接受为本土道教的另一个面向。如同东汉（25—220）的楚王英（公元71年卒）与桓帝（147—167年在位）这两人的例子所显示，当时佛陀和孔子是一起受奉于供奉老子与黄帝的寺庙。[1]就某种程度而言，早期这种将民间宗教性质的佛教崇奉，与儒教、道教神祇的本土狂热崇拜的混杂现象，可以被视为中国人最早接触到佛教时，一种不适当理解的反映。不过，这种现象持续至今，成为中国宗教实践的显著特征。[2]

在思想的领域里，有意识地去调和作为外来宗教的佛教以及本土儒教与道教的努力，很早就开始了。早在公元2世纪下半叶，华东地区已经出现老子西行与化"蛮夷"的奇妙故事。这故事在西晋（265—316）期间，由道教大师王浮系统化为《老子化胡经》，稍后被道教徒们一再征引，以便证明他们的宗教优于佛教。不过，一开始的时候，这个故事是被用来作为接受外来佛陀与本土神祇如黄帝与老子两者具有平等地位的证明。[3]作为这样的证明，《老子化胡经》借着三教具有共同祖先这点，暗示三教一源的理念，这个理念在此后整个中国史上一再被重申，作为三教合一性的两个基本证成方式之一。

第二个证成方式——殊途同归——是衍生自《易经》中的一种表达方式。在《易经》中，它是作为第三十一卦咸卦注解的一部分。不过，在它原来的脉络里，殊途同归并没有宗教折衷的意思。事实上，

［1］汤用彤：《汉魏两晋南北朝佛教史》（台北：台湾商务印书馆，1965年），1: 39-42。

［2］Nakamura Hajime（中村元），*Ways of Thinking of Eastern Peoples* (Honolulu: East-West Center Press, 1964), pp. 293-294.

［3］关于这个传说的起源、发展及其在中国历史中的角色，参见王维诚：《老子化胡说考证》，《国学季刊》第4卷第2期（1934年）。

咸卦注解中的"途"这个字,并不指涉任何思想上的学派或宗教教派,
而是指各式各样的思虑计算过程,《易经》认为这些思虑计算过程与
宇宙自然而然的运转相悖反,所以要加以抨击,使其不为人所信。[1]
不过在汉代之后的长期分裂中,殊途同归成为一个宗教折衷的公式,
并且被广泛地引用,作为三教和谐的证成。例如,慧远(334—416)在
对抗儒家的理性主义,为佛教"业"的教理辩护的时候,让步性地给予
儒家某种有效性,并且要求他的跟随者"不惑众途而骇其异",因为他
说:"则知理会之必同。"[2]慧琳,虽然经常因为他批评佛教的文章《白
黑论》,而被描述为一位佛教的叛教者,但事实上在他文章中承认佛
教作为一套教理的重要性。他认为佛教"慈"与"悲"的教旨,乃是与
儒家"信"与"顺"的德行非常不同,却又朝向相同目标。他也认为,
佛教的"六度"[3]与儒教的"五常"[4]平行不悖。基于这些理由,他为
自己的文章《白黑论》取了一个副标题:均善论。[5]

[1]《周易》,8: 3b-4a,参见 James Legge trans., *The I Ching: The Book of Changes* (New
York: Dover Publications, 1963), p. 389。Richard Wilhelm and Cary F. Baynes
trans., *The I Ching: Or Book of Changes* (New York: Pantheon, 1961), 1: 362-363。
(译按:此处咸卦注解应指《易经·系辞下传》第五章,针对咸卦九四爻辞所作的
衍生。)

[2]〔东晋〕慧远:《三报论》,释僧祐编:《弘明集》,《大正新修大藏经》(后皆引作《大
正藏》),第五十二册, no. 2102,页34。

[3] 六度为:布施、持戒、忍辱、精进、禅定、智慧。参见 W. E. Soothill, *A Dictionary
of Chinese Buddhist Terms*(台北:成文出版社,1969年;后皆引作 *Dictionary*),
pp. 134-135。

[4] 五常为:父义、母慈、兄友、弟恭、子孝。参见《辞海》(台北:中华书局,1965年),
1: 140。

[5] 这篇文章的原始形式已经不存,部分被引用在宗炳(375—443)致何承天(370—
447)反驳慧琳《白黑论》的信中。宗炳致何承天的信收在《弘明集》中,乃是常
盘大定(《支那に于ける佛教と儒教道教》〔东京都:东洋文库,1930年〕,页74-
77)讨论慧琳的主要史料。常盘大定采用宗炳的信件,解释了他将慧琳视为佛教
叛教者这个稍嫌一面之词的说法。我对慧琳这部分的分析则是奠基于一段保留
在慧琳传记中的《白黑论》长引文,见于《宋书》(百衲本), 97: 14b-19b。亦可参
见 Walter Liebenthal, "The Immortality of the Soul in Chinese Thought," *Monumenta
Nipponica* 8 (1952): 365-373。

同样的殊途同归观念，也为颜延之（384—456）——一位南朝宋（420—479）的佛教徒兼儒者——所援用。颜延之区别出三种学问："言道者"、"论心者"与"校理者"。颜延之明指为道教的"言道者"立本于天，并重视"练形"；佛教的"论心者"聚焦于人，而强调"治心"特别重要；第三种"校理者"的学问，颜延之并未联系到任何特定的教理，但是大致上可以推定他是在指儒教，这种学问中心环绕着"物"与"事"。这样的三教对颜延之来说，似乎在偏重和关怀上有所不同。然而，它们就其"要"而言却是一致的，因为它们的分别就好像那些分歧，但是最后全都合流至同样终点的诸多路途一般（"从而别之，由途参陈，要而会之，终致可一"）。颜延之说："达见同善。"[1]

如同上述诸例所显示，宗教折衷在中国具有一个长远的传统。而这个传统的两个基本理念，在六朝（222—589）时代就已经发展良好。这个宗教折衷的传统，构成了后代（包含明代〔1368—1644〕）宗教折衷者们的灵感与发声的象征资源。不过，虽然明代之前的宗教折衷传统作为象征资源的相关性不容否认，晚明的宗教折衷不能够被简单地视为这个传统的延续。晚明的宗教折衷在力道与重要性上都是独一无二的，特别是就它将儒家建构为一套哲学的意涵而言。因此，曾经有过"道家穿透明代新儒精英阶层"[2]这样的说法，以及"只有在对于这些（道家）元素有一个较佳理解的情况下，我们才能够对于王阳明以及阳明学派在浙江、泰州以及江西的各种分支得到一个真实的了解"。[3]同样的说法，对于晚明的一些新儒者之于佛教

---

[1] 颜延之：《庭诰二章》，《弘明集》，页89。

[2] Ts'un-yan Liu(柳存仁), "The Penetration of Taoism into the Ming Neo-Confucianist Elite," *T'oung Pao* 57 (1971年).

[3] Ts'un-yan Liu, "Taoist Self-Cultivation in Ming Thought," in *Self and Society in Ming Thought*, Wm. Theodore de Bary and the Conference on Ming Thought (New York. Columbia University Press, 1970; 后皆引作 *Self and Society*), p. 308。

的关系也说得通。许多泰州学派的成员,像是管志道(1536—1608)、李贽(1527—1602)、杨起元(1547—1599)、周汝登(1547—1629),以及焦竑(1540—1620),他们都自由地援引佛教以及道教的资源去诠释儒家经典。[1]他们成为著名的"狂禅"者,特别是杨起元,他经常被挑出来,作为在科举应试时运用佛、道观念的第一人。将佛、道思想注入儒家的趋势,在泰州学派里可能是最显著的。但是这个趋势并不局限于泰州学派。晚明的古典学术世界里,充满了以折衷风格撰写的注释作品。[2]

　　就这方面而言,晚明的宗教折衷明显地不同于其先行传统,这个传统主要在佛—道的架构中运作,鲜少关注宗教折衷对于儒家作为一套哲学所能造成的实际影响。例如在后汉与六朝早期,"格义"是一种受欢迎的解释工具,通过这个工具,许多佛、道之间的观念交换于此成形发生。格义并没有在般若本体论的层次上,导引产生出任何儒家思想中的哲学综合。辨认佛教以及儒家思想中的元素的工作,有时是由像慧琳这种佛教僧人来执行的,但是这个工作对慧琳来说,只意味着一种开放心胸,不包含以一家思想观念去重新诠释其他家思想观念的意义。或者,如同在慧远的例子中,格义的实行是作为一种有意识的劝诱改宗机制。慧远得到他的老师道安(312—385)的明白授权,使用《庄子》作为解释佛教的媒介;在他论及业、转生,以及僧伽权利等的文章中,都包含来自《老子》、《庄子》、《易经》以及其

---

[1] 关于管志道、杨起元、周汝登这些宗教折衷者,参看荒木见悟:《明代思想研究:明代における儒教と佛教の交流》(东京都:创文社,1972年;后皆引作《明代思想研究》),页130-139、237-243。关于李贽的宗教折衷主义,参看Wm. Theodore de Bary, "Individualism and Humanitarianism in Late Ming Thought,"(后皆引作:"Individualism and Humanitarianism")in *Self and Society*, pp. 209-213。

[2] 参看Araki Kengo(荒木见悟), "Confucianism and Buddhism in the Late Ming," in *The Unfolding of Neo-Confucianism*, Wm. Theodore de Bary and the Conference on Seventeenth Century Chinese Thought (New York: Columbia University Press, 1975), pp. 53-54。

他古典文献作品的引文。但是,在他与鸠摩罗什(344—413)大量的书信往来之中,慧远从未引用指涉到中国经典作品或者任何哲学观念,除了仅仅一次提到过"阴阳"。[1]因此,对于慧远这样的僧人来说,提及儒家经典仅仅只是诉诸有教养的中国公众的工具。这些引用是基于方便的理由,而对儒者作出的策略性的让步,并不试图侵犯儒家思想教义的完整性,以便形构出宗教折衷。

意识到儒家经典具有作为一种宣传的策略性工具的价值,这点在传说的《理惑论》的作者——牟子中极其明显。当他被问到为何依赖《诗经》、《书经》而不是佛教经典来支持其论证的时候,牟子说:

> 吾以子知其意,故引其事。若说佛经之语,谈无为之要,譬对盲者说五色,为聋者奏五音也。[2]

牟子这种纯粹马基雅维利式的运用经典以及其毫不掩饰的承认,可以被视为一种并不为当时信佛儒者(Buddho-Confucians)所共有的个人古怪习性,牟子本应为这些信佛儒者的代表人物,但是这些信佛儒者对儒家经典的接受程度很可能比牟子来得更为坚定。不过,牟子在《理惑论》中的护教口气,在当时的宗教折衷文献中具有相当的典型性。那个时期的信佛儒者继续将佛教与儒家的元素配对成行,即使在格义作为一种解释的工具已经不再被使用之后,[3]他们也取

007

---

[1] E. Zürcher, *The Buddhist Conquest of China: The Spread and Adaptation of Buddhism in Early Medieval China* (Leiden: E. J. Brill, 1959; 后皆引作 *The Buddhist Conquest of China*), p. 12。

[2] Wm. Theodore de Bary et al., eds., *Sources of Chinese Tradition* (New York: Columbia University Press, 1964), 1: 278-279.

[3] 亦即,在鸠摩罗什于401年到达长安之后。参看Kenneth K. S. Ch'en (陈观胜), *Buddhism in China* (Princeton, N. J.: Princeton University Press, 1964), p. 69。

资于宗教折衷两种标准理念的各种不同形式,以便证成他们的佛教追求。不过,他们虽然同时拥抱佛教与儒家思想,但并未试图将两者统合为一。我们可以引用颜之推(531—591)作为一个例子。颜之推谴责那些"归周、孔而背释宗"者的"迷",他说佛教与儒家教义,"本为一体",以及佛教徒的五种之禁[1]中的每一条其实都与儒家的五常"符同"。[2]因此在这种联系概念以展示佛教与儒教的根本一致性的作法里,颜氏是依循一种宗教折衷的作法,这种作法到颜氏的时代为止,已经几乎成为具有佛教倾向的儒士文人之间的一种常习。[3]但是,具有很典型意义地,颜氏的宗教折衷出现在一个护教性的脉络里,在此脉络中,他试着去回答某些对佛教的批评,以便向他的子孙郑重申明佛教教义的有效性。对颜氏来说,儒、佛两教在教义的语汇上并没有混融,两者事实上均被视为有效,但是只在各自的领域中有效。颜氏向儒家的古典传统寻求社会行为的理想模式,但是将所有终极价值与宇宙本然的系统玄思都保留给佛教。[4]

因此,对颜氏以及当时大多数的信佛儒者来说,佛教与儒家之间的紧张可以经由一套奠基于部门化(compartmentalization)原则的宗教折衷逻辑而得到消解。这套逻辑预设了在同一性中有差异的观念(the idea of difference in identity),以及这套逻辑作为一个协调介体(harmonizing agent),设法将两种教义以各自分立的方式结合起

---

[1] 亦即,佛教徒十戒当中的前五戒:不杀生、不偷盗、不邪淫、不妄语、不饮酒。参看:Soothill, *Dictionary*, p. 118。

[2] 颜之推:《颜氏家训·归心篇》,收于释道宣编:《广弘明集》,《大正藏》,第五十二册,no. 2103,页107。

[3] Leon Hurvitz, "Wei Shou, Treatise on Buddhism and Taoism," *Yün Kang* 16(京都大学,1956):33n2.(译按:这篇应收录在京大出版的《云冈石窟》第十六卷,原文是在页23。)

[4] Albert E. Dien, "Yen Chih-t'ui (531-591+): A Buddho-Confucian," in *Confucian Personalities*, eds. Arthur F. Wright and Denis Twitchett (Stanford, Calif.: Stanford University Press, 1962), pp. 43-64.

来。基本上,同样的状况似乎在稍后的中国历史上持续流行。如同他们在六朝的先行者一样,隋(581—618)、唐(618—907)、宋(960—1279)、元(1279—1368)的开明僧人以及具有佛教倾向的儒者宣称三教合一,做法是:权衡诸多观念以及在很多语汇上画上等号,但是并不试图去将儒家搅和在一个哲学性的综合中。这些稍晚时期的僧人,有时候以也许可以视为判教作为的衍生的方式来表达宗教折衷,这种判教作为在稍早的时代是用来系统化以及调和佛教教义的内在矛盾,[1]但是现在也被用来吸纳像是儒家与道教这样的非佛教教义。因此,智颉(538—597)不仅建构了一个全面的分类系统,能够调和歧异而又经常矛盾的诸多佛教经书,[2]并建构一个试图将儒家吸纳于其中的细致的"观心"理论。根据智颉所言,儒家以其"五常"、"五行"、"五经"等,乃是一"世间法药",相当于佛教的"三皈"、"五戒"、"十善道"以及"四禅"等。[3]儒家提供了一种"假观",这种"假观"被彻底了解的时候,终将引导修行者达到"破法遍",亦即智颉的"观心十法门"的第四法门。[4]在智颉看来,对于那些因为他们"根性薄弱"以至于"不堪深化"的人来说,儒家是必要的;儒家在中国担负了为大乘与小乘佛教传入中国搭建舞台的历史性功能。[5]

---

[1] 参看 Leon Hurvitz, *Chih I* (Ph.D. dissertation, Columbia University Press, 1959), pp. 233-251。

[2] 也就是所谓"五时八教"的设计,同上书,pp. 252-301。

[3] 〔隋〕智颉:《摩诃止观》,《大正藏》,第四十六册,no. 1911,页 77。三皈指的是皈依佛、皈依法、皈依僧,见 Soothill, *Dictionary*, p. 69;十善道的定义是断除十恶道:杀生、偷盗、淫欲、妄语、二语、绮语、恶语、贪、嗔恚、邪见,见 Soothill, *Dictionary*, pp. 47, 50;四禅为通往四静虑天的四种禅定,见 Soothill, *Dictionary*, p. 179。

[4] 智颉对"观心十法门"的详细阐释,载于其《摩诃止观》,《大正藏》,第四十六册,no. 1911,页 52-100。另可参看 Hurvitz, *Chih I*, pp. 367-368。

[5] 智颉:《摩诃止观》,《大正藏》,第四十六册,no. 1911,页 78。

009　　虽然宗密(780—841)在他的《禅门师资承袭图》[1]中,对禅宗诸派进行判教,但是他在《原人论》中扩展视野,将儒家与道教包含在内(和智颛一样),稍后在从事评价"人天教"时,[2]宗密亦对儒家、道教有所讨论。在《原人论》的序言中,宗密说:

> 孔、老、释迦皆是至圣,随时应物,设教殊途。

因此,佛教与非佛教的教理虽然不同,但是彼此互补。整体来看,他们将会:

> 内外相资,共利群庶。策勤万行,明因果始终;推究万法,彰生起本末。

　　此外,三教通过赏善罚恶来鼓励善行,都指向一个有次序的社会之建立,也都应被尊敬奉行。宗密说:"然当今学士各执一宗,就师佛者,仍迷实义",为了矫正他认为时人流行常犯的"滞"与"偏",宗密在《原人论》中尝试:"依内外教理推穷万法",他一个一个地详细检验,"从浅至深"。[3]

　　相较于六朝的僧人,智颛与宗密拥有比较不那么简单而散漫的宗教折衷意识。这个意识显示在一个系统性尝试之中,尝试将三教纳入单一并具有高低位阶的共同分类体制。不过,这个尝试并未改

---

[1] 本文载于《大日本续藏经》,第一辑,第二篇,第十五套,第五册,页433b-438a,为《中华传心地禅门师资承袭图》。

[2] 本文载于《大正藏》,第四十五册,no. 1886,页707-710。值得注意的是,早先的判教文本如《提谓波利经》皆从"人天教"开始讲起,但宗密的《原人论》却在讨论"人天教"之前先有讨论儒教、道教的章节。

[3] 《大正藏》,第四十五册,no. 1886,页708。英译对原文稍微作过修正,出于Wm. Theodore de Bary ed., *The Buddhist Tradition* (New York: Modern Library, 1969), p. 181。

变作为早期信佛儒者逻辑之特色的部门化原则。智颛与宗密将佛教与非佛教之教理纳入具有高低位阶次序的单一体制，这种安排乃是一鸽巢归架式（pigeonholing）的机械行为。这套作法为每一套教理预先指定一个固定的位置，而且不允许从一套教理到另外一套教理的观念移植。此外，似乎存在于智颛与宗密的衍生性判教作法之基础中的自由普遍性（liberal catholicity），仍然受限于一个终极的排他性，借此排他性，智颛与宗密将佛教护卫为他们自己的教理。因此，智颛的儒学仅是一套"世间法药"，并不提供"毕竟智"。如果真要达到解脱，儒学需要被超越。[1]对宗密来说，佛教与非佛教教理差别的重要性并不下于他们的互补性；他在《原人论》的序言中说：

> （译按：儒道佛）虽皆圣意，而有实、有权……推万法，穷理尽性，至于本源，则佛教方为决了。

因此，在宗密《原人论》中所论及的儒家与道家被拒斥为"权教"（delusions）。[2]对智颛与宗密两者来说，宗教折衷的目的仍然是高举佛教。他们容忍作为一个非佛教的儒家，并且在促使儒者投入一场哲学对话，以便建立一套信佛儒者的综合论述这点上，两人并不比较早的僧人们更感兴趣。

这个将初步的容忍与终极的排他性的混合，在隋代之后的高僧中，是一个共通的现象，这些高僧并不总像智颛与宗密这样野心勃勃的系统建立者，但他们在表面上看起来还是兼容并蓄的。举一个例子来说，智圆（976—1022）认为三教就"迁善而远罪，胜残而去杀"而言是"同"，但是智圆说："（儒、道）虽广大悉备，至于济神明、研至理

---

[1] 智颛：《摩诃止观》，《大正藏》，第四十六册，no. 1911，页77。
[2] 《大正藏》，第四十五册，no. 1886，页708。英译文字对原文稍微作过修正，出于de Bary ed., *The Buddhist Tradition*, p. 181。

011 者,略指其趣耳。大畅其妙者,则存乎释氏之训。"[1]

然而,有一个明显的例外存在;在一片僧侣排斥外教的行列中,契嵩(1007—1072)基于他对非佛教的儒家与道家的全心接纳显得与众不同。如同智颛及其他许多之前的僧侣一样,契嵩也将佛教的五戒十善与儒家的五常相提并论。[2]但是,不同于智颛与其他僧人,契嵩并不坚持将佛教视为"毕竟"之教,这种宗派至上意识的必需性(sectarian necessity)。他说:

> 夫圣人之教,善而已矣;夫圣人之道,正而已矣。其人正,人之;其事善,事之。不必僧,不必儒,不必彼,不必此。[3]

所以契嵩接纳佛教与儒家,以及其他的诸子百家的教义是平等的,并且将它们视为维护世界秩序同样不可或缺的,因为它们都是"善道"。他又说:"亏一教,则损天下之一善道,损一善道,则天下之恶加多矣。"[4]

除了对非佛教教理的非高低位阶性的态度之外,契嵩也以著有论"孝"、"礼"、"乐"、"风俗",以及"大政"[5]等许多论文而著名,而这些都是典型的儒家关怀。不过,这些论文的内容,比起它们是由一位佛教僧人所撰写的事实来说,并不特别值得被纪念。事实上,契嵩几乎完全是以正统儒家的语汇来讨论这些问题,除了一篇以外,其他论文完全没有提到佛教经典或观念。因此,它们并不能被认为是企

---

[1]〔宋〕智圆:《四十二章经序》,《闲居编》,《大日本续藏经》,第一辑,第二篇,第六套,第一册,页32a-32b。
[2]〔宋〕契嵩:《辅教篇》(上),《镡津文集》,《大正藏》,第五十二册,no. 2115,页649。
[3]契嵩:《辅教篇》(中),同上,页657。
[4]同上书,页660。
[5]这些文章收集在《镡津文集》中,《大正藏》,第五十二册,no. 2115。

图综合儒家与佛教教理的努力。例外的那篇，是论"孝"的文章，这篇文章很可能是在前现代的中国历史上，由一位佛教僧人对这个主题所作过的最具系统性与最完整的说明。在这篇论文中，契嵩试图去肯定孝道既是儒家也是佛教的德行。他说："以孝而为戒之端也"，就此而言，"五戒有孝之蕴"。基于这个理由，"笃孝不若修戒"。明确地说，"不杀"之戒乃是五戒之首，"犹可以广乎孝子慎终追远之心也"，[1]因为"不杀"不仅仅是对有情众生慈悲，它也具现了对双亲的"虑"。[2]契嵩说：

> 圣人以精神乘变化而交为人、畜。更古今混然茫乎，而世俗未始自觉。故其视今牛羊，唯恐其是昔之父母精神之所来也，故戒于杀，不使暴一微物，笃于怀亲也。[3]

这个对孝的诠释，毫无疑问地是综合性的；它使用了佛教的轮回理论，以便为儒家的孝道观念提供一个业报的约束，而儒家的孝道观念转而给予了佛教的不杀戒条一个清楚的家庭取向。不过，作为一个综合，这个对孝的诠释并不是出自契嵩的宗教折衷，它的逻辑仍然是部门化的。契嵩将佛教描绘为关怀对世间的超越的圣人教诲，而儒家则是关怀世界的治理的教诲。[4]就这方面而言，他与六朝的信佛儒者并无不同。因此，不令人惊讶的，他对孝道的综合性诠释是在一个护教的脉络中达成的，在这个脉络里，他尝试向佛教的批评者们展示："大孝，诸教皆尊之，而佛教殊尊也。虽然，其说不甚著明于天

---

[1] 间接提及《论语·学而第一》第九条："慎终追远，民德归厚矣"的文字。
[2] 契嵩：《辅教篇》(下)，《镡津文集》，《大正藏》，第五十二册，no. 2115，页660—683。
[3] 同上书，页660。
[4] 契嵩：《辅教篇》(上)，页651。

下。"[1]这个诠释乃是偶然而生,是契嵩面对唐朝以来、因新儒思想兴起而日渐高涨的儒者敌意,感到需要以儒家语汇去为他自己的信仰辩护所产生的副产品。因此,其意义可以视为中国佛教内部的汉化表征,而不是为了宗教综合而尝试去重新建构儒家思想的表现。

如同Zürcher所指出的,早在六朝时期的信佛儒者的护教文献,常是以一种"陈腔滥调、重复到令人生厌的问答方式"[2]所写成。比较起来,较晚时代的信佛儒者对宗教折衷所作的努力,则是以一种比较具有想象力跟多样化的语汇所陈述。除了那种较早的信佛儒者所写的,以及像是刘谧跟沈士荣这些六朝以后的信佛儒者所继续书写的那种护教文献,[3]后者也开始使用诸多隐喻去提示三教合一。举例来说,李士谦(523—588)是一位即使在半年一度的家族聚会中也不吃肉、不喝酒的虔诚信佛儒者,当他被问到三教的价值比较的时候,他说:"佛,日也;道,月也;儒,五星也。"[4]也出现了各种图表,其中陶宗仪(1316—？)的《三教一源图》可能是最清晰详尽的。[5]不过,虽然表达上面的复杂性逐渐成长,比起他们的前辈,稍晚的信佛儒者对于综合儒家思想与佛教并未有更显著的兴趣;我们在耶律楚材(1190—1244)的生平与思想中,可以找到一个一模一样的当代颜之推。当他被一个朋友批评过度耽溺于佛教并因此忽略了儒家的时候,耶律楚材回答说:

014

　　予谓穷理尽性莫尚佛乘,济世安民无如孔教;用我则行宣

[1] 契嵩:《辅教篇》(下),页660。
[2] Zürcher, *The Buddhist Conquest of China*, p. 12.
[3] 刘谧:《三教平心论(序文纪年1324本)》,《大正藏》,第五十二册,no. 2117,页781-794;沈士荣:〈续原教论(序文纪年1385本)〉(南京:金陵刻经处,1875年)。
[4] 《北史》(百衲本),33: 31b, 33a;《隋书》(百衲本),77: 2a-2b, 4a。
[5] 陶宗仪:《南村辍耕录》(北京:中华书局,1959年),页376-377。另见于 F. W. Mote, "Notes on the Life of T'ao Tsung-i"。

尼之常道,舍我则乐释氏之真如,何为不可也?[1]

因此,对于六朝以后的信佛儒者而言,他们的操作逻辑仍然是部门化的,而这个部门化逻辑作为一个宗教折衷的公式,其支配力可以由"鼎"(tripod)这个隐喻的受欢迎程度得到证明。刘谧将这个隐喻归功于智圆和尚;[2]这个隐喻担任了那种中国历史上大半时期所流行的宗教折衷的完美象征,而这种虽然多元化但却部门化的宗教折衷,只主张儒、佛与/或道并列,但不追求宗教综合。

不过,一个明显的变化发生在晚明的宗教折衷情境之中,其时一群有佛、道倾向的新儒学者,尝试去形构一个也涉及儒家思想的综合。如同我上面所说的,这个尝试是以泰州学派的"狂禅"来显示它自身的。但是,这个尝试也在一个宗教折衷逻辑的变更结构中找到表达方式。对像焦竑这样一个宗教折衷主义者而言,多元主义的原则仍然处于优位,但它不再是部门化的。如同稍后会显示的,焦竑对于同处在晚明时期的一些宗教折衷主义者抱持着高度批评的态度,因为他们仍然主张部门化的逻辑,而焦竑认为三教为一并不是因为三教如同一个鼎的三脚般的分立,而是因为三教具有一个单一实体的完整性,并且能够相互解释、彼此发明。[3]如同稍后所显示的,林兆恩(1517—1598)建立了一个宗教折衷主义的民间教团,同时也离开了部门化逻辑,并且坚持三教不被视为如同三个部门般的分隔。[4]在林兆恩的教坛里,他的信众依照原来是佛教徒、儒教徒或道教徒,而被安置于三个不同的厢房,这点是事实。但是,这个隔

[1] Igor de Rachewiltz, "Yeh-lü Ch'u-ts'ai (1189-1234): Buddhist Idealist and Confucian Statesman," in *Confucian Personalities*, p. 210.

[2] 刘谧:《三教平心论》,《大正藏》,第五十二册,no. 2117,页781。

[3] 见本书第四章。

[4] 对于林兆恩的全面性处理,见 Judith Berling, *The Syncretic Religion of Lin Chao-en* (New York: Columbia University Press, 1980)。

离与林氏的整体论设想并不是不一致的；这个隔离是用来作为一个
提醒，既然三教为一，就没有必要扬弃一个人原来的教属，以便拥抱
另外两种。另一个事实是，林兆恩将儒家思想描绘为"立本"之学，
道家为"入门"之学，佛教则为"极则"之学。但是，他认为这些描
述仅仅具有教学的价值，而之所以作这些描述，是为了提供一个井
然有序的修养过程，林兆恩认为这个过程应该由儒家作为"始"，经
过道家作为"中"，然后到达佛教作为"终"。归根究底，作为终极真
理（ultimate truth）的道，是具体呈现在共同关心圣人之心的三教里。
基于此，林兆恩也说："孔、老、释迦之教，亦皆有始，亦皆有中，亦皆
有终。"[1]

　　就如此清楚的表达一个变更过的宗教折衷逻辑而言，焦竑与林
兆恩在晚明的宗教折衷者之中，可以是、也可以不是典型的。他们这
方面的典型性不需要是一个全面主宰的关怀，因为，不论他们的非部
门化（noncompartmentalization）事实上到底在多大的程度上取代了
部门化作为他们言明的原则，他们倡议非部门化这点事实仍然成立，
而这一点在当时之前是无法想象的。在焦竑的例子里，就是以非部
门化来驳议在当时之前被视为理所当然的部门化。上述事实本身，
就是晚明宗教折衷作为一个新操作模式的表现，在这个新操作模式
里，佛教与道教不仅被认为与儒家共存（coexist），并且也与儒家混合
（intermix）。晚明这种宗教折衷情境的崭新性，已经被一些正统的中
国传统思想家所注意到，他们在晚明的宗教折衷里看到一种对儒家
纯粹性前所未有的威胁。例如，高攀龙（1562—1626）说：

　　　圣人之道不明不行，而后二氏乘隙而惑人。昔之惑人也，立

---

[1] 对于林兆恩的全面性处理，见 Judith Berling, *The Syncretic Religion of Lin Chao-en* (New York: Columbia University Press, 1980), pp. 81-82, 213-219. 英文翻译与 Berling 略有不同。

于吾道之外，以似是而乱真；今之惑人也，据于吾道之中，以真
非而灭是。昔之为佛氏者，尚援儒以重佛，今之为儒者，且轩佛
以轻儒。其始为三教之说，以为与吾道列而为三，幸矣。其后为
一家之说，以为与吾道混而为一，幸矣……呜呼！用夷变夏，至
此极矣。斯言不出于夷狄，而出于中国；不出于释氏之徒，而出
于圣人之徒。是可忍也，孰不可忍也？[1]

　　顾炎武（1613—1682）也提出类似的观察，他谴责六朝与晚明的
"清谈"，认为两者要为中国历史上夷狄的一再胜利负责；但是，顾炎
武发现晚明的情况特别应该受到指责，因为当时不仅涉及老、庄，而
且还有孔、孟。[2]去质疑高攀龙与顾炎武的陈述夸张，是有可能的，
特别是考虑到这个事实，亦即整个新儒思想事业作为儒家发展本身
的纯净性有时也被质疑。佛、道对新儒思想发展的影响当然不可否
认。周敦颐（1017—1073）的"太极图"极有可能源于道家，虽然在意
向上并非道家，并如同de Bary所指出的，佛教对于刻画《近思录》至
巨的新儒精神性（Neo-Confucian spirituality）的深化有所贡献。[3]不
过，除了一些著名的例外，晚明之前的新儒学者并非宗教折衷者。他
们公开宣称的目的是保卫儒家传统，并且认定佛、道比较是一个要被
面对的挑战，而非要与儒家融合的教义旨趣的正面来源。二程兄弟
与朱熹（1130—1200）对佛、道的敌意众所周知；陆象山（1139—1193）
虽然是朱熹的主要论敌，但在拒斥佛、道为异端这点上坚定不移，与

016

017

---

[1] 英译转引自酒井忠夫：《中国善书の研究》（东京都：弘文堂，1960年），页285。结
论之陈述来自《论语・八佾》第三章第一条；根据David Roy的建议对酒井原文
之标点作了些微的改动。
[2] 〔明〕顾炎武：《日知录》，7: 7a-b。
[3] Wm. Theodore de Bary, "Neo-Confucian Cultivation and the Seventeenth-Century
'Enlightenment'"（后皆引作 "Cultivation and Enlightenment"）, in *The Unfolding
of Neo-Confucianism*, pp. 161-162.

朱熹并无二致。即使陈献章(1428—1500)的"自然哲学"[1]不时地被批评为佛家或道家,他仍然肯定"理"作为一个儒家理念的存在与意义。他看重庄子,[2]但是他是以"理"的观念来谈论道家的"自然",同时用"理"这个概念来区别儒、佛。他说:

人不能外事,事不能外理,二障佛所名,吾儒宁有此?[3]

陈献章经常被认为是王阳明(1472—1529)的先行者,而王氏对于道教的长生崇拜的兴趣不只是暂时性的,并且用禅宗与道教的语汇来论述他的某些理念。[4]但是如同杜维明所指出的,王阳明晚年后悔他早年涉入神仙崇拜,拒斥为"不仅是浪费时间精力,而且是骗人的";并且,王阳明是使用禅宗与道教的象征符号去重新赋予儒家传统生命,但并不是将儒家思想与佛、道综合。[5]此外,如同稍后将会谈到的,虽然比起二程、朱熹以及陆象山,王阳明对于佛、道作为异端更为包容、更为果断明确,不过王氏仍然坚持儒家与佛、道有所区别,而他本人亦被认定为一位儒者。[6]就此而言,王阳明与晚明左派新儒学者的对比,如同二程、朱熹、陆象山与那些晚明左派新儒学者的对比一样强烈,这些晚明左派新儒学者既是宗教折衷者也是宗教综合者,而且他们相当自觉地将三教统合为一。

---

[1] 见 Yu-wen Jen(简又文), "Ch'en Hsien-chang's Philosophy of the Natural," in *Self and Society*, pp. 53-92。

[2] 见陈献章关于庄子的诗,收于《白沙子全集》(台北:台湾商务印书馆,1973年),6: 59a、9: 6b。

[3] 同上书,5: 43a。

[4] 见 Wei-ming Tu (杜维明), *Neo-Confucian Thoughts in Action: Wang Yang-ming's youth (1472-1509)* (Berkeley: University of California Press, 1976; 后皆引作*Neo-Confucian Thoughts in Action*), pp. 43, 63-66, 72-74。

[5] 同上书,pp. 69, 73, 79, 114。

[6] 同上书,pp. 62-72, 114-115, 124, 128-129。

如同稍早所提及的,二程、朱、陆、陈与王所例示之模式,有其例外存在。举例说,我们可以引用杨时(1053—1135)、张九成(1092—1159)、陈瓘(1057—1122或1060—1124),以及杨简(1141—1225)。杨时是二程的弟子,[1] 而且曾经被程颐(1033—1107)誉为当他离开开封被贬谪到四川时,没有弃儒归佛的两位弟子之一。[2] 不过,杨时晚年时变得对佛教感兴趣,并且诉诸唯识宗的意识理论,去调和经验世界中的善、恶并现与孟子的人性本善说。他主张,"白净无垢"的"庵摩罗识"(amalavijñāna)就是孟子所谓的"性善",然而包含有"善恶种子"的"阿赖耶识"(ālayavijñāna)可以解释善、恶之"萌"。[3] 他也认为庞居士(亦即庞蕴,活跃于8世纪晚期)所提到的"运水与搬柴"的"神通并妙用"与尧、舜之道相同,而尧、舜之道就存在于"行止疾徐之间"。[4] 杨时进一步将《圆觉经》的"四病"与孟子所禁止的错误的养性方式加以比较,他说"作即所谓助长,止即所谓不耕苗,任、灭即是无事"。[5] 他谴责将人与天对立,并且认为孟子的"形色为天性"这个观点,与佛家"色即是空"的理念相同。[6] 他因此宣称:"儒佛至此,实无二理",因为两者都认为"真心"即是"道场"。[7]

张九成是杨时的弟子,但他同时也跟禅僧大慧宗杲(1089—1163)学习,成为一位佛教居士,自号为"无垢居士"。[8] 大慧建议他"改头换面,借儒谈禅";他将此建议付诸实践。在他的《心传录》中,张九成跟随大慧将《中庸》开章里的"性"、"命"、"教"三个观念的关系以佛教的"三身"(trikāya)理论加以描述。虽然这样做,但

018

019

---

[1] 〔明〕黄宗羲、〔清〕全祖望:《宋元学案》(台北:世界书局,1965年),页548。

[2] 同上书,页554。另一名弟子是谢良佐。

[3] 同上书,页551。

[4] 同上书,页551-552。

[5] 同上书,页552;《孟子》,2A: 2: 16。

[6] 《宋元学案》,页551、552;《孟子》,7A: 38。

[7] 《宋元学案》,页552。

[8] 同上书,页742。

是张九成并未完全复制慧远与牟子，这两人如同之前所述，也引用儒家经典来促进宣教。张九成的目的并不完全是宣传性质的，而是带有相当程度的宗教折衷性质，以便"使殊途同归"以及"住世、出世间两无遗憾"。张九成的宗教折衷的结果是一个明确的佛、儒综合，儒、佛的分野因而变得模糊不清。他因此被朱熹谴责；朱熹认为他的《心传录》"其患烈于洪水、夷狄、猛兽"，因为以一位传统中国学者的话来说，"上蔡（谢良佐〔1050—1103〕）言禅，每明言禪，尚为直情径行。呆老教横浦（张九成）改头换面，借儒谈禪，而（那些涉入禅宗者）不复自认为禅，是为以伪易真，鲜不惑矣"。[1]

　　陈瓘明显地与游酢（1053—1123）亲近，游氏是二程兄弟的弟子。这两人是"讲友"。[2]此外，许多陈瓘的弟子最后在杨时门下学习，如同上述，杨时也是二程的弟子。陈瓘本人从来没有正式从学于二程兄弟，虽然他特别尊崇程颢（1032—1085）。据说他"每得明道之文，衣冠读之"。陈瓘也是一位邵雍（1011—1077）专家，据他说，邵雍的贡献"非数学，其学在心"。[3]除了这些作为新儒学者的兴趣与成就，陈瓘同时拥抱佛教，并当作一个严肃的事业，他说佛教跟儒家代表两个个别的"入门"，但是"其实无二"。[4]他承认："吾生平学佛，故于生死之际，了然无怖。"他特别喜欢《金刚经》，他说"此经于一切有名、有相、有觉、有见，皆归于虚妄。其所建立，独此九字（曰阿耨多罗三藐三菩提，华言一觉字耳）"。他以综合的语汇，将"觉"理解为《中庸》中的"诚"。因此，对他来说"觉"并不是像《金刚经》中那样，只是一个认知与精神性的观念，表示获取了无我的佛智，却又无所得。[5]

---

[1]《宋元学案》，页750。

[2]同上书，页573、575。

[3]同上书，页691-692。

[4]同上书，页693。

[5]参见《金刚经》中论阿耨多罗三藐三菩提的部分，收于《大正藏》，第八册，no.235，页749、750-751、752。

这也是个表示真实原则的个体发生观念（ontogenetic concept），这个真实原则生育、建构了宇宙中的所有事物，因为如同《中庸》所说："诚者，物之终始，不诚无物。"[1]陈瓘指出，中文所谓的觉，在梵文中称为 *anuttara-samyak-saṃbodhi*，也被音译为汉语中的九个字（译按：阿耨多罗三藐三菩提）。不过，他说："其字九，其物一。"他强调，这个"一"不是"纪数之一"，而是"一以贯之之一"；而"一"所描述的"物"也不是"万物"之中的一个物，而是"不诚无物"之物。[2]

杨时、张九成与陈瓘都与二程兄弟有直接或者间接的关系，相对于他们，杨简则是陆象山的弟子。[3]但是，就像张九成一样，杨简被指责披着儒学的外衣谈论佛教。[4]他也被拿来与王阳明的跟随者王畿（1498—1583）比较。据说，杨简与王畿都强调他们宗师的禅宗倾向，以至于他们宗师"近乎禅而非禅"的思想失去儒家的性格而与禅宗难以分辨。[5]作为一个思想家，杨简一心一意关注于"我"（egotism）的问题。他写了一篇《绝四记》，[6]很明显地是受到《论语》中孔子"毋意、毋必、毋固、毋我"陈述的启发，[7]或者在事实上可以被认为是对这一段陈述的延续性的哲学注解。不过，他所了解的"我"，毫无疑问地有一个佛教的面向：它是无我（anātman）中的我（ātman）。他主张"我"要为人无法"见道"负责。他说，这是一个普世存在的"患"，这个"患"即使是已经超越世俗关怀的"名士"也无法总是能避免。因此，名士们经常错误地"以聪明为道"。用一个《楞严经》与《圆觉经》所衍生出来的隐喻，杨简将这个"以聪明

021

---

[1]《中庸》，25: 2。
[2]《宋元学案》，页694。
[3]同上书，页1394。
[4]同上书，页1404。
[5]见《四库全书简明目录》对《慈湖遗书》（《四明丛书》本）所作的论述，页1a。
[6]《宋元学案》，页1402-1404。
[7]《论语》，9: 4；Wing-tsit Chan（陈荣捷），*A Source Book in Chinese Philosophy* (Princeton: Princeton University Press, 1969; 后皆引作 *Source Book*), p. 35。

为道"的错误联结于"认贼为子"。就如同一个人将贼纳入家中为子，将永远无法成功累积财富一样，一个人以我为真正的实际(true reality)，将永远无法得到觉悟以及如其所然地看待万物。根据杨简，anātman 或者"无我"正是"尧舜之心"的特点；获得无我使得一个人可以"自然日进，不待修为"。[1]

如同上述诸例所显示的，这些晚明带有宗教折衷倾向的新儒学者，就其兼为宗教折衷与综合者而言，并非史无前例。此外，在这些宋朝的先行者之中，很明显地盛行一种心同此理的感受甚或亲和性。因此，如同稍早所说而并不令人惊讶的，张九成以及一些陈瓘的学生最后追随杨时。不过，虽然他们之间有亲和性存在，但宋朝的先行者仍然是联结松散的个体；他们并不具有任何组织的一贯性与团体认同(group identity)，而这两者正是他们相对于晚明的对应者们的主要特征。后者被正统的反对者们视为一个群体，并且集体地被排斥为"狂禅"。同样具有意义的是，晚明浮现了一个组织性宗教的"三一教"教团。这个教团以林兆恩为中心，如同上文所指出的，他不再将宗教折衷的逻辑部门化。林兆恩相信三教原来就为一，因为他们都是道的具体化，并且只有在孔子、老子跟释迦牟尼的追随者看不到三教原来的同一性(unity)时，才会分化为三。为了重新捕捉原始同一性的愿景，林兆恩建立了一个宗教组织，使命献身于"三教合一"，并且收纳现有三教的追随者。林兆恩及其弟子以林氏的家乡福建莆田为基地，在中国东南部频繁地旅行，沿途传教。林兆恩死后，其信徒建立"三教祠"，祭祀林氏为"三教先生"。他们也出版林兆恩作品的选集，以便帮忙散播他的理念。[2] 林兆恩的宗教折衷教团

---

[1]《慈湖遗书》，17: 25b。关于"认贼为子"的隐喻，参见《大佛顶如来密因修证了义诸菩萨万行首楞严经》(此后引述为《首楞严经》)，《大正藏》，第十九册，no. 945，页108，以及《大方广圆觉修多罗了义经》，《大正藏》，第十七册，no. 842，页919。

[2] Berling, *The Syncretic Religion of Lin Chao-en*, pp. 81-89, 220-228.

作为一个组织性的宗教，在中国历史上史无前例。他例示了组织性的驱力与团体意识（group consciousness），这两者突显了晚明宗教折衷作为一个独特的现象。

林兆恩和他的信徒们一心奉献于散播宗教折衷的教义，这在晚明的宗教折衷者中可能是特例，但是就他们的组织性和团体意识而言，绝非个案。组织与团体意识也构成了晚明高度宗教折衷性的居士佛教世界之特征。在这一时期之中，居士佛教结社（associations）在数量上大为增加，以及如同稍后将会看到的，它们将拥有一个带有晚明宗教折衷之新印记的不同地位与意识形态。这些结社与之前的相当不同，之前结社的成员不定，亦无定期的聚会时间。相比之下，晚明的居士佛教结社乃是正式建立的社团，具备规范团体行为与个人举止的明确规则。[1]同时值得注意的是，明末有一部专为佛教居士所编纂的传记作品出现，即《居士分灯录》。1610年左右，朱时恩开始编纂，1631年由王元瑞完成，1632年佛教居士献金出版，乃是中国历史上第一部居士传。[2]它的出版，很足以显示，晚明的佛教居士与聚集在林兆恩周围的宗教折衷同道一样，作为宗教折衷群体的彼此认同感已然成熟。

盛行于晚明宗教折衷者的组织心态与团体意识，暗示此时期的宗教折衷并不是一个指向中村元所谓三教之间"轻易妥协"（easy compromise）[3]的散漫趋势，而是一个以综合诸教义为目的的运动。这是一个强而有力且意义重大的运动，其强度可从激起了晚明与清初的正统学者圈的强烈反应得到证明。这运动之于晚明社会与文化

---

[1] Kristin Yü Greenblatt, "Chu-hung and Lay Buddhism in the Late Ming," in *The Unfolding of Neo-Confucianism*, pp. 104, 110-111.

[2] 小川贯弌：《居士佛教の近世的发展》，《龙谷大学论集》第333号（1950年），页51-52。

[3] Nakamura, *Ways of Thinking of Eastern People*, p. 291.

作为一个整体的意涵,也可以在晚明一些独有的发展中轻易看到。比如说,晚明出现了一种新的"善书",它们将之前宋代善书原型所强调的来世宗教救赎转移到今世。这些新的善书也都是宗教综合性的,它们保留了民间佛、道的惩罚观念,但是将之由一个上天赏善罚恶的宗教信仰,转变成带有强烈儒家音调的自主伦理簿记。[1]

类似"善书"入世取向的变化也发生在佛教徒身上。虽然慧能(638—713)在《坛经》中所述:"若欲修行,在家亦得,不由在寺",[2]但是出家为僧(相对于"在家")一直被视为必要的、被偏好的解脱之道,而占有特权的地位。不过,到了晚明出家为僧开始受到广泛的质疑,质疑者不仅包含如焦竑这样的在家居士,也包括当时具领导地位的僧人袾宏(1535—1615),他们提供了晚明居士佛教发展的重大动力。如同稍后所示,焦竑认为僧侣与居士世界之分,只是职业的不同。对他来说,作为觉悟的道路,僧侣比起居士的世界既无分别亦无特效。[3]另一方面,袾宏平等地对待他的在家弟子,一如他所管辖的僧侣,并且以毫不含糊的口吻向在家弟子们保证:"务在……明悟自心,以了此大事而已,发之有无,不必论也!"[4]由于对居士世界的态度如此地转为正向,居士佛教结社在数量上跟组织上都有成长,包含了一般平民,以及受过教育的文人仕绅精英。这些精英虽然浸淫于儒家传统,但也全心认真地拥抱若干佛教原则,并且在日常生活之间实践。[5]事实上,许多晚明的居士佛教结社是文人仕绅为了"放生"目的所组织的。所谓"放生",也就是说,释放抓到的动物们,以便作

[1] de Bary, "Individualism and Humanitarianism," in *Self and Society*, pp. 175-176. 另见 Tadao Sakai(酒井忠夫), "Confucianism and Popular Educational Works," in *Self and Society*, pp. 331-364。

[2] Philip B. Yampolsky trans., *The Platform Sutra of the Sixth Patriarch* (New York: Columbia University Press, 1967), p. 159.

[3] 参见本书第三章。

[4] Greenblatt, "Chu-hung and Lay Buddhism in the Late Ming," pp. 122-123, 129.

[5] 同上书,p. 111。

为一种实践佛教 "不杀" 戒条的方式。同时也值得注意的是,在彭绍升(1740—1796)所列举的袾宏的二十名居士弟子之中,有九名在官方科举考试中取得了进士,而且在这九人当中,有两位是显要,被载入《明史》列传之中。[1]

可以确定的是,文人仕绅对于居士或者僧侣佛教的赞助,以及他们对于像是素食与 "放生" 这样佛教活动的参与,不是史无前例。[2]但是,参与这些活动的理由在晚明有所转变,反映了宗教折衷作为一个为了形成综合的运动,其取向有所转变。譬如,袾宏证成 "不杀"的戒条,以及素食与 "放生" 的实践活动,靠的不只是《梵网经》所规定的传统佛教语汇——"慈悲" 与 "孝顺",也通过他特别说明为 "好生" 之义的 "天心" 观念。具有典型意义的,袾宏禁止为了婚礼而屠宰动物,因为他说:"夫婚者,生人之始也。"[3]就观念上来讲,将 "天心" 特地说明为 "好生" 之义,乃是一个新儒思想而非佛家的做法。新儒学者认为宇宙具有内在的创生性。他们根据《易经》,认定 "天地之大德" 为 "生生" 的生命之力。他们将这个宇宙的生命力等同于儒家最重要的德行 "仁",而仁对新儒学者来说,建构了 "天地生物之心" 以及内在于人作为对生命的感受。[4]我们很难确定袾宏是不是意识到了 "天心" 观念乃是一个新儒学者的说法,因而有意识地运用这个观念,将佛教的 "不杀" 观念与新儒学者视宇宙为创生的生机论观点混融为一。不过,无疑的是,袾宏 "不杀" 的理由是与许多晚明佛教居士所共享的,而且被这些居士理解为一个既是佛教,也是儒

025

---

[1] 高雄义坚:《云栖大师袾宏に就て》,《内藤博士颂寿记念史学论丛》(京都:弘文堂,1930年),页260-262。

[2] Greenblatt, "Chu-hung and Lay Buddhism in the Late Ming," pp. 100-102.

[3] 同上书,pp. 95-96, 112。另见袾宏:《戒杀放生文》,《云栖法汇》,22: 5a、10a。

[4] Wing-tsit Chan, "The Evolution of the Confucian Concept *Jen*," *Philosophy East and West* 4.4 (Jan. 1955): 313-315;另见 Wing-tsit Chan, *Source Book*, p. 530。

家的接合点(articulation)。[1]

　　宗教折衷对于晚明古典学术的影响,之前已经被人注意到了。不过,应该进一步指出的是,儒家对于科举考试制度的强固控制,在晚明也受到宗教折衷思想的影响,当时在理应为儒家试策的写作之中使用佛、道观念,是一个相当普遍的做法。如同酒井忠夫所观察到的,"虽然官方规定考试是以程朱对经典的注解为基础,但是考官与考生的心都受到异端思想潮流的强烈影响"。[2]这对儒家取向的考试体系所造成的侵蚀,引发了官方正统护卫者的警觉。1588年,礼部上呈一份抗议奏章,要求皇帝下令地方官员"杂烧"所有对儒家经典的"新说曲议",并惩罚那些胆敢即使"引用佛书一句"者。[3]这也成为晚明党争中的一个象征。如同稍后将会看到,焦竑因被指控他的考卷包含非正统的陈述,而遭贬谪。[4]

026　新儒思想的驱力

　　晚明宗教折衷的力量与独特性,经常被归因于某些明代帝王的政策与做法。众所周知的,许多明代帝王对于佛、道都感兴趣,并且任用佛教僧侣以及道士担任高级官员。[5]特别是明代的开国之君明太祖(1368—1398年在位),在三教问题上采取一个宗教折衷的立场,在一些公开宣示的场合,他曾经宣扬三教为一。他摒弃那些认为三教互不兼容的人,认为他们"见浅而识薄",并且说:"天下无二道,圣人无两心。"此外,为了巩固新政权的意识形态基础,并且在他能够确

---

[1] 见胡正甫论"不杀生"的文章,以及焦竑在《焦氏笔乘》(后皆引作《笔乘》)中对它的评论,收于《焦氏笔乘正续》(台北:台湾商务印书馆,1971年),2: 52-55,与陶望龄:《放生辩惑》,收于陶珽编:《说郛续》(宛委山堂本,1647年),30: 1a-5a。

[2] Sakai, "Confucianism and Popular Educational Works," in *Self and Society*, p. 338.

[3] 顾炎武:《日知录》,18: 23b-25a。

[4] 参见本书第二章。

[5] 参见杨启樵:《明代诸帝之崇尚方术及其影响》,《新亚书院学术年刊》第4期(1962年),页71-147。

切得到士大夫(scholar-gentry officials)的支持之前招募到人才,他任命了许多同时也精通儒学的佛教僧侣与道士担任官职。用日本学者的话来说,明太祖的宗教折衷圣谕与用人做法乃是"明朝政策"的一个缩影,这个政策乃是"引发"了明代宗教折衷主义成长的"主要条件"。[1]

作为一位思想史家,我将不会处理在明代是否真有一个宗教折衷"政策"的问题,这个议题留给制度史家们去解决。我将单纯地承认,明太祖论及三教为一的圣谕,对于晚明的宗教折衷者们有明显的吸引力,当中很多人曾经提到,或者是引述,或者甚至是评论过明太祖的这些圣谕。不过,虽然我同意这个吸引力的真实性,我仍然想要质疑它作为宗教折衷主义蓬勃发展之"条件"的意义。可以注意的是,明代皇帝们并不是中国历史上第一个或者是唯一对佛教、道教持赞成态度的统治者们;明太祖的宗教折衷圣谕也不是没有先例,宋孝宗(1163—1189在位)的《原道论》一文可以引用来作为一个例子。因此,有一个问题是:明代帝王如何能够"引发"明代独特的宗教折衷主义,而之前的帝王们却不能?此外,明太祖的"政策"圣谕以及某些他的继任者的个人宗教偏好,既不能保证宗教折衷成为一个无可置疑的信条而被接受,也无法正当化明代的宗教折衷者们,使之安全地免于可能导致谴责与处决的"异端"罪名。我已经注意过宗教折衷作为晚明朋党政治中的一种象征,以及它对正统学圈所激起的强烈反应;李贽引用明太祖的宗教折衷圣谕作为他自己宗教折衷观点的证成,[2]但却以"异端"身分死于狱中,这个事实应该可以作为

027

---

[1] 酒井忠夫:《中国善书の研究》,页227-233。另见荒木见悟:《明代思想研究》,以及间野潜龙:《明代における三教思想:特に林兆恩を中心として》,《东洋史研究》第12卷第1期(1952年),页18-34。

[2] 〔明〕李贽:《圣教小引》,《续焚书》,收于《焚书·续焚书》(北京:中华书局,1975年),页66-67。

一个切要的提醒：[1]如果真的如同有些说法所说，在明代确实存在着"正统"与"异端"的"平衡"，那么这个"平衡"绝对不是必然有利于宗教折衷主义者们。由此，有一个进一步的问题：究竟在什么意义之下，明代的宗教折衷者们享受到（而他们之前的宗教折衷者们没有）社会上以及政治上的特权地位，使得他们那种追求宗教折衷的方式成为可能？最后，许多晚明宗教折衷者在思想上高度独立，例如泰州的宗教折衷提倡者们，虽然引用明太祖的宗教折衷圣谕，但也同时公开批判作为国家正统的程朱新儒思想。因此，第三个问题是：为什么这些心智独立的宗教折衷者觉得不得不去顺从与拥护一个国家政策，却又同时挑战它？

明显地，在没有对明朝廷权威之构成作过仔细分析的情况下，这些问题无法被令人满意地处理。不过，除了第三个问题之外，我将不会尝试去处理这些问题，而这些问题之所以在这里被提出来，与其说是要去引起进一步的思考，不如说是为了表达我对某一个特定诠释的保留。而第三个问题之所以值得关注，是因为它掌握了对于我们理解晚明宗教折衷作为一个晚明特定现象的线索。许多晚明宗教折衷者对于新儒思想中的程朱学派抱持批判态度的事实，暗示了晚明的宗教折衷，或者至少是指那些在新儒学者中流行的折衷，需要被理解为我在他处曾指称的"对程朱正统的反叛"[2]的一部分，而这个反叛又从王阳明的"良知"说中得到了很多动力。王阳明拒绝程朱学派强调理的优先性高于心，并且提倡良知作为道德判断与行为的基础。在这么做的同时，王阳明破坏了荒木见悟称之为宋代佛、儒之间的"高堤"，并且通过"内在心灵的自我觉识"（self-awareness of the inner mind）重新定义了整个正统与异端的问题。对王阳明来说，异

---

[1] 荒木见悟：《明代思想研究》，页266。
[2] 见拙著："Chiao Hung and the Revolt against Ch'eng-Chu Orthodoxy,"（后皆引作"Revolt against Ch'eng-Chu"）in *The Unfolding of Neo-Confucianism*, pp. 271-303。

端的判定不再是体系身分（systemic identity）问题；它成为一个"一个人是否已经觉识到这个天赋知识（亦即良知）的考量"，[1]如同王阳明曾经说过的："夫善学之，则虽老氏之说无益于天下，而亦可以无害于天下；不善学之，则虽吾夫子之道，而亦不能以无弊也。"[2]王阳明的良知说以及对异端比较宽松的观点，大大有助于程朱正统在明代思想图景中的松绑。结果是，当时浮现了一个思想上的流动状况，许多新儒学者展开了个人的追寻，并且涉入佛、道。因此，王阳明及其学派的成长壮大与晚明宗教折衷的蓬勃同时发生并不令人惊讶。[3]

当然，王阳明并不是明代第一个对于程朱传统不满的人；而对于程朱传统不满，具有宗教折衷倾向的明代知识分子们，也并不都受到王阳明的影响。如果王阳明作为一个哲学家的成就，必须视为明代唯一且具原创性的，那么，他通过这些成就所尝试去处理的问题，却不能被视为唯一与原创的。他在七天的格竹之中所经历的困苦（agony），[4]是有陈献章"以自然为宗"的大声疾呼作为先例的；[5]而与王阳明同时代的祝允明（1460—1526），他有宗教折衷的倾向，也对程朱传统抱持批判态度，但明显地未受王阳明影响。[6]因此，就一个非常真实的意义上来讲，王阳明本人的思想就是明代知识分子对程朱传统渐增不满的一种表象（expression）。不过，王阳明思想作为一种表象，不仅仅例示了、并且协助去组织了这个不满的感受。而在宋朝末年渐趋衰微的象山学派，也主要因为王阳明，重新激起明儒对陆

029

［1］ Araki, "Confucianism and Buddhism in the Late Ming," p. 44。 另 见 Julia Ching（秦家懿）, *To Acquire Wisdom: The Way of Wang Yang-ming* (New York: Columbia University Press, 1976; 后皆引作 *To Acquire Wisdom*), pp. 162-165。

［2］〔明〕王阳明：《王阳明全集》(香港：广智书局，1959年)，31: 603。

［3］参见荒木见悟：《明代思想研究》，页265-291。

［4］参见 Wei-ming Tu, *Neo-Confucian Thoughts in Action*, pp. 49-50。

［5］参见 Araki, "Confucianism and Buddhism in the Late Ming," p. 43。

［6］ Christian Murck, "Chu Yun-ming (祝允明)"（文章发表于哥伦比亚大学关于新儒学研究的区域专题讨论会，1978年5月5日，页17-22）。

象山的兴趣。如同陈荣捷所观察,"元代的新儒思想主要乃是朱熹的新儒思想",陆象山过世不久,即使在他江西的家乡,都"受到朱熹的跟随者的影响"。[1]此外,焦竑的例子显示,王阳明与复兴的陆象山,成为许多心怀不满的明代知识分子的象征符号,并且提供了这些不满分子去细说反叛程朱正统时所需要的许多语言与词汇。如果这点成立的话,则流行在新儒学者之中的晚明宗教折衷主义,需要被同时视为下面两者:对于程朱正统的普遍反感的一部分,以及特别是它会被联系到在明代还持续着的程朱与陆王之争辩。

　　某些晚明新儒学者的宗教折衷心性,经常导致他们被描述为:要不就是非儒家(un-Confucian)的,要不就是被怀疑是非儒家的。稍后在本书中将会有若干机会,在那里我将以作为一位宗教折衷者的焦竑之思想为基础,去详细讨论这个说法。在此可以先指出的是,一个像焦竑这样的思想家,他对佛、道的兴趣并不会使他拒斥儒学,而且他对程朱正统的反叛,就是经由陆王作为媒介所认识的孔子及儒学传统的肯定伴随而来的。不同于宋代的新儒学者程颢,从佛教游荡到儒学,将儒学视为佛教之外的替代选项,焦竑经由儒学来到佛家与道家,而以为佛、道并非儒学的替代选项,而是儒学的一个进一步阐述。他挪摄(appropriate)了若干佛教与道教的元素,不过这些元素被重新部署在一个典型的新儒思想架构之中,以便细说来自新儒思想中程朱与陆王学派争议的诸多关怀。因此,焦竑对佛、道的兴趣必须被象征性地理解。在意向上,这个兴趣仍然是新儒思想的,但是其意义之成形,乃是基于一个可以被称为"重构的新儒思想"(a restructured Neo-Confucianism),而这个重构过的新儒思想,其发展与对程朱正统的反感共存。

030

[1] Wing-tsit Chan, "Chu Hsi and Yüan Neo-Confucianism," in *Yüan thought: Chinese thought and religion under the Mongols*, eds. Hok-lam Chan and de Bary (New York: Columbia University Press, 1982), pp. 197, 218.

简言之，这个重构的新儒思想挑战程朱学派对于理、气或者性、心的二元对立观点，亦即将这两组观念各自视为二元性（duality）的，并以理高于气、性高于心。这个挑战的结果，即是有些学者所指称的"气一元论"，这个理论将理的观念去神圣化（desacralized）并且去实体化（desubstantialized）。理不再是"气中之理"（li in ch'i），而成为是"气的理"（li of ch'i）。[1]这个重构的新儒思想，对于许多持续到清朝早期的发展具有重要意涵。最明显地，它构成了清代"考证学"操作的脉络。清代考证学经常被视为不是反动于、就是远离于陆王学派的明代新儒思想，尤其是指王阳明的左翼"狂禅"跟随者所宣扬的那种新儒思想。[2]事实上，这个对于清代考据学的观点，并不是完全无的放矢。清代早期考证学的提倡者们，对王阳明以及他具有宗教折衷倾向的左翼跟随者们抱持着极端批评的态度，这点确实是无可否认的。不过，如同我稍后将尝试论证的，这些批评是依照着上述源于明代的、重构的新儒思想逻辑所作的。如同一盘棋局中的两方对手，晚明的"狂禅者们"与清初考据学的提倡者们虽然彼此敌对，但是仍然在玩同一场赛局。他们看起来可能相互矛盾，但是清初汉学跟作为晚明左翼王学主要特征的宗教折衷思想，这两者需要与程朱、陆王之争一并考虑，之所以要一并考虑是基于这两者的相互关联性，而这相互关联性所表现的，乃是重构的新儒思想作为一个论述形构（discursive formation）的历史界线要被如何界定的问题。

---

[1] 参见 Irene Bloom, "On the Abstraction of Ming Thought: Some Concrete Evidence from the Philosophy of Lo Ch'in-shun," in *Principle and Practicality: Essays in Neo-Confucianism and Practical Learning,* eds. Wm. Theodore de Bary and Irene Bloom (New York: Columbia University Press, 1979; 后皆引作 *Principle and Practicality*), pp. 76-91。

[2] 参见拙著, "Revolt against Ch'eng-Chu," pp. 271-276。（译按：原书正文失注，今暂补于此。）

第二章
其 人

家庭背景与早年教育

　　我们并不确定焦竑的生年。根据《明史》中他的官方传记，焦竑"万历四十八年（1620）卒，年八十"[1]（或者西方算法七十九岁），这个说法显示他出生于嘉靖二十年，亦即1541年。黄宗羲（1610—1695）《明儒学案》则记载1620为其卒年，但说他死于八十一岁，[2]如此一来，就将他的生年往前推一年，即嘉靖十九年，亦即1540年。《明状元图考》提供了第三种可能性。它说焦竑于万历十七年，[3]亦即1589年，五十一岁时通过殿试，取得状元。因此可以推知他生于嘉靖十八年，亦即1539年。就上述的三个日期而言，事实上无法确知何者正确，不过，我暂时决定以1540年为焦竑生年。这并不是折衷妥协，而是因为一封来自焦竑的老师耿定向（1524—1596）的信之证实。在这封当代一手史料的信中，耿定向提到了焦竑于1589年取得进士这

一轰动一时的成功，正巧是"知天命"的年纪，[4]亦即五十岁。如果

---

[1]〔清〕张廷玉等：《明史》（北京：中华书局，1974年），288: 7393。

[2]〔明〕黄宗羲：《明儒学案》（台北：世界书局，1965年），页361。

[3]〔明〕沈一贯：《明状元图考》（双峰书屋本，1875年），B: 61b。

[4]〔明〕耿定向：《耿天台先生文集》（台北：文海出版社，1970年），1: 3: 22b。间接提及《论语》2: 4，孔子说他五十岁的时候"知天命"。

1589年焦竑是五十岁，那么他应该生于1540年。

无论如何，焦竑从嘉靖（1522—1566）中期一直活过整个万历皇帝（1573—1619年在位）期间，相当于中国社会与思想史上的一个关键阶段，其时中国社会目睹了"在好几个层次上的新力量"的发动，以及中国思想经历了"近乎是一场革命"。[1]这也是一个中国经史学术重新转向、迈向后来称之为清初"考据学"的时代。[2]焦竑在这场中国思想上的"近乎革命"之中，是一个积极的参与者；他同时也是一位在批判性的经史研究中的先锋，对于新出现的"考据学"作了重要贡献。

《明史》描述焦竑为江宁（今南京）人，[3]不过他的祖籍是山东日照。他的祖先焦武略在明初时，以一个低阶军官（亦即千夫长[4]）的身分迁至南京。我们对于焦氏家族迁到南京后的初期一无所知，也许是因为当时焦家没有任何社会或政治地位显要的成员。不过，我们可以假定焦家家道相当兴旺。直到正德（1506—1521）与嘉靖年间，焦家的规模明显地增长，但之后在一连串的饥荒与瘟疫中，焦家几乎全部死绝，只有焦竑的父亲焦文杰（1503—1584）幸存。[5]文杰三岁的时候成为孤儿，但是他长大成人，并且在十六岁时继承了南京旗手卫千户的职位。[6]他因此涉身于军事行政之中超过四十年。[7]作为一个军队指挥官，文杰很明显地受到下属的爱戴，他似乎与其下

---

[1] de Bary, "Introduction," in *Self and Society*, p. 23.

[2] 见拙著："Revolt against Ch'eng-Chu," in *The Unfolding of Neo-Confucianism*, pp. 271-276, 289-296；亦见于第二章。

[3]《明史》，288: 7392。

[4] 焦竑：《澹园集》（金陵丛书本），13: 1b。亦见于焦竑：《国朝献征录》（台北：台湾学生书局，1965年；后皆引作《献征录》）中的焦瑞传记，100: 61a，以及〔清〕过庭训：《本朝分省人物考》（台北：成文出版社，1971年），13: 27a。

[5]《澹园集》，13: 1b。

[6] 李贽：《续焚书》，页56；〔清〕陈作霖：《上元江宁乡土合志》（南京：江楚编译书局，1910年；后皆引作《乡土合志》），4: 4b。

[7] 李贽：《续焚书》，页56。

属之间也产生了袍泽之情。因此，嘉靖年间振武营的士兵叛变时，文杰能够控制他的下属，而其下属亦保持忠心和秩序。[1]他以骑都卫之荣衔从明代军事体系中退伍。[2]

文杰为人"伉直"，并且他"心事如直绳，可一引而尽"。他也是节俭的、不装腔作势的，以及非常随和自在。终其一生，他"无求于世，无怨于人"。当他年轻的时候，"溷迹于轩冕而不知其荣"。中年的时候，他"教子以读书而不求其利"。六十岁时，他决定不再为俗世的社交活动所困，因此隐居于斗室，禁绝吃肉饮酒，一心一意礼佛、读经与静坐。[3]他在八十二岁时，因微恙而过世。[4]焦竑记得"盖平生无违心之言与违心之行者，自竑所见，惟家大人一人耳"。[5]

除了焦竑之外，文杰另外一个儿子叫作焦瑞，是焦竑的哥哥。据说焦瑞是一个"清方愿救"的人。作为长子，焦瑞当过私人教师以贴补家用。但是每当学生奉上束脩时，焦瑞收钱之前总是要求学生展示学习成果；有时候学生整年都不用付钱，因为焦瑞觉得那个学生并没有充分地从他的指导中受益。作为一个年轻人，焦瑞就读于应天府学，并且数度尝试科考，但都没考上。他最后被选为"选贡"，并因而得到了广东灵山县令的任命。他很明显地是一位关心百姓并且有良心的地方官。他平定当地多年猖獗的劫匪，活化当地的地方自卫武力以加强保安。他亲自指导当地学生学习，固定每个月一次施以测验。他同时严格执行一条鞭法，废除当时灵山区域加派的玉石、珠宝、熊胆等等杂类税贡。因此，他广受当地人民爱戴，但与上级长官如此疏离，以至于必须辞职。作为一位正直官员的临别抗议姿态，

---

[1] 陈作霖：《乡土合志》，4: 4b。

[2] 这是焦竑提及他父亲时所用的头衔。见《澹园集》，13: 1b。

[3] 李贽：《续焚书》，页56-57。

[4] 焦竑：《澹园续集》（金陵丛书本，后皆引作《澹园续》），15: 10a。

[5] 李贽：《续焚书》，页56。此处李贽引述焦竑自己对父亲的描述。

他拒绝搭乘官轿,而以步行至上级官署递出辞呈。他在回南京的途中过世。[1]

焦竑对他的兄长有很高的敬意,他兄长是他孩童时期想成为的对象,并且他稍后回忆说,兄长是他青少年时候最钦敬的三个人之一。[2]他的童年时期教育主要来自于兄长亲自教导他儒家经典与注释。[3]这个别教导持续到1555年,焦竑十六岁被选入京兆学为生员为止。[4]1558年,焦竑首度尝试乡试没有成功。[5]三年之后的1561年,他娶了"耆儒"朱鼎的三女。这场婚姻持续了十四年,直到1574年他的妻子因病过世。1575年焦竑再婚,这次娶的是一位赵姓武举人[6]的次女。这两位夫人在很多方面具有对比鲜明的人格,也许反映了她们家庭背景的不同。朱氏来自儒士家庭,据说"度胜"、"耽儒术"、"亟于课子而宽于驭人"。另外一方面,赵氏来自一个军人家庭,据说"无疾而综养生",并且"妪煦于子女而束湿于臧获"。[7]她们都同样地深爱着焦竑这个显然不容易相处的人。从焦竑一篇作品的语气来看,他好争辩又固执己见;并且根据黄宗羲的说法,焦竑被耿定向的兄弟耿定力(1541年出生)认为是"世上有三个人说不听、难相处"的其中一个。[8]不过,焦竑似乎与他的妻子们很亲近,与她们分享了种种甜蜜的回忆。在他为妻子们合葬的墓志铭里,他比较了两位妻子的性格,回忆第一位妻子以嫁妆资助他为父母取得美馔,

---

[1]《献征录》,100: 61a-62a;过庭训:《本朝分省人物考》,13: 27a-28b。

[2]另外两人是黄尚质(字宗商,号龙冈,1504—1577)与李维明(生卒年不详)。《澹园集》,30: 1a。

[3]《澹园续》,1: 2a-b。

[4]《澹园集》,28: 12a。

[5]同上书,15: 7b。

[6]《澹园续》,15: 9a-b。

[7]同上书,15: 9b。

[8]另外两人是孙𬭎(字文融,号月峰,1542—1613)与李廷机(字尔张,号九我,1583年中进士)。《明儒学案》,页362。

以及他的第二任妻子对焦竑年迈父亲的耐心照料，并且说：

> 嗟乎！特立独行之士，枘凿于世，而旅泊自完者有之，然必有婉娈淑姿，相委顺以忘其忧焉。余非敢谓特立者也，顷废斥且衰，死亡无日；两安人[1]者，皆不能待而弃余，能无悲乎！[2]

焦竑的第一任婚姻带来了二子二女，第二任一子二女。[3]在三个儿子之中，第二任婚姻所生的润生，似乎在追求功名上最为成功，不过以悲剧作终。润生取得举人，并且在南明的艰困时期担任云南曲靖知府。1647年4月，他被孙可望所领导的叛军俘虏，被迫投降。但是焦润生拒绝投降，壮烈而死。基于他对明朝的忠贞，清廷赐予他节愍的谥号。[4]

与泰州学派的关连

如上所述，焦竑第一次乡试失败，直到1564年才通过。[5]之后，他很规律地每三年一次参加会试，除了1580年与1586年两次以外。[6]但是他一再落榜，直到1589年取得进士资格，并因而得到第一个官方任命成为翰林院修撰。[7]就他的思想成长而言，在他二十三岁（亦即1562年）以前的岁月，是相对而言无聊并缺乏启发的。他就读于京兆学，在南京一些寺庙中学习，并且阅读像是《老子》与《盘

036

---

[1] 六品官员妻子的封号，1592年焦竑的妻子们获封。《澹园续》，15：9a。

[2] 同上书，15：10b。

[3] 同上书，15：9a-b。

[4]《明史》，295：7572-7573；〔清〕徐鼒：《小腆纪传》（台北：台湾银行，1963年），51：679，以及《小腆纪年》（台北：台湾银行，1962年），4：670。

[5]《澹园集》，28：12a。

[6] 容肇祖：《焦竑及其思想》，《燕京学报》第23期（1938年），页5、6、7、10、14。焦竑在1565、1568、1571、1577、1583年参加了考试。

[7]《明实录》（台北："中央研究院" 历史语言研究所，1962—1966年），105：209：8b、10b。

山语录》之类的道家作品。[1]但是这些知识追求既没有系统又肤浅。例如,他对《老子》的阅读不涉及任何对文本的真实的"品味"或了解,以及他自己都承认"如以耳食无异"。[2]转折点发生在1562年,当他遇到耿定向并且开始"志于学"。[3]

耿定向是泰州学派的重要成员。他在1562年来到南京负责南直隶的教育行政,并且待了六年,直到1567年被拔擢为大理寺丞。[4]在南京的这六年,虽然并非耿定向官宦生涯的高峰,但却是他人生中的一个顶点,对南京的思想世界留下了深刻的个人印记。在一篇纪念南京耿氏祠堂落成的文章中,焦竑写道:"若金陵文行事功之美,虽特盛于当代,而开之学道者,实始于先生。"[5]焦竑的这番描述,亦为《上元江宁乡土合志》所确认,这部地方志中也陈述到,良知之旨虽然是由王阳明在明代中期所首倡,但要直到耿定向到达南京,在清凉山建立崇正书院后才广为流布。[6]因此,焦竑才会说:"至今言先生所注念者,必曰金陵;而金陵之言学者,亦必曰先生。"[7]

当耿定向首次到达南京时,那儿的学生们,用焦竑的话说,"向来论学都无头脑"。耿定向建议他们要"识仁之宗"。因此,"领会者渐多";以及如同焦竑之后对他自己的学生所说:"吾辈至今稍知向方者,皆吾师之功也。"[8]为了协助学生们修养仁德,耿定向组织了非正式的讲会,这些讲会在1566年制度化成为崇正书院。[9]焦竑之后回

[1] 焦竑:《老子翼·序》(台北: 广文书局,1962年),2b;《澹园集》,16: 6b; 15: 17b; 37: 8b; 16: 17b。

[2] 《老子翼·序》,2b。

[3] 同上书,2b-3a;《澹园集》,47: 7a。

[4] 耿定向:《耿天台先生全书》(武昌: 武昌正信印书馆,1925年),8: 11b、15a。

[5] 《澹园集》,20: 11b-12a。

[6] 陈作霖:《乡土合志》,5: 2a。

[7] 《澹园集》,20: 10b。

[8] 同上书,47: 1a。

[9] 同上书,20: 11a; 耿定向:《耿天台先生全书》,8: 14b。

忆在这些讲会中的经验：

> 先生间一临，相率持所疑难问，启以机钥，靡不心开目明，欢
> 喜踊跃，或不待词说而目击意悟，虚往实归者，往往有之。[1]

　　焦竑很快地被耿定向接纳，成为其弟子，并且通过耿氏认识耿
家两位年轻兄弟：耿定理（1534—1577）与耿定力。[2]在所有的弟
子之中，耿定向似乎对于焦竑特别寄予厚望，焦竑不仅参与组织崇
正书院，更在1566年书院正式建立时，被耿氏选任主持院务。[3]往
后几年，耿定向持续地转介学生给焦竑指导。举例来说，当邹守益
（1491—1562）的孙子邹德涵（1538—1581）正处于想要突破一个智
性与精神性困境的挣扎而寝食难安时，耿定向建议他在焦竑身边
待一阵子。[4]另一次是，当一个没有受过教育的农夫夏廷美来到湖
北向耿定向求学，耿氏送他去跟焦竑学习。[5]还有一次，当潘士藻
（1537—1600）在与耿定向学习一段时间之后，即将离开北京时，耿
氏建议他去拜访淮安的王宗沐（1523—1591）、安丰的王襞（1511—
1587）与南京的焦竑，以进一步广博其学。[6]

　　《明史》与《明儒学案》都说焦竑也从学于另外一个泰州学派的
038　重要成员——罗汝芳（1515—1588）。[7]罗汝芳曾经数次来到南京，
并且活跃于南京的讲论学圈。[8]但是如同容肇祖所指出的，焦竑著

---

[1]《澹园集》，20: 11a。
[2] 耿定向：《耿天台先生全书》，8: 14a、15a-b。
[3] 同上书，8: 14b;《澹园集》，33: 5b。
[4] 耿定向：《耿天台先生全书》，8: 14b。
[5]《明儒学案》，32: 319。
[6] 同上书，35: 362。
[7]《明史》，288: 7393;《明儒学案》，35: 361。
[8]《澹园集》，20: 12a。

作中只有一处简短地提到他与罗汝芳在1586年的会面。[1]就我所知，焦竑从未指称罗汝芳为"吾师"。因此，如果在罗汝芳与焦竑中存在着师生关系，这个关系很明显地也从未个人化到如同存在于耿定向与焦竑之间的那种关系。不过，焦竑熟悉罗汝芳的想法，在他自己的作品中不时地引述。他当然高度尊敬罗汝芳，他说罗氏在发挥王阳明与王艮（1483—1541）的教旨时，"无复余蕴矣"。[2]

焦竑对泰州学派之父王艮也有很高的敬意。他认为王艮具有如同王阳明一般的影响力，并且说二王的弟子们"中分鲁国"。[3]他与王艮之子王襞亲近。他为王襞写了墓志铭，他的文集中也包含献给王襞的六首诗。[4]如同之前所指出的，焦竑是潘士藻的同学，潘氏也曾从学于耿定向。潘士藻的哥哥潘丝（1523—1578），是个英雄型的人物。或者如同焦竑所说："倜傥负奇气。"潘丝不仅仅做事果决、举止自在，而且在武术与军事谋略上都有所成就。譬如1566年时，他在官兵因指挥官被盗匪所杀，处于完全溃败边缘之际，以一介平民的身分指挥军队，击溃了他家乡新安（今安徽境内）附近的盗匪。焦竑与潘氏兄弟关系深厚，但是他特别赞赏潘丝的英雄功绩，并且称赞他是一位"奇男子"。[5]他也与管志道友好，管氏不仅与焦竑一同从学于耿定向，而且是一位独立思考的宗教折衷论者，因此被焦竑视为志同道合者。在焦竑为管志道写的墓志铭中，他说："意将囊括三教，镕铸九流，以自成一家之言"，[6]这也同样适合形容焦竑自己。但最重要的是，焦竑是李贽的一位特殊朋友，李贽成为焦竑的"神交之友"

039

---

[1]《澹园集》，27: 5b；容肇祖：《焦竑及其思想》，《燕京学报》第23期，页15。

[2]《澹园集》，20: 12a。

[3]同上书，31: 18a-b；鲁国，作为孔子的母国，象征儒家的国度。

[4]同上书，31: 18a-20b；37: 1a-b；41: 2b。

[5]同上书，24: 1a-2a；35: 2a。

[6]《澹园续》，14: 10a。

与"结义兄弟"。[1]

李贽最先在1563年时听说焦竑其人,当时李贽正从父亲的丁忧中起复,到北京重新担任国子监博士。但是直到三年后他才认识焦竑,而他们的友谊要到1572年才真正展开,当时李贽被任命为南京刑部员外郎。[2]李贽接下来六年都待在南京,这一时期,通过长时间而且频繁的聚会,他与焦竑建立了一种特别的亲善关系。李贽稍后回忆这些聚会说:

> 既而徒官留都,始与侯(焦竑)朝夕促膝,穷诣彼此实际。夫不诣则已,诣则必尔,乃为冥契也。[3]

在此之前,焦竑已经取得了博学与孝顺的名声,因此成为各种人追逐的对象。如同李贽所说的:

> 世之愿交侯者众矣:其为文章,欲以立言,则师弱侯。为制科,以资进取,显功名不世之业,则师弱侯。又其大者则曰:"是啜菽饮水,以善事其亲者也,是立德也。"故世之为不朽,故以交于侯者,非一宏甫也。[4]

040 李贽又说:"然惟宏甫为深知侯,故弱侯亦自以宏甫为知己。"[5]

李贽与焦竑的亲密关系,经历时光的变迁而持续。当李贽和

---

[1] de Bary, "Individualism and Humanitarianism," in *Self and Society*, p. 191.

[2] 李贽:《续焚书》,2: 56;容肇祖:《李贽年谱》(北京:生活・读书・新知三联书店,1957年),页22-23,30-31。

[3] 李贽:《续焚书》,2: 56。

[4] 同上。这段文字围绕着《左传・襄公二十四年》的典故所写就,当中提到立德、立功、立言为三不朽之途径。见James Legge, *The Ch'un Ts'ew with the Tso Chuen*, in *The Chinese Classics* 5 (台北:文史哲出版社,1971年),页507。

[5] 同上。

耿定向之间的关系渐趋紧张时(李贽最后甚至鄙视耿定向为"伪君子"[1])，许多李贽早期的友人皆弃他而去，但是他与焦竑的友谊却依然稳固，即使焦竑是耿定向最心爱的弟子。对李贽来说，在多年的刑狱中，他们的友谊是慰藉的主要来源。因此，当他于1579年为何心隐(1517—1579)在湖北狱中之死而沮丧的时候，他向焦竑倾诉他的困苦。[2]稍后在1602年，当李贽为自己的死亡作准备，写下最后的遗嘱时，他又请求焦竑在他的墓碑上题名。[3]

李贽对焦竑的强烈感情得到完全的回报。在他与耿定向分手之后，焦竑是少数仍然忠于、并且提供庇护给李贽的朋友之一。[4]焦竑也为李贽的《藏书》写序，替李贽对中国历史上的儒家道德主义之控诉背书。[5]李贽在北京狱中的最后时日，他的贞友焦竑持续地支持他，这个念头一定令他非常安慰，特别是因为他对耿定向的不屑，一部分来自他相信耿氏关心权位，因此并未使足了力气去救何心隐，而何心隐乃是耿定向的"讲友"。[6]李贽自杀之后，在1602年，一个追荐李贽的佛教祝祷仪式之中，焦竑拟写了一份诉之于天的疏。在这篇疏文里，焦竑将李贽的自杀与佛陀允许自己被歌利王割截身体相比，这个譬喻是焦竑就《金刚经》的传统加以理解，视为既是佛陀忍辱的完美演示，也是佛陀展示"空"与"无我"理念的方式。[7]

---

[1] 容肇祖：《李贽年谱》，页69、45-64。
[2] 见李贽写给焦竑的信，收于《续焚书》，1: 28-30。
[3] 同上书，4: 104。
[4] 见重印于《焚书》中的袁中道(1570—1627)所撰李贽传记，收于《焚书·续焚书》，页4。
[5] 李贽：《藏书》(北京：中华书局，1974年)，焦竑《序》。
[6] 容肇祖：《李贽年谱》，页54-55、63-64。
[7] 〔明〕潘曾纮：《李温陵外纪》(台北：伟文图书出版社，1977年)，页189-190。关于歌利王截割佛体，详细叙述见《大般涅槃经》，《大正藏》，第七册，no. 374，页551。关于《金刚经》对这个故事的解释，参见 Edward Conze, *Buddhist Wisdom Books, Containing the Diamond Sutra and the Heart Sutra*, p. 54. 除了一些细节上的变动之外，这似乎是一个佛陀的本生(Jataka)故事，故事的其中一个版本曾被 Conze 翻译成英文：*Buddhist Scriptures*, pp. 26-30。

沈德符（1578—1642）在他的《万历野获编》中，叙述李贽的"聪
明盖代"，以及他被焦竑"推尊为圣人"。[1]沈德符在这里所记载的
焦竑的说法很可能是夸大其词。这被黄宗羲正面驳斥，黄氏清楚明
白地说，焦竑"以为（李贽）未必是圣人，可肩一狂字，坐圣门第二
席"。[2]不过，彭绍升说焦竑"笃信李卓吾"这点是相当正确的。[3]
如同焦竑为李贽《藏书》写的序言毫不含糊地证实，他不仅仅相信李
贽人格的"高迈肃洁"以及观念的真实性，同时也对李贽的作品"当
必传"，并且后世学者将视之为"衡鉴"（亦即去区别是非的标准）具
有信心。[4]因为他对李贽的坚定信念，也因为他与其他泰州学派成
员的关系，焦竑被一些同时代的人嘲笑为"禅家"。[5]

作为一位"狂禅"

"禅"或者"禅家"的字眼，经常被传统中国学者用来描述泰州
学派的运动。这并不完全是一个不适当的字眼。如同我们已经看到
的，泰州学派相当多的成员仍然维持着对禅或一般佛教的兴趣，并且
受其影响。在这些思想上具有宗教折衷倾向的泰州新儒学者中，焦
竑很明显地在早年就接触过佛教。事实上，由于焦竑的父亲是一个
虔诚的佛教徒，如同我之前所提的，从官场退休后从事礼佛，所以
佛教乃是焦竑孩提时教养的一部分。但是，即使有这个早期的接触，
焦竑对于佛教作为一个严肃的思想事业的兴趣，似乎开始得相当晚。
在他的作品中，有几处零星提及他成年后不久，曾在南京不同的佛寺
短暂学习。[6]然而，我们并不知道焦竑在那里的学习是追求他对佛

---

［1］〔明〕沈德符：《万历野获编》（1827年本），27: 18a。

［2］《明儒学案》，35: 361。

［3］〔明〕彭绍升：《居士传》（1878年本），44: 10a。

［4］李贽：《藏书》，焦竑《序》。

［5］《明史》，288: 7393。

［6］《澹园集》，16: 6b; 15: 17b; 37: 8b。

教的兴趣，还是准备科考。此外，这些是在他"志于学"之前多年的
事。因此，不论在这一时期中他可能读过什么佛教书籍，都不太可能
在他心上留下任何深刻的印记；很有可能要到他二十多岁甚至三十
岁出头的时候，才开始认真研习佛教。在他取得进士状元之后，焦竑
写了一封信给一位名叫鲁安的僧人，信中说他已经"修业廿年"，其
中超过一半的时间，他消磨在鲁安的寺庙中，受鲁安照顾。[1]信中所
用的修业一词，可以意指"修业"（karma）或者"修习举业"。我选择
将它读为"修业"（karma），因为在信中所指明的二十年阶段，不可能
对应于焦竑花在修习举业的时间长度。他最早至少从1555年[2]开
始为考试而学习，在他于1589年通过会试时所写的这封信之前，至
少已经专注于这样的学习三十六年之久。如果到1586年为止，焦竑
仅仅"修业"（karma）二十年，他将不可能在三十岁之前，就开始把佛
教当作一个兴趣积极追求。在那之前，他已经成为耿定向的弟子，并
且已经真诚地研习儒家六年或七年之久。很明显地，从他对儒家的
研习之中出现的种种问题，驱使他去研究佛教，据他说，佛教是最能
够厘清"圣贤大旨"的。[3]就这方面而言，焦竑恰好是他的新儒思想
前驱程颢的对比。程颢是由佛教流动进入作为佛教另一种选择的儒
家，焦竑则是经由儒家而来到佛教，不过，儒家并不是另一种选择，而
是进一步的阐明。

很不幸的，焦竑写给鲁安的信并没有详细明说他如何"修业"
（karma）。可以假定的是，这个修养涉及大量的阅读；而且无疑地，
焦竑非常熟悉各式各样范围广泛的佛教经籍。他的作品充满了正宗
佛教经典的引文与参照，像是《法华经》、《金刚经》、《心经》、《楞伽
经》、《楞严经》、《华严经》、《大乘起信论》，以及《阿含经》等等，还

043

---

[1]《澹园集》,13: 18b。
[2] 如同本章稍早所讨论过的。
[3]《笔乘》,4: 103。

有其他像是僧肇（374—414）、玄奘（602—664）、慧能（638—713）、宗密（780—841）、大慧宗杲（1089—1163），以及临济（约867年卒）等等中国高僧的作品。在这些佛教文本之中，《楞严经》、《阿含经》以及《华严经》可以被挑出来视为特别重要的，因为它们在焦竑作为一个宗教折衷者的转变三阶段中，扮演了决定性的角色。在第一个阶段里，焦竑读了《楞严经》，[1]就像许多其他的佛教经典一样，《楞严经》关怀无明和觉悟这两个相互关联的问题，但是《楞严经》特别聚焦于"阿赖耶识"作为无明根源的作用。[2]《楞严经》可能是在明代新儒学者中最受欢迎的一部佛教文本，他们发现这部经对内在意识的分析与儒家自省的传统相关，特别是就后王阳明时期所构想的儒家传统而言。[3]王阳明拒绝理先于心，不仅引发了要在一个人的本心中发掘理的尝试，并且还引发了对下面这件事的重要性的高度体认：亦即将心由虚妄中净化出来，[4]以便自我中心的念头无法伪装成为良知真实。《楞严经》令焦竑印象深刻，以至于他开始觉得"儒逊于佛"。[5]这种关于儒逊于佛之感，后来在第二阶段被一种两教平等的感觉所取代，当时焦竑阅读了《阿含经》，[6]经中包含了像是四圣谛、八正道以及"缘起"等等最基本的佛教教义。在焦竑作为一个宗教折衷者转变的第三个阶段，也就是最后一个阶段里，他读了《华严经》，[7]该经是佛教华严宗的基本经典，并且因为是佛陀觉悟之后立即布道的记录而享誉。这个文本使得焦竑能够超越他先前的佛、儒

---

[1]《澹园集》，17: 12b。

[2] 对这个文本的英文翻译，见 Charles Luk trans., *The Śūraṅgama Sūtra* (London: Rider, 1966)。

[3] 见 Pei-yi Wu（吴百益），"The Spiritual Autobiography of Te-ch'ing," in *The Unfolding of Neo-Confucianism*, p. 80。

[4] 荒木见悟：《明代思想研究》，页271-273。

[5]《澹园集》，17: 12b。

[6] 同上。

[7] 同上。

平等之感，并且了解到佛、儒两者之间无可分别，因为它们所教的是
同一件事情，此事他认为就是"尽性至命"。[1]

　　焦竑对于佛、儒教义没有分别这点的了悟，造成他的老师耿定向
某种程度的不安。耿定向引用程颢辟佛的指控，向焦竑表达"以人
惑于异学为忧"的深层关切。焦竑在回应中对程颢作了一个推理缜
密、针锋相对的反驳，他说程颢"人品虽高，其所得者，犹存意地"。[2]
耿定向，其人被黄宗羲批评为对佛教抱持"半信半不信"[3]的模棱两
可态度，在面对焦竑回应时退让，并且说程颢辟佛的指控可能被错误
地归于他名下，或者是当弟子记录的时候被扭曲。[4]之后，直到生命
的终点，焦竑都能够在没有耿定向的进一步干涉下，继续他对佛教的
兴趣。如同焦竑许多诗所证示，[5]他经常拜访佛教寺院，并且与相当
多的僧侣友好。除了之前提过的他与鲁安的关系之外，他也与祖心、
朗目（1605年卒）、愚庵以及德清（1546—1623）亲近。他的文集中，
包含题献给祖心与朗目的诗，一篇向愚庵论僧院戒律讲词致意的赠
序，以及一封致陈乾室的书，书中表达他对德清被放逐到耒阳（今广
东境内）的关怀，以及请求陈氏代他向德清问候。[6]焦竑同时也是一
位莲社的成员，并以居士身分活跃于佛教团体中。他创作许多赞美
诗赋，来向各式各样菩萨、罗汉的雕像、图画致意；他编纂佛经的注
释，为许多论佛教的著作写序，并且通过自己的奉献与募捐或是写作
纪念短文，以协助兴建与修缮寺院。年老时，他是南京城外栖霞寺的

---

[1]《澹园集》，17: 12b；焦竑：《焦氏笔乘续集》（后皆引作《笔乘续》），收于《焦氏笔
　　乘正续》，2: 170。
[2]《澹园集》，12: 2a-4a。
[3]《明儒学案》，35: 355。
[4] 耿定向：《耿天台先生文集》，3: 31b。
[5]《澹园集》，35: 5b以及8a-b；39: 1b、3a、4b、5a-6a、11a-11b、12b、13b；41: 2a、4a、5b-
　　6a、9a、12b、14a、17a；42: 3a、13a-b；44: 1b-2a；45: 4a；《澹园续》，24: 1b。
[6]《澹园集》，42: 10b；13: 2b；17: 13a-14a。

045　常客,并且力行"念佛三昧"。[1]

如同焦竑的案例所显示,将泰州学派的某些成员贴上"禅"或"禅家"的标签是有充分证明的。禅这个字眼暗示了某种宗教折衷,而这点公认地是泰州学派主要的特点,虽然今天我们之中的一些人可能想要争辩,禅这个字眼是否包含了泰州学派必然是非儒家的意涵。不过,禅这个字眼也同时伴随着"狂"这个字,而形成"狂禅"。"狂"这个字在明朝,同时被泰州学派的坚守者与反对者用来描绘泰州学派的独特性。例如,如同稍早所指出的,焦竑描述李贽为"狂"。在如此做时,焦竑将李贽安置在狂、狷这两种人格范畴之一,狂、狷乃是孔子在"不得中行而与之"的时候,所偏好的传道授业者。[2]因此,当焦竑说到李贽作为一个人,因为"狂","坐圣门第二席"的时候,焦竑的意思并不是去抨击李贽在圣人的理想上有所不足,而是将李贽热情与不拘的人格与常俗儒者的平庸性区别开来,并且肯定李贽作为儒家之道的传授者的价值。

不过,另一方面,当"狂"这个字被泰州学派的反对者使用时,譬如说像"狂禅"这个说法里,"狂"就变成是一个不光彩的特别字眼,传统中国学者用来谴责泰州学派道德沦丧以及在哲学上的反智。[3]在传统时代中,这种对"狂"的用法中所内含的义愤感,在现代学术中已经不再盛行,但是视泰州学派为反智的观点仍然持续存在,由此造成的结果,就是将清代早期"考证学"的兴盛仍然视为是为了对抗

---

[1]《澹园集》,8: 2b-3a、3b-4a;15: 17b-18a;16: 18a-19a;19: 1a-2b、3a-4b;21: 14a-16a;22: 2b、13b-14a、18b、19b;《澹园续》,2: 17a-18a;4: 18a-19b、20a-21b、24a-25a;8: 1a-5b、7b-12b;9: 9b-10a。焦竑曾为《法华经》《楞伽经》《楞严经》《圆觉经》编纂了四部"精解评林"(见附录)。

[2]《论语》,13: 21;另见 Julia Ching, *To Acquire Wisdom*, pp. 25-27。

[3]一个例子是 Liang Ch'i-ch'ao(梁启超), *Intellectual Trends in the Ch'ing Period*, trans. Immanuel Hsü (Cambridge, Mass.: Harvard University Press, 1959), p. 28。又见于梁启超:《中国近三百年学术史》(台北: 中华书局,1962年),页5-7。

所谓泰州学派反智主义的一种"主智主义者"的反应。[1]de Bary 讨
论过这个对泰州学派的看法，并且根据他自己以及其他学者对明代
新儒思想的研究，提出了一些修正看法。[2]本书稍后，我将会借着焦
竑作为一位哲学家与学者的成就，去进一步检验上述这个对泰州学
派一直以来的看法。这里我仅仅指出，焦竑虽然与李贽保持密切联
系，但他也是陈第（1541—1617）的亲密同事。他与陈第讨论声韵学
与训诂学的问题，为陈第的父母写作传记，并且为陈第的许多作品写
序与跋，包含了《毛诗古音考》《伏羲图赞》《尚书疏衍》。[3]如同
钱穆所观察的，陈第乃是晚明伟大的"考证学"大师，并且在顾炎武
之前，在中国古典学术中有一些最重要的发现。[4]作为一位刻苦的
学者，陈第可能看起来与李贽这位可能是"狂禅"中的最狂者截然
相反。如果对于泰州学派的标准诠释被接受为正确的，那么焦竑与
李贽和陈第同时存在的友谊，就会被认为是他智识性情上的不一致。
但是，如同我们将会看到的，焦竑并不是模棱两可的。在他人际关系
中看起来像是矛盾的事情，借着他作为一位晚明新儒思想宗教折衷
者的时空位置，却可以得到充分的了解。他多样化的智性交往，象征
了他在分歧的佛家、道家与儒家诸系统之间整合并且保持平衡的非
凡能力，并且从诸系统中他自己的哲学衍化成为一个综合。

政治参与与辨章学术

如同之前所提及的，焦竑的官宦生涯直到1589年才开始，当时
已是相对高龄的五十岁的他终于取得进士，以状元身分通过殿试，并

---

[1] 见拙著："Revolt against Ch'eng-Chu," in *The Unfolding of Neo-Confucianism*, pp. 271-276, 292-296。
[2] de Bary, "Introduction," in *Self and Society*, pp. 1-27, 以及 "Individualism and Humanitarianism," pp. 145-245.
[3]《澹园集》，14: 2a-3a；《澹园续》，1: 1a-2a；9: 17b；10: 36b-39a。
[4] 钱穆：《中国近三百年学术史》（台北：台湾商务印书馆，1968年），1: 135-138。

且被任命为翰林院修撰。取得状元这个轰动一时的成功,据说是一个梦境的实现。在北京应考时,焦竑寓居于一间道观,观中道士做了一个梦,梦中仙人出现宣布观中有一位未来的状元。如同事后所诠释的,这未来的状元就是焦竑。[1]没有必要把这个梦当成是预言的证据,但是应该指出的是,焦竑的成就受到同时代的一些人欢迎,视为不只是个人的胜利。对他的老师耿定向而言,焦竑恰好在五十岁时取得进士状元,并不是一个巧合。耿定向在这件事里看到天意的指引。如同他在一封给焦竑的信中所说,当听到焦竑上榜时,他欣喜若狂。但很快地,他却变得恐惧,而且数夜无法成眠,因为他觉悟到焦竑的上榜正好符合了"知天命"之年。他解释道:

> 天非徒以荣名授贤,度所以命之者,意笃至矣!贤毋谓方才释褐,优游闲局,尚未有重大担子。余观贤时,即一念一语,便系斯道明晦,便系天下国是从违。[2]

也许可以将耿定向之言诠释成儒家仪式性的场面话,但耿定向自己警示说,这些话不应该被如此了解。他要求焦竑"毋视余此为泛常奖掖语也",而是要"静夜深思之"。[3]

至于焦竑自己,我们可以假设他大喜过望。在将近二十五年的一再落榜之后,他一定觉得有一种巨大的解脱感和肯定感。不过,他并没有将这次的成功视为个人庆祝的场合。他拒绝了山东日照族人建碑庆祝的提议,并且建议将建碑的钱购置田产,以便帮助祖庙的维护,以及照顾他在日照的贫困亲戚。[4]他也拒绝了来自南京官方的

---

[1] 沈一贯:《明状元图考》,B: 61b。
[2] 耿定向:《耿天台先生文集》,1: 3: 22b。
[3] 同上书,1: 3: 23a。
[4]《澹园集》,13: 1b。

类似提议——在他住宅大门外建立牌坊,以宣扬他的成就,焦竑认为那些钱应该用于赈济饥荒。[1]

焦竑作为状元的成功可能对他的名气并没有实质增长,因为他作为一个私家学者已经享有相当的声誉。但是在1589年之前,他从来没有一官半职,而他成为翰林修撰的这第一个官方任命,赋予他极大的责任感。他开始研究国朝法制,[2]并且深深地涉入了宦官的教育之中。

明朝建立初期,太祖(1368—1398在位)禁止宦官接受教育。[3]但是后继者并没有遵循太祖不许宦官识字的政策,例如成祖(1403—1424年在位)便指派了一位老师,去教导范弘、王瑾(1451年卒)、阮安(1453年卒)等等经史之学。他们因此获取了相当的读写知识,后来侍奉英宗(1436—1449年以及1457—1464年在位)而成为英宗所信任的宦官。[4]宣宗(1426—1435年在位)更进一步地忽略太祖的禁令,将宦官教育制度化。他为宦官建立了内书堂,并且将刘翊由刑部主事调职担任行在翰林修撰,特别负责教导宦官。之后,内阁大学士陈山(1365—1434)也被指派担任这个工作;到了焦竑的时代,从翰林院选派四名官员在内书堂教导宦官,已经成为标准作法。[5]作为一个规则,这些翰林官员的教导其实只是"形式"而已。但是,焦竑却很严肃地看待这个工作,经常向他的宦官学生们讲说"古阉人善恶"。[6]他说:

048

---

[1]《澹园集》,13: 5a、15b。

[2]《明史》,288: 7392。

[3]同上书,304: 7766。

[4]同上书,304: 7777。

[5]〔明〕刘若愚:《酌中志》(上海: 商务印书馆,1935年),16: 100;〔清〕夏燮:《明通鉴》(北京: 中华书局,1959年),1: 19: 803。

[6]《明史》,288: 7393。

念主上高拱深严之中，所奔走给事者，独宦竖辈耳。倘少能
启发，令知所向往，即涓埃之念，可藉手自效。[1]

049 可见焦竑充分意识到当时宦官掌权的现实。不过，不像他的某些同
僚，要不对抗、要不就与宦官合作，他利用翰林院的职位，灌输宦官儒
家价值架构中的道德义理，试图颠覆宦官的意识。为了这个目的，他
也开始编纂一部关于中国历史上诸多宦官行为的作品，以用于内书
堂。这部作品从未完成，因为他不久就被免除教导宦官的职责，而被
赋予掌管起居注的新职务。[2]

1592年，焦竑被任命为京城会试的同考官，[3]之后他被皇帝外派
固原（今甘肃境内），上饶（今江西境内），沈丘与大梁（均在今河南境
内）等等，去确认地方的藩王继承。[4]在他去大梁的途中，他得到了
一套苏辙（1039—1112）对《诗经》与《春秋》的注本。这些注本后
来跟苏轼（1037—1101）对《易经》的注合为一册，名为《两苏经解》，
焦竑为其作序。在序言中，焦竑强调苏氏兄弟作为古典学者的意义，
以便对照于他们习以为常地被视为仅仅是文人的名声。焦竑说："六
经者，先儒以为载道之文也，而文之致极于经"，因为"世无舍道而能
为文者也"。文学与经典因此不可分割地互相联结；经典由于是道
的体现，证实了文学为道之来源的地位。因此，"谓舍经术而能文，是
舍泉而能水"。根据焦竑，苏氏兄弟文章之所以"不朽"，并且不随时
代"好恶"而变，正在于他们的文章乃是出自他们对于经典的一己了
050 解这个事实，而这个一己的了解正是他们"自得"的结果。不过焦竑
说，他们对经典的注解经常被忽略，因为：

[1]《澹园集》，13：10a。
[2] 同上。
[3] 同上书，15：15b。
[4]《明实录》，107：247：10a。

世方守一家言,目为文人之经而绌之,而传者稀矣。夫道非
一圣人所能究,前者开之,后者推之,略者广之,微者阐之,而其
理始著,故经累而为六也。乃谈经者,欲暖暖妹妹于一先生之
言,而以为经尽在是也,岂不谬哉![1]

在如此重新评价苏氏兄弟作为古典学者的时候,焦竑似乎是在
附和文以载道的观念,这个观念自从韩愈(768—824)及其古文运动
以来,已经成为新儒思想中的标准主题。[2]不过,对焦竑来说,道不
再是"一圣人所能究",并且不受限于韩愈所认为的从尧到孔孟的正
统传承。更正确地说,它是"自得"的结果。如同我们稍后将看到
的,这样一种对道的观点,提供了焦竑挑战程朱正统优越性的基础,
并且使得他能够展开作为一位宗教折衷者与综合者的事业。

万历时期的后半,经历了明神宗与他的文官体系之间,就立储
选择问题的长期斗争。文官体系施压,要求皇帝尽早立长子朱常洛
(1582—1620)为太子,但是皇帝试图拖延,以便他可以找到册立他最
宠爱的郑贵妃(约1568—1630)之子——朱常洵(1586—1641)为太
子的办法。这个问题持续了十五年,直到1601年才解决,皇帝终于
屈服于文官体系的压力,并且册立十九岁的常洛为太子。[3]作为一
位这段皇帝继承斗争期间的朝廷官员,焦竑直言不讳地支持常洛作
为合法的皇储。他也上呈了一份奏章,要求皇帝允许常洛离开内廷,

051

[1]《澹园续》,1: 2b-3a。
[2] 关于韩愈以及古文运动,参看Wu-chi Liu(柳无忌), *An Introduction to Chinese Literature* (Bloomington: Indiana University Press, 1966), pp. 125-140, 以及 Stephen Owen(宇文所安), *The Poetry of Meng Chiao and Han Yü* (New Haven: Yale University Press, 1975), pp. 1-23。
[3] Arthur W. Hummel, *Eminent Chinese of the Ch'ing Period* (Taipei: Literature House, 1964), p. 176; L. Carrington Goodrich and Chao-ying Fang(房兆楹)eds., *Dictionary of Ming Biography, 1368-1644* (New York: Columbia University Press, 1976; 后皆引作*Dictionary of Ming Biography*), 1: 209-210.

以便接受正常教育。这样做，焦竑很明显地是在尝试帮忙建立常洛作为实质皇储的地位。如同焦竑在奏章中所表明，这个帝位继承的问题有两个面向：册立与教育皇储。焦竑说，皇帝也许不想要在这个问题的第一个面向上马上采取行动，但是他承担不起在第二个面向上延迟行动的后果，因为教育必须及早执行，"必乘其良心淳固"之时。焦竑为了避免皇帝以常洛尚未被正式指定为太子，不能外出内廷为借口而拒绝他的请求，因此在奏章中引用成祖的做法作为先例。焦竑指出，成祖也拒绝及早任命太子的一再请求，但是在确保长子接受适当教育上，并未有所延迟。[1]因此，在焦竑的奏章中，神宗延迟册立常洛，被写成是看起来完全正当的作法；他只是在追随成祖的脚步。但是这个类比很容易适得其反，因为成祖最后的确册立了他的长子为太子。[2]

我们很难去评估焦竑上奏神宗的效果，因为神宗当时与世隔绝于宫廷内部，可能根本没有读到那篇奏章。但是当常洛终于在1594年被允许离开内廷接受正式教育时，焦竑被任命为他的讲读官。当时被任命为讲读官的包含邹德溥（1583年进士）、郭正域（1554—1612）以及其他，他们全是焦竑在翰林院的同僚。[3]作为讲读官，焦竑并不满意以演讲为教学的标准方式。因此，他提议以讲论来补充演讲，而讲论盛行于新儒学者之间，乃是一个最受喜爱的教育方法。据说常洛喜欢讲论这个想法，只是他似乎无法提出问题，于是焦竑主动向常洛提出问题。常洛很快地精熟于"答问"，这点当然是常洛天生聪明的表现，但也归功于焦竑善于刺激思考的能力。[4]为了常洛的道德陶冶，焦竑编纂了《养正图解》，这是一本"仰遵祖训、采古言

[1]《澹园续》，5: 2a；《澹园集》，3: 2a-3a。

[2] *Dictionary of Ming Biography*, 1: 338.

[3]《明实录》，108: 269: 1b-2a。

[4]《明史》，228: 7393。

行可资劝诫者"并加以图解的知识宝库。[1]这部书在1597年[2]上呈皇帝,但因焦竑讲官同事的嫉妒与反对,从来没有真的为常洛所用。这些同事觉得焦竑编纂此书乃是沽名钓誉的噱头。[3]

1594年,通过当时礼部尚书陈于陛(1545—1597)的推荐,焦竑被任命为纂修官,负责明朝国史。这个计划原来是由陈于陛于1593年9月在奏章中所提议,但是明光宗直到1594年5月才同意。陈氏提出这个计划时,引用了宋代一个类似的先例。[4]不过,事实上唐代在宋朝之前已经发动过这类计划,并且当朝编纂自身历史的传统,最终可以被追溯到东汉的《东观汉记》。[5]这些史书与实录不同之处,在于它们通常是以合成的方式写成。[6]这些史书通常作为"国史"而为人所知,虽然陈于陛在他奏章中指称此计划为"正史"。

作为明朝国史的纂修官,焦竑提出了四点建议。第一点是关于这个计划工作中的"本纪"部分。焦竑尝试去恢复惠帝(1399—1402年在位)与景帝(1450—1456年在位)作为合法统治者的正当位置。焦竑指出,惠帝在位四年,景帝在位七或八年,但是他们两位都没有独立篇章的实录。[7]焦竑注意到:

053

---

[1]《澹园集》,3: 3a-4a; 15: 1a-b。

[2]《明实录》,110: 314: 4a。

[3]《明史》,228: 7393。

[4]同上书,228: 7392;《明实录》,108: 271: 5b、8a-b以及108: 264: 1b-4a。

[5]见李宗侗:《中国史学史》(台北:中华文化出版事业社,1964年),页34-35、71-73;金毓黼:《中国史学史》(台北:台湾商务印书馆,1960年),页108-109。

[6] Lien-sheng Yang(杨 联 升),"The Organization of Chinese Official Historiography: Principles and Methods of the Standard Histories from the T'ang through the Ming Dynasty,"(后皆引作"Chinese Official Historiography")in *Historians of China and Japan*, eds. W. G. Beasley and E. G. Pulleyblank (London: Oxford University Press, 1961), pp. 45-46.

[7]见Wolfgang Franke, "The Veritable Records of the Ming Dynasty," in *Historians of China and Japan*, pp. 70-71。

> 实录附载，未为是正。夫胜国之君，人必为纪，以其临御一
> 时，犹难泯没，所谓国可灭，史不可灭也。[1]

因此，他建议这两位统治者应该要以两篇独立的本纪加以个别
处理。[2]

焦竑提议的第二点是关于国史的列传部分。他建议取消列传只
收三品以上官员的旧原则，并建议不以官品高低作为取舍人物的必
要标准。焦竑说："夫史以褒贬人伦，岂论显晦？"就这个意义下的历
史而言，不该在"贵贱"之间加以歧视性的分别，以便"阐明公道，昭
示来兹"。历史也应该同时包含"善恶"。焦竑注意到许多当时的传
记作品都只处理有名的而不处理不有名的官员，以至于"巨恶宵人"
逃过了历史的评判。不过，"褒贬"不应该是史家个人"好恶"的结
果，就好像《明实录》中焦竑所批评的篇章的例子一样，在那里，方孝
孺（1357—1402）被错表为向篡位者成祖"乞哀"，而非反抗。焦竑提
议，像这样的错误应该根据"公论"来加以纠正。[3]

焦竑提议的第三点，是关于人事问题，他建议纳入这个计划的人
员不仅仅要所用得人，而且在数目上须加以限制。他说，除了访召精
通星历、乐律和河渠这三个主题的专家之外，不需要在朝廷之外再招
募新人，因为朝廷已经拥有一个比实际需要还大的史家僚属。[4]焦
竑建议的第四点，也就是最后一点，是呼吁搜集各种材料的协调努
力，包括古籍善本。[5]

综合起来，这四点反映了焦竑如下的信念：对于史家作为道德

054

---

[1]《澹园集》，5: 5b-6a。
[2]同上。
[3]同上书，5: 6a-b。
[4]同上书，5: 6b-7a。
[5]同上书，5: 7a-b。

真理之护卫者之职责，以及作为"公道"之客观公正之体现的历史权威性。在《论史》中，他曾说，这个"史之权，与天与君并"，如果历史写作交托于单一史家之手，这个史权最能够被维持住。他说："古之国史，皆出一人，故能藏诸名山，传之百世"。不过，后世集体编纂的作法逐渐发展，因此史家失去了之前属于他的"专其任"，并且对于"监修者"，他"欲纪一事、载一言，必行关白"，变得"如将中制"。焦竑质疑："何以成功?"[1]

　　焦竑的历史理念并无突出之处。传统中国史家们总是相信构成"史权"的道德企图与说教功能。[2]真理与公正长期以来是传统史学中珍贵的价值。即使史书成于一人之手的观念，这点毫无疑问地乃是焦竑提出的第三点建议——限制史官数目的理由。唐代刘知幾（661—721）基本上也说过同样的理由。[3]不过，值得指出的是，对焦竑来说，"公"不再只是个人德行的问题，亦即就史家而言，其是否具备公平感或者没有偏见。"公"涉及"公论"，根据焦竑所言，史家在行使"褒贬"时，应该将公论带入、加诸史料之上。在《论史》一文中，焦竑无比地强调对于公论的关注，他谴责后世子孙们盛行在墓志铭中不加批判的美化祖先这种作法，并且建议墓志铭与悼文应该以乡评和时论加以检验。[4]焦竑对乡评与时论的强调，一部分显示客观性观念渐趋严格，这种客观性乃是作为对宋代以后"提供更多美化而非讨论"这种趋势之反动而出现的。[5]另外一部分，这个强调乃是表现了晚明知识精英分子高涨的社会意识，晚明乃是中国

[1]《澹园集》，4: 2b-4a。

[2] Lien-sheng Yang, "Chinese Official Historiography," in *Historians of China and Japan*, p. 52.

[3] E. G. Pulleyblank, "Chinese Historical Criticism: Liu Chih-chi and Ssu-ma Kuang," in *Historians of China and Japan*, pp. 139-140.

[4]《澹园集》，4: 3a-4a。

[5] Lien-sheng Yang, "Chinese Official Historiography," p. 53.

社会阶级划分以及地位区别极度模糊的时期。[1]不过,这个强调也可以被视为是焦竑以真理为公的理念的一个必然推论。如同稍后将显示的,这个真理为公的理念,无疑是一儒家式完整的宇宙观之构成部分;焦竑即使"狂禅"之名满天下,在这方面仍然是一位真正的儒者。

明代国史计划主要由陈于陛所推动,如同我稍早指出的,他向明光宗提出计划并且推荐焦竑担任纂修官。但是陈氏在1597年过世,同年宫廷发生大火,令这个计划所搜集的史料有所损失,此计划遂无疾而终。[2]不过,在那之前,焦竑已经完成了六卷书目,后来单独出版为《国史经籍志》。[3]《钦定四库全书总目提要》对这部作品极端挑剔,且说它是整个中国目录学史上这类书中"最不足凭"的,因为在编纂时,未区分所载的书籍尚存或已亡佚。[4]直到现代,《钦定四库全书总目提要》编辑者的批评在学界中仍然盛行。例如许世瑛1954年写作时依旧将这部书视为"滥收前代"而移除不顾。[5]但是,如同内藤虎次郎在《支那史学史》中所指出的,同样的批评事实上可以用在许多焦竑之前的目录学作品,像是《唐书》与《宋史》的经籍(艺文)志。此外,焦竑在他的作品中复兴了为每一分类写序的做法,这个做法从《隋书》以来一直存在,直到《旧唐书》始中断。[6]在这些序言与一卷《补正》中,焦竑讨论了每一分类的历史,评价了关于像是《尚书》与《周礼》这样的古典文本之真伪的种种理论,并且提

---

[1] de Bary, "Introduction," in *Self and Society*, pp. 22-23, 以 及 "Individualism and Humanitarianism," in *Self and Society*, pp. 171-174; 又见 P. T. Ho (何炳棣), *The Ladder of Success in Imperial China* (New York: Columbia University Press, 1962)。

[2] 在官方说法里,此计划只是暂时停摆,但实际上它始终未复行。《明实录》,110: 311: 7a。又见孙承泽:《春明梦余录》(古香斋本,1883年),13: 4a。

[3]《明史》,228: 7392。

[4]《钦定四库全书总目提要》(后皆引作《总目》),87: 1b-2a。

[5] 许世瑛:《中国目录学史》(台北:中华文化出版事业委员会,1954年),页153。

[6] 内藤虎次郎:《支那史学史》(东京都:弘文堂,1950年),页368。

出了他所认为几乎之前所有书目作品所犯的不当分类的修正看法。内藤认为这部作品典型性地代表了由郑樵(1104—1162)《校雠略》所例示的在中国最好的目录学传统。[1]

可能也是因为纂修明史这个计划无疾而终,焦竑转而纂辑了名为《国朝献征录》的一百二十卷传记。[2]在这部作品里,焦竑信守他一视同仁的原则(principle of nondiscrimination),纳入了明建国以来,到嘉靖年中(1368—1567)所有杰出的人士,而不论他们的官品地位。那些具有官阶品位的人依他们的官衔或位置加以分类,而其他人则归于像是"孝友"、"义人"、"艺苑"等等标题之下。

作为一部传记的合集,《国朝献征录》大部分奠基于各种形式的墓志碑文,而各种政府记录、地方志,以及私人所撰写与编纂的作品之类的材料,则为其内容的补充。[3]因此,这是一部官方史料与那些通常被指称为"家乘野史"的史料之混合。[4]而由于家乘野史通常以流言闲语和道听途说作基础,故不为传统中国史家接受为撰写严肃史书时的正当材料。[5]在应用这些史料时,焦竑是在实践他"时论"乃是"公论"的一种形式之观点。但他因此被《钦定四库全书总目提要》批评,《钦定四库全书总目提要》虽然肯定焦竑在搜集材料上的彻底性,却拒绝《国朝献征录》,认为它"不皆可据"。[6]然而,焦竑并非不具批判性地、依赖地使用这些"家乘野史",因为它们只是多种参考史料之一。我们并不确切知道焦竑如何运用这种特殊的史料,特别是因为他并未明确表明所有信息来源。不过,从他在《论

---

[1] 内藤虎次郎:《支那史学史》(东京都:弘文堂,1950年),页369。

[2]《献征录》,黄汝亨《序》,页6-7。

[3] 同上书,页6,以及顾起元《序》,页1-2。

[4]"家乘野史"这个词语,于顾起元《序》中被用在《献征录》上,页2。不过,黄汝亨用的词语是"小说",页6。

[5] 参看 Herbert Franke, "Some Aspects of Chinese Private Historiography in the Thirteenth and Fourteenth Centuries," in *Historians of China and Japan*, p. 116。

[6]《总目》,63: 3b。

史》一文中所说的来判断,他使用家乘野史以核对、平衡官方史料中的解释,这点应该毋庸置疑。这种同时使用官方与非官方史料的结果,是完全有利的。借着引用非官方作品,焦竑保存了广泛的资讯。通过这些资讯,现代学者能够用来补充,或者甚至纠正官方史料。例如,和田清在由这部作品中所取得的资讯的基础之上,才能够驳斥《明实录》宣称蒙古酋长也先土干(1431年卒)被抓乃是他自愿投降的结果,以及展示《明史》宣称后来成为成祖的燕王,在反叛惠帝时得到兀良哈蛮夷军队之协助,这一广为人知的胡说。[1]相反地,借着将私人、非官方的作品与像实录和墓志铭这样的正当史料对立来看,《国朝献征录》则将非官方的述解置于详细检查与验证之下。这部作品因此也具有尝试历史化"家乘野史"的意义。就这个意义而言,它标明了私家史学转变的开始,私家史学变得越来越以"考证"为基础。

　　这个在中国私家史学中的变化,或许再没有比在所谓的掌故之学[2]中明显可见。内藤注意到,在朱荃宰《文通》中有大量掌故书籍被列为"大明史材",并且认为掌故之学的繁盛乃是明代史学的特征。当然,流行撰写这类书籍并不始于明朝。如同内藤所指出的,左奎(约1274年卒)《百川学海》中所收作品,大半为宋代所撰的掌故书籍。不过,比起宋代的掌故书籍,明代的作风在程度上有很大的发展,在数量跟范围上都较为广大。宋代掌故书籍通常记录其作者担任公职时所观察或经历的朝廷事件与仪式,但是明代的掌故书籍倾向于不止仅仅记载朝廷事件,进而收录任何有趣或特别的朝廷八卦。因此,明代掌故书籍成为真正的事实与未经证实、甚至无法证实之道听途说的混合。作为这样的混合体,明代掌故书籍被强烈地认为带有虚构味道的"野史"性格,而且根据内藤,它们与野史很难

---

[1]《献征录》,黄彰健《序》,页5。
[2]掌故之学指的是一种处理历史人物、轶事、制例之学。

区分开来。明代掌故书籍并不总是正确,即使它们是以正当历史的综合性或编年体裁所写成。明代掌故学的成长,因此可以被判定为不幸的:虽然它在范围与数量上均见扩张,可是是以可靠历史的价值作为代价的。不过,如同内藤很快就指出的,这只适用于嘉靖中叶(约1550年)以前所编撰的明代掌故书籍。嘉靖晚期与万历年间的进一步发展,则倾向于对明掌故学有所转变——由对基于道听途说之小说家言的追求,到成为撰写真实历史的严肃事业。根据内藤,王世贞(1526—1590)与焦竑即是使这个变化持续到清代的两位先锋。在撰写《弇州史料》时,王世贞不仅运用实录作为基本资讯来源,也将实录与当时可得的其他各种史料精密的比对。同样的过程也为撰写《国朝献征录》时的焦竑所依循,该书之后成为清朝《碑传集》[1]的范型,并且为万斯同(1638—1702)运用为《明史》的主要史料。[2]我也顺便指出,万斯同虽然大致上对明代史学有所批评,却因焦竑编纂《国朝献征录》的成就,而认定其为史学大家。[3]

　　1597年,焦竑被任命为顺天乡试副主考官。[4]在任上,他被两位给事中项应祥(1580年进士)与曹大咸(1555—1613)所弹劾,因为据说九位录取者考卷上出现了非正统的陈述。[5]焦竑本人是一位相当非正统的思想家这个事实,也许使得这个弹劾看来可信。不过,事实上他相当无辜,而此弹劾主要是为狭隘的政治考量所驱使。如同他在给皇帝的奏章中所尝试解释的,他并没有办法真的为这九名考生中的八名负责,因为他跟这八人的考卷没有丝毫关系,他们的考卷是由主考官所评分。至于那位焦竑审阅并且让他通过的考生,焦竑说

[1] 内藤虎次郎:《支那史学史》,页343-347。

[2] 《献征录》,黄彰健《序》,页1-3。

[3] 〔清〕万斯同:《石园文集》(1935年本),7: 3a-b。

[4] 《明实录》,110: 313: 2a。

[5] 《明史》,288: 7393;《明儒学案》,35: 361。

他愿意将其考卷交给朝廷进一步鉴核，即使考卷的评分在传统上乃是文学侍从之臣们的"去取之柄"。焦竑因此诉请无罪，并且上诉皇帝，要求将整件事情视为某些翰林院同僚想要将他驱出朝廷的政治阴谋而加以撤销。[1]奏章中并未明言这个阴谋的原因，但是却于一封隐秘的私人通信中透露，乃是因为焦竑公开支持常洛为合法的皇储。焦竑宣称，这个支持激起了"群奸"[2]的愤怒，一定也触怒了皇帝。因此，他虽向皇帝上诉，却未获得无罪开释，就不令人惊讶了。取而代之的是，他被贬职且流放到福建。焦竑在那里担任了大约一年的福宁州同知。1599年，他提出辞呈并且退休，从此结束了官宦生涯。[3]

060 **退　休**

　　焦竑退休回到南京，在那里度过他人生的最后二十年。在退休生活中，他从事多样的活动，使他远离了闲散与离群索居。他持续性地被墓志铭、纪念文章，以及友人与识者各种作品序、跋的要求所包围。[4]不过他还能找到时间从事园艺，[5]以及如同之前曾提到的，经常拜访栖霞寺。他也大量阅读，[6]因此积累了一笔宏伟的个人藏书。他以收藏满满五个房间的书籍，且每一册都由他亲手细心作注而享誉。[7]

　　不过，焦竑的学术性追求并不限于阅读与注疏；因为我们知道，至少他之前撰写并且编辑的十一部作品是在退休年间出版。[8]此

---

[1]《澹园集》，3: 4a-6a。

[2]《澹园续》，5: 2a。

[3]《明史》，288: 7393；《福宁府志》，15: 16a；《明实录》，100: 316: 4b。

[4] 参看容肇祖：《焦竑及其思想》，《燕京学报》第23期，页26-32。

[5]《澹园集》，13: 25a。

[6] 同上书，13: 22b。

[7] 叶昌炽：《藏书纪事诗》（上海：古典文学出版社，1958年），3: 157；杨立诚、金步瀛编：《中国藏书家考略》（杭州：浙江省立图书馆，1929年），页105a。

[8] 即：一、《京学志》；二、《二十九子品汇释评》；三、《国朝献征录》；四、《易筌》；五、《升庵外集》；六、《俗书刊误》；七、《澹园集》；八、《澹园续集》；九、《致身录》；十、《史汉合钞》；十一、《玉堂丛语》。详情请见附录。

外，1604年，焦竑与陈第会面，讨论"叶音"[1]的问题，焦竑长久以来对于以"叶音"这个字眼描绘古代诗歌的韵尾有所不满。因此他展开了一个文献学的追寻，并且在分析了一些来自古代的样本之后，提出了这个理论：那些不再适用于现代韵图的古代诗歌韵尾，乃是自然的叶韵，但是随着时间，它们的发音已经改变。[2]这个理论刺激了到南京来与焦竑会面的陈第。陈第在这次会面之后，借由焦竑借给他的许多书籍，才能够在《毛诗古音考》以及《屈宋古音义》[3]中系统化并且进一步阐明焦竑的理论，而因为这两部书，陈第以晚明"考证学"大师之名著称于世。自然古音理论的发现经常归誉于陈第。[4]不过，事实上陈第本人也同意，他对这个问题的分析，很大程度受惠于焦竑。[5]

除了纯粹学术性的努力之外，焦竑继续教学。1603年，他旅行至新安还古书院主持一系列讲会，那里是湛若水（1466—1560）与邹守益曾经施教的地方。不过，从16世纪80年代晚期起，一直到17世纪20年代的中期，这个书院逐渐与泰州学派发生紧密关连，并且在焦竑之外，能够得到著名的泰州思想家像是罗汝芳、杨起元以及祝世禄（1539—1610）等担任讲席。[6]1603年，焦竑的到来，吸引了由仕

---

[1]《澹园集》，14: 2a-3a。

[2] 同上书；《笔乘》，3: 63-64。

[3]〔明〕陈第：《毛诗古音考》（明辨斋本，1863年），陈第后跋，页1a。

[4] 例如胡适。参看其 "Scientific Spirit and Method in Chinese Philosophy," in *The Chinese Mind*, ed. Charles A. Moore (Honolulu: University of Hawaii Press, 1967), p. 124。

[5] 陈第：《毛诗古音考》，陈第后跋，页1a。

[6] 大久保英子：《明清时代书院の研究》（东京都：国书刊行会，1976年），页141-147；《休宁县志》（台北：成文出版社，1970年），2: 15b。这些论著都主张，还古书院是由当时新任休宁知县的祝世禄于1589年所建。然而，根据《澹园集》(48: 1a)，湛若水与邹守益都曾在还古书院任教。早在祝世禄到来担任知县前，湛氏与邹氏（各自卒于1560与1562年）已经去世很久了。一方面是大久保英子与《休宁县志》，另一方面是《澹园集》，两者的差异可以在《还古书院志》（复印自东京内阁文库1741年本)(13: 1b)描述的基础上得到解决，《还古书院志》陈述了在1589年以前作为一个机构存在的书院，直到祝世禄动员地方大众并且建起一群建筑之前，不是以地方寺院，就是以祠堂为栖居之所，并且没有一个明确的实体位置。

绅阶层中的名士们到年轻牧童的所有阶级与年龄团体超过两千人的听众。[1]1606年,焦竑在南京罗汝芳祠主导了另一个系列的讲会。[2]参加这两系列讲会的学生所记的笔记,被编纂并且纳入了焦竑的文集之中。[3]这些笔记提示了这两次都是真正的讲会,并不具有严格的结构或者焦竑的正式演说。焦竑偶尔会提出问题,或者作出陈述来引发回应,但是更典型的是由学生来提问。有些学生会请求厘清儒学与新儒思想中经典作品里的某些格言。其他人会询问像是性、命、良知等等这些深奥的概念。还有些人会提出他们个人修身经验中所出现的问题,像是如何克服"妄念"。焦竑回答的范围由纯粹理论的,到具体的、土味的以及轶事性的。一种亲近与活泼的氛围,乃是焦竑与学生之间交往的典型特征,而学生们经常感到欣喜、磨炼以及受到启发。

作为一个老师,焦竑也许在影响力的震度上比不上王阳明。如同de Bary所观察的,中国历史上除了孔子之外,很少有人能够在教导的学生数目以及与他们建立的学校数目上,与王阳明等量齐观。[4]不过,焦竑在对待学生的机智上比起王阳明不遑多让;就像王阳明一样,他铿锵有力、活力充沛、富挑衅性,诉诸训诫、责备、哄骗,并且使用自相矛盾的话,或者倒转约定俗成的推理方式,以求达成效果。

062不过,焦竑与王阳明在教学风格上显著不同。王阳明相信"为己之学",[5]因此他主张的学习观点,强调个人的经验理解,并且采行的教育方法是深切的个人性的。的确,《传习录》的第一与第三章记录了王阳明作为一个教师的活动,可以被读成是一系列他与学生的个人

---

[1]《澹园集》,48: 1a-b。

[2] 同上书,49: 1a。

[3] 同上书,卷48-49。

[4] de Bary, "Individualism and Humanitarianism," in *Self and Society*, p. 154.

[5] 同上。

遭遇，而在这些遭遇中，他谈到他自己想成为圣人的困苦挣扎，并且经常询问学生们在自身的努力中所达到的情形。[1]不过，很有趣的，虽然王阳明在与学生的讲论中，总是愿意超越他亲近的团体圈子，以便追求某些概念与道理，但他极少提到自己及其学生之外的经验与践履活动。对比之下，焦竑虽然在与学生的互动中带有同样的个人性质，而且对于学须自学的信念同等强烈，却喜欢引用其他人的经验与践履，特别是当他们专注于个人的遭遇之中。

焦竑将那些不涉及他"讲论活动"的人的经验纳入教学中这件事，必须与朱熹与吕祖谦（1137—1181）将圣贤叙解纳入《近思录》的其中一章这件事区分开来。尽管在《近思录》中，圣贤的行为与性向是为"观"与仿效的模范，焦竑在他教学中所引用的经验与践履，却不总是以说教为目的，而是作为焦竑论点的详尽说明，要不就是针对来自学生特定问题的回答。不论作为详尽说明或者回答，他们通常具有一种像是公案的谜团性质。例如：

> 1.（学生）问："与物同体之义，某既知之矣。然遇人有不是处，不能不怒，一体之义安在？"先生（焦竑）曰："此须用功夫。昔罗先生（推测为罗汝芳）语一友云：'子之面貌严冷，何以接人？'友曰：'面貌自天生，岂可改移？'先生曰：'夫子不云"色思温"乎？'其人闻之，忿心不觉释然。"[2]
>
> 2. 一友问："孔子言'一贯'，阳明先生所云'良知'只是

063

---

[1] de Bary, "Individualism and Humanitarianism," in *Self and Society*, p. 154. 例如，见 Wing-tsit Chan trans., *Instructions for Practical Living and Other Neo-Confucian Writings by Wang Yang-ming* (New York: Columbia University Press, 1964; 后皆引作*Instructions*), pp. 81-82(#124), 216-217(#262), 以及 249(#319)。

[2]《澹园集》，49: 4b。

'贯'处,不是'一'处。"先生曰:"夏云峰因友人论此,问云:'如何是一处?'其人曰:'无声无臭是也。'云峰笑曰:'子谓良知有声臭耶?'"[1]

3. 先生曰:"学道别无奇特,只是休歇贪求,寻明眼人直下指出(道),(若有人如此做)便归本家乡(即人之自性),更有何事? 耿师(曾)语余曰:'余学实自仲弟子庸发之。予以行人还里中,仲弟适自远方参访归,意充然如有得也。余时与彭东奻刻厉为学,仲弟意不然(我们在做的事),曰:"圣贤千经万典,其要语颇不多;(其他)诸泛泛酬应之言,不足究心。"余讶曰:"何语为要?"曰:"'喜怒哀乐之未发谓之中',此语最要。"余未信。然学道久,苦未有入(道)处,(因此我)不能无疑。一日晨起就问曰:"孰为中?"弟举手示之,余豁然有省。后以语人,亦多开悟者。'"[2]

如同上述例子所表示的,发生在焦竑"讲论"之外的两两之间的意见交换,被焦竑引用来作为问题的答案(1与2),以及作为他自己论点的进一步陈述(3)。不过,如此一来,他们对于正在讨论的问题或论点的相关性,就不是那样的直接明显;而他们明显的不相关性,却被焦竑以及他的学生们清楚明白的接受而成为正当的。例如,焦竑回应例1中问题的方式,被记录者认为是他"善诲人"的一种示范,而他在例2中的回答,据说"座人皆有省"。记录者对于例3并没有提供任何评论,无论它对听众造成何等冲击,焦竑根本没有尝试去进一步厘清。就这方面而言,焦竑再度不同于王阳明。众所周知,

---

[1]《澹园集》,47: 8a-b。夏云峰与友人这个意见交换也记录在黄宗羲《明儒学案》的夏廷美传中。夏廷美为一未受教育的"繁昌田夫",经耿定向指派他从师焦竑。夏云峰与夏廷美很有可能是同一人。参看《明儒学案》,32: 319-320。

[2] 同上书,47: 1b-2a。

王阳明经常以含混或悖论式的语汇来回答他的学生。但是，含混与悖论并不是不相关。此外，王阳明的某些含混与悖论，当作为个别陈述时，可能看起来是彼此不兼容的，但是并不是真的含混或者自相矛盾。它们只是对不同学生的不同回应，如此一来，通过王阳明的教师观念而成为可理解的不一致性，亦即教师作为一个医生，不能倚靠一套药方，而必须变换处方，以便适应作为个别病人之诸多学生的需要。[1] 此外，王阳明极少搁置他的含混与悖论而不加解释，或者不加以进一步的探索。在一个场合，他甚至尝试去解释一个佛教故事，这个故事即使实际上没有被当成一个"公案"，却无疑地可以当作一个公案而流传：

> 一友举："佛家以手指显出，问曰：'众曾见否？'众曰：'见之。'复以手指入袖，问曰：'众还见否？'众曰：'不见。'佛说：'还未见性。'此义未明。"先生（王阳明）曰："手指有见有不见。尔之见性，常在人之心神，只在有睹有闻上驰骛，不在不睹不闻上着实用功。盖不睹不闻是良知本体，（于不睹不闻上）戒慎恐惧是致良知的工夫。学者时时刻刻常睹其所不睹，常闻其所不闻，工夫方有个实落处。久久成熟后，则不须着力，不待防检，而真性自不息矣。岂以在外者之闻见为累哉！"[2]

065

某个程度上，焦竑与王阳明教学上的差异，可以视为焦竑受禅宗佛教影响的结果。有鉴于焦竑作为宗教折衷者的取向，这点乃是明显而不令人讶异的。不过，这个影响需要置于脉络中了解，并且如同

---

[1] 见徐爱（1478-1517）:《传习录序》，收于《王阳明全集》，《旧序》，页2。
[2] 英译采自 Wing-tsit Chan, *Instructions*, p. 255(#330)。

稍后将会显示的,是被一种语言怀疑主义(linguistic skepticism)所赋形。这种语言怀疑主义将语言视为既连续、又不对称于"道",并且倡议,不是像禅宗那样将言说化约为静默,而是在道作为经验的实现中超越言说。

　　在一个丰富而有活力的退休生涯之后,1620年,焦竑明显地因为年迈而去世。焦竑死后,明熹宗(1620—1627在位)赐其"谕德"一职,以肯定他作为朱常洛讲师的服务,常洛乃是熹宗的父亲。福王在北京陷落于满人,于南京即位时,进一步对焦竑表达敬意,赐予"文端"的谥号。[1]讽刺的是,福王是朱常洵的儿子,而朱常洵是常洛追求太子之位的竞争者。[2]

---

[1]《明史》,288: 7393。

[2] Hummel, *Eminent Chinese of the Ch'ing Period*, p. 195.(译按:原书正文失注,今暂补于此。)

第三章
一个折衷思想家对程朱正统的批判

"太严"与"陋"

作为一位明白倡议"三教合一"的宗教折衷者,以及泰州学派的一员——该学派以反权威独立思考之激进精神著名——焦竑几乎是朱熹精准的对反,朱熹建立了儒家正统传承,并且下定决心去对抗佛、道以支持这个传承。因此,并不令人惊讶地,焦竑批评朱熹耽溺于辟佛的狭隘心态,而认为要为这个狭隘心态负责的,由他看来,乃是朱熹对儒学的错误表述。根据焦竑看来,朱熹费尽苦心去避免禅宗佛教这个"异端",他不愿意纳用禅宗佛教中可以用来好好说明儒学真理,却可能因为其禅宗来历而被怀疑的观念。因此,每当朱熹在经典中遭遇到"精微语",他"辄恐其类禅,而以他说解之"。结果是,他的经书注解错失了圣人教诲的"大旨",而焦竑相信,这个圣人教诲的大旨能够借由禅宗的神秘教义得到最佳的澄清。[1]

就在如此避免禅这个"异端"之中,朱熹展示了一种"太严"的性质,焦竑认为这是宋代新儒思想之根本弱点。根据焦竑,"严"不可避免地导致"陋",因为"夫物不通方则国穷,学不通方则见陋"。朱熹的"太严"不仅使得他"惧"禅宗,也使他根本被杜绝于对儒家

---

[1]《笔乘》,4: 103。

经典达到正确理解之外，并且制造出了一个贫瘠的"正学"观点。这使得朱熹无法接受思想的杂多性，也无法挪摄各式各样恰好不同于朱熹自己教义的主张，但是原则上他本来应该可以欣赏——焦竑借用《庄子》词语，称之为"天籁"[1]——这些普世性合唱里的个人发声。因此，朱熹"评骘千古，弹说百家，椎击名士，剥剔群言"，但是他从未表示说"吾于某而取其某长者"。他也从未宣称"各以其术鸣，而同于一吹，目为天籁者"。取而代之的是，他"恐堕于异端"，并且每当他遇到"易简疏畅"的事物时，"不忍言"。特别是，他摒去"凡诸灵觉明悟、通解妙达之论，尽以委于禅，目为异端，而惧其一言之浼己"。焦竑斥责道："岂谓儒者必滞室昏愚，而后为正学邪！"[2]

069　　焦竑指出："子思（在《中庸》中）曰：惟天下聪明睿智，足以有临。"[3]此外，焦竑继续道："《系传》（《易经》的传）曰：古之聪明睿智，神武而不杀。"[4]这些子思与《系传》中的陈述说服了焦竑，使他相信儒家不仅包含了"尘埃浊物"，以及"灵觉明妙"并不是"禅宗所有"。因此，所谓的朱熹的"统一诸子者"，被焦竑判定为断然非儒。它"不能合符孔氏"；并且朱熹对这些哲学家的批评，虽然"工"与"尽"，"但服其口，而不能服其心矣"。焦竑说他很想要写一本书来解救所有被朱熹攻击的哲学家，并且因而显示他们"学之各有宗也"。不过，在一番考虑之后，他放弃了这个想法，因为知道这样的一本书"关涉颇大"，以及他"力未必能遽为"。[5]不过，我们可以把焦竑为《国史经籍志》子部所写的序言，当作是这希望的一个微型实

---

[1]　"天籁"的典故取自《庄子》。参看 Burton Watson trans., *The Complete Works of Chuang Tzu* (New York: Columbia University Press, 1968; 后皆引作 *Complete Chuang Tzu*), p. 37。

[2]　《笔乘》，4: 104-105。

[3]　这并非一段自子思而来的正确引文。英译采自 James Legge trans., *The Doctrine of the Mean*, in *The Chinese Classics*, 1: 428 (31: 1)。

[4]　英译采自 James Legge trans., *The I Ching*, 附录3，第一部，11: 67, p. 372。

[5]　《笔乘》，4: 103-105。

现,在那些序言里,他讨论了他区分十七个学派的理由,因此,或许可以说他已展示了十七个学派"各有所宗"。[1]

　　就"太严"与"陋"而言,朱熹被焦竑视为太史公司马谈(公元前110年卒)的精确对照,司马谈"论六家要旨"并且从每一家中抉择优点。在这样做的时候,司马谈示范了对焦竑来说庄子在《齐物论》倡议的一种理想态度。根据焦竑,庄子在孔子之后,当时"微言"正在衰微,而世上充满了"好饮食而鲜廉耻"的学者。就像《庄子》书中的儒者是盗墓者,根据的是他认定的《诗经》与《礼记》[2]被假定的权威,这些学者为了自我的耽溺而滥用经典。他们"人各是其是而非其非"。因此,庄子"欲齐物论也",而写下了《齐物论》一文。[3]

　　焦竑遗憾的是,庄子在这篇文章中的"雅意"从未真的被了解,因为文章的标题总是被读成"齐—物论"(也就是说:论万物之齐等)。这个文章标题的读法,乃是将第三个论字忽视为不重要,以及将第二个物字当作如同孟子"物之不齐"中同样的用法。[4]前两个字齐与物,因此形成了一个词组,而因为这个词组,后人宣称庄子是想要借此表达使万物齐等的愿望。就这个解释而言,庄子经常被批评。批评者认为庄子错在尝试去齐等内在上不平等的万物。不过,对焦竑来说,是这些批评者搞错了,因为他们的批评建基于对文本的误解,从而造成对标题三个字的错误解读。根据焦竑,第三个字绝非不重要,反而具有关键的重要性。借着"物"这个字,形成了"物—论"这个词语,或者"关于万物之诸般理论"这个庄子用来指涉不同思想学派间的争执观点。因此,庄子在这篇文章中真正想做的,乃是

---

[1] 这些序言曾被集合印成单篇,收于《澹园集》(23: 14a-21a)。

[2] 英译采自 Watson, *Complete Chuang Tzu*, pp. 296-297.

[3] 《笔乘》,4: 103-104.

[4] 《孟子》,2B: 4。我的英译遵循 Legge.

"齐等"或者齐"关于万物之诸般理论",而不是齐内在不平等的万物。庄子这样子做,是希望去展现自以为是的无意义与徒劳,并且阻止诸子之间的琐碎口角,以便他们能够"相忘于道术之中"。[1]

　　焦竑如此挑战他认为是《齐物论》的标准诠释方式,但这非原创性。这个想法很明显的在宋代就已经众所周知。如同钱大昕(1728—1804)所指出的,这个想法由王安石(1021—1086)与吕惠卿(1031—1111)最早提出,而为稍后的王应麟(1223—1296)加以发明。[2]王安石论《庄子》的文章中,有两篇被全文抄录进焦竑的《庄子翼》,该书同时也纳入了一些吕惠卿对《庄子》的注解。[3]因此,看起来焦竑是熟悉这两人对此问题的看法,虽然他并没有承认其影响。不管原创性的问题,我们仍然可以质疑这个重新诠释的有效性。如同章炳麟(1869—1936)所指出的,将文章标题读为"齐物—论"的新读法并不完全对应于文章内容,文章内容比"齐物—论"这个标题所提示的还要多得多。[4]"万物之平等性"显然是《齐物论》的一个关注点,而这个平等性无法仅仅通过对标题解读的改变,不论是多么具有想象力的改变,就被解消掉。

　　值得注意的是,焦竑本人并没有将这个重新诠释纳入他的《庄子翼》中,书中他只是引用郭象(312年卒)与唐顺之(1507—1560)的注解,去强调庄子试图揭露诸多价值判断之主观性,而并没有进一步强烈要求对标题作上述的新解读。[5]他对标题该读为"齐物—论"的建议,事实上与他对朱熹的批评相联系,因此也该在这个脉络中领

[1]《笔乘》,4: 103-104。

[2]〔清〕钱大昕:《十驾斋养新录》(上海:商务印书馆,1935年),19: 457。

[3]〔明〕焦竑:《庄子翼》(台北:广文书局,1970年),《附录》,页5b-7b;《采摭书目》,页1a。

[4]〔清〕章炳麟:《重订齐物论释》,收于《章氏丛书》(上海:右文社,1916年),第十二册,页1a。

[5]《庄子翼》,1: 18a。

会其意。作为对朱熹的批评，这个建议的意义，与其说是修正阅读标题的方式之声明，不如说是焦竑提出的一道恳求，恳求补正他所认定朱熹思想观点缺失的必要性。朱熹拒斥禅以及所有他自己之外的教义为"异端"，对焦竑来说，这样做乃是如同庄子语汇所谓"众窍之号"[1]一般无意义——众窍之号虽然是由同样的风所造成，但是却在彼此之间争论谁才能排他性地断言自己与风为一。此外，在这样的无意义状态之下，朱熹陷入了"太严"与"陋"的双生弱点的陷阱之中，根据焦竑，这两个弱点最能够被像是太史公司马谈所力行的庄子"齐物—论"所改正。如此一来，庄子所倡议的与司马谈所力行的，对焦竑来说就构成了一个理想，这个理想将会为所有"所贵于择群言之衷者"[2]坚守。

　　因此，宗教折衷乃是当焦竑提议将"齐—物论"读为"齐物—论"去批评朱熹的时候，所尝试建立的主旨（thesis）。这个主旨他一而再再而三的提出，特别是当他被正面指责为"异端"的时候。虽然我将"异端"译为"heresy"，但这不是一个精准的对应。heresy作为基督宗教中的一个概念，不仅仅是正统（orthodoxy）的反命题，而且还被视为矛盾一般地相区别于根本不信（infidelity，也就是他教徒的不信）、宗教分裂（schism）与背弃（apostasy）。就heresy与infidelity两者都拒绝一般所定义为基督教教条这点而言，他们可以都被视为是不信（unbelief）这类。[3]不过，就下面这点而言，他们可以被区分开来：infidelity是从未宣示入教、单纯否认信仰的人，而heresy指的是曾经接受，但是后来扬弃或者怀疑信仰规则的人。基于这个理由，我将跟随Bauer将infidelity指称为不信（unbelief），而将heresy称为假信（false belief）。作为"不信"，infidelity当然有可能被转化为异

---

［1］参看Watson, *Complete Chuang Tzu*, pp. 36-37。
［2］《笔乘》, 4: 104。
［3］*New Catholic Encyclopedia*, 6: 1069.

端，但是必须先皈依进入纯粹与真实信仰的正统之中，这个正统必须先于作为"假信"的异端（heresy）。[1]

异端的特定内容随着时间而有所不同，因为正统的准绳也会变化。譬如说，尼哥拉主义（Nicolaitism）逐渐加强地被教会谴责为不道德的。但是直到11世纪，当它被逐斥为异端时，才成为具异端性质。[2] 不过，无论一个异端在特定时刻下的教义结构为何，它从不是一件关乎个人知识或坚信与否的问题而已；它必须是由教会所作的决定，而只有教会拥有确定一套教条成为正统的权威。异端保留对于教会所认定的教义规范的同意权，并且因此否定了教会作为信仰之唯一裁决者的权威，就这点而言，异端隐含了从教会合一中分裂出来，因此必然是宗教分裂的（schismatic）。的确，在希腊文中，异端（hairesis）一字的原初意义即是宗教分裂。不过，历史上而言，宗教分裂不必然总是异端性的，虽然在罗马天主教中由于"教皇错不了"（papal infallibility）的定义使得它变为如此。分裂教会者可能只是反叛而并不关心教义的事情。他们可能将自身从教会分离开来，却并不弃绝教会提议的信仰，但是作为教会反面的异端者们，一定是受到教义方面考量的驱动。因此异端者们所从事的总是一场双重攻击；他们蔑视教会的权威，并且从教会观点看来，他们因信仰失落而受折磨。[3]

异端同时允许不同程度的差别。在一个极端，有第一级异端。它就是纯粹的异端，隐含着抱持与教会明白宣示之信仰条目直接矛盾的教理。在另外一个极端，有用教会语汇来说只是"被怀疑或者具

[1] Walter Bauer, *Orthodoxy and Heresy in Earliest Christianity* (Philadelphia: Fortress Press, 1971; 后皆引作 *Orthodoxy and Heresy*), p. xxiii.

[2] Geffrey B. Russel, *Dissent and Reform in the Early Middle Ages* (Berkeley: University of California Press, 1965), pp. 136-143.

[3] 同上书，pp. 134-135; *The Catholic Encyclopedia*, 7: 256。

有异端意味的意见"（*sententia de hoeresi suspecta, hoeresim sapiens*）。它包含了教义的违反，但是这个违反无法严格地得到展示，并且只是有可能发生的。这两种形态的异端，定义了异端的外延范围，这里的异端不包含且因此必须与背弃区分开来。背弃作为既放弃教会又放弃信仰，逻辑上可以被视为异端的发展高峰，但是它并没有被如此看待，因为背弃者不再相信基督以及不再是基督徒，而异端仍然保持对基督的信仰并且宣称自己是基督徒。[1]

上述种种异端在一方面，而不信、宗教分裂以及背弃在另一方面，两者的分别，暗示了异端作为一个基督教的概念，在指涉上，必然是指向系统之内的（intrasystemic）；就取向而言，一定要在教义方面有所区别，且必须是一个排他性的神职决心，这个决心只有教会拥有建立的权威。

比较起来，新儒思想的异端在应用上并不那么受到限制。它在指涉上既是系统之内的，也是系统之间的（intersystemic）。因此，《近思录》中的《辨异端》谴责的不仅是像子张与子夏这样偏离"圣人中道"的儒家，还有杨朱、墨翟到老子以及佛陀这许多非儒家人士。[2]同样的，明代早期的胡居仁（1434—1484）批评像陈献章与娄谅（1422—1491）这些同是儒者的观点为异端的同时，也拒斥佛、道为异端或异教。[3]此外，在新儒思想中并不存在着一个与基督教教会作为信仰的特出权威相比拟的制度机构。因此，新儒思想中的异端不全然需要是一个制度性的决定。它可以是一个私人关怀的问题，个人可以怀抱着这个私人关怀作为一个个人信念。可以确定的是，在13世纪新儒思想得到认可而成为官方意识形态之后，国家成为新儒

074

---

[1] *The Catholic Encyclopedia*, 7: 256-275.

[2] Wing-tsit Chan trans., *Reflections On Things at Hand* (New York: Columbia University Press, 1967; 以下皆引作 *Reflections*), pp. 279-288.

[3] 胡居仁：《居业录》（正谊堂本，1866年），卷七。

思想正统的守护者，并且具有谴责某些观念为异端的权力。虽然国家在这方面的权力具有实质性，或者甚至有时候具有毁灭性，但并不是绝对的。原则上，它并不将私家个人排除在行使相同权力之外，因此造成了下面这个结果：私家个人经常坚守偏离官方规范的教义，甚至作出明显挑战国家对正统与异端裁定的判断。我已经提过焦竑对李贽理念之真理性的不变信心，尽管这些理念被国家所谴责。焦竑虽然是一位具有宗教折衷心态的"禅家"，但就对现成教条表达异议这点而言，他在明清知识分子中绝不是非典型的。明清两代国家都将程朱学派认可为正统这点，并不妨碍其他对手学派在晚明蓬勃发展，或者避免程朱正统遭受清代早期的批评思想家们伤害性的攻击。例如，颜元（1635—1704）以不带犹豫的语汇，扬弃程朱正统学派为"训诂、清谈、禅宗、乡愿"，他说："晦（孔子、孟子）圣道"，并且"其祸甚于杨、墨"。[1]有意义的是，明清时代的异议者在提出反对官方正统的说法时，并未尝试去组织或者诉诸一个另类的制度结构，以寻求鉴定。因为在新儒思想之中，判定真理的权威在制度上是无法下结论（institutionally inconclusive）的；国家作为新儒正统的守卫者，很有趣地，并不是新儒思想真理无可辩驳的发言人，而如同稍后将会看到的，新儒思想的真理是每一个个人都能直接获得的，而不需要制度性的管理分配。

　　新儒思想的异端观念在指涉上既是系统之内的、又是系统之间的这个事实，已经为 Paul Cohen 所注意到，他将新儒思想的异端与基督教的异端区别开来，认为前者的范围较为"广泛"。不过 Cohen 将这两种异端观念的区别，诠释为两种对照情境的结果，一是在宋朝以及宋朝以后逐渐成长的思想一致性（intellectual coherence），二是中古之后西方逐渐增长的多元主义展望（pluralistic outlook）。他说：

---

[1] 引自钱穆：《中国近三百年学术史》，页159-160。

　　由于中古之后的西方社会在性质上变得愈来愈多元，为数益增的异端乃因此发展，每一个（译按：异端）都可回溯到一个不同的正统。另一方面在宋以及宋以后的中国社会里，儒家在名义上愈发成为唯一可以称得上的正统，因此，跟儒家正规所有的脱节也就都变成了异端。[1]

这个对于新儒思想异端的"应用广泛性"之诠释，蕴含了一个对于基督教历史上异端观念明显的时代错置的观点。[2]在基督教中，将异端限制用为一个系统之内的范畴，并不是中古以后的发展。这在教父时代就已经是一个既成的作法。如同Bauer所指出的，当Origen非常明确地说出："所有的异端开始的时候都是信仰者；之后他们才转向背离了信仰的治理"，[3]他是在陈述一个广为人所信守的观念。Origen对异端的率直陈述，在Tertullian的说法里面有一个比喻性的平行线索，将异端比为从正统的种子里栽培生长出来的野橄榄或无花果。[4]

　　Cohen的诠释除了时空错置之外，同时也低估了宋代以及宋代以后中国的思想歧异性。哲学上来讲，佛教也许可以说在宋代已经通过高峰。它不再能够与作为创造活力之主流系统的新儒思想竞争。不过，即使儒学复兴，佛教仍然是可实行的另类选择。我在第一

076

---

[1] Paul A. Cohen, *China and Christianity* (Cambridge: Harvard University Press, 1963), p. 19. 严格地说，Cohen关心的并不是heresy，而是heterodoxy，heterodoxy表示着背离正道但还未严重到要当作heresy来惩罚。不过，就我在此的考量来看，在heresy与heterodoxy之间的严重程度的差别并不相关。就heterodoxy作为一个heresy的温和形式来说，它仍然是一个系统之内的（intrasystemic）观念，同时作为正统的对立面以及他教（paganism）、宗教分裂（schism）、背弃（apostasy）的对照来被了解的。

[2] 同上。

[3] Bauer, *Orthodoxy and Heresy*, p. xxiii.

[4] 同上书，p. xxiiinl。

章中已经讨论过许多带有宗教折衷心态的新儒学者，正是佛教与道教持续吸引中国精英的明证。此外，在宋代与宋代之后的中国新儒思想之中，的确浮现了诸多不同的、进行论辩的学派。它们的存在，黄宗羲在《宋元学案》与《明儒学案》中已予以适当的肯定与记录，并且导致了我将称之为"对思想系谱学的先入关注"这个在晚明的发展。[1]前面提及的两部黄宗羲的作品，可以被引用来作为这个发展的例证。但是这个发展并没有造成新儒思想异端观念指涉范围之变化。晚明新儒思想的异端在公认的歧异性中间，持续作为一个指涉"广泛"的范畴，这点提示了重新检视新儒思想异端观念作为一个课题的意义的进一步需求。

如同上文所提及，新儒思想的异端不同于基督教的heresy之处，不仅仅在于范围比较"广泛"，也在于欠缺一个制度中心作为特出的权威。新儒思想异端的这两个区别性特点，需要就这两者的毗邻性加以一并考虑；当这样考虑时，新儒思想异端看起来似乎具有广泛性，暗中提示的并不是一个整体思想上的融贯，而是一种指涉上的散异性，这种散异性可以被视为稍早所指出的制度上的不具结论性的一个并生推论。此外，作为并生推论的两个区别特点，都为一个典型的新儒思想的人论（a theory of men）所关照。在新儒思想中，人的"性"，不论是像程朱学派二元论地认定与"心"有所分别，或者是像陆王学派一元论地认为与心为一，人的性都与神圣的"天理"为一。人因此可以得到神圣的真理，只借由作为人本身，而不是由于他皈依或者加入某一个特定信仰。在新儒思想所构想的人与神圣的关系之间，不需要一个机构作为中介，而人、圣之间的关系虽然并非没有问题，但明确地是连续的。此外，一个宣称被赐予特殊神启真理的机构，在新儒思想的语言里是无法想象的，不论这个机构是如同在罗

---

[1] 见本书第四章。

马天主教会里的僧侣阶级形式，或者是如同在基督新教里的共同社群形式。类似的道理，既然真理是具体地存在于每个人之中，作为真理的正确认知的正统也必然是每个人的正信（true belief）。个人可能偏离了他的天性而堕入异端，这点是个人将会需要改正的。但是，由于与生俱来的正信，个人不需要去处理信或不信的问题（unbelief as a problem）。因此可以理解的，作为正信的新儒思想中的正统，只与作为假信的（false belief）异端相悖反，而与作为不信（unbelief）的"根本不信"（infidelity）和"背弃"（apostasy）两者不加以区分。由于新儒思想正统的系统性所在（systemic locus）并不受限于作为不信的其他信仰系统（译按：如佛、道），新儒思想的异端作为正统的反命题，在逻辑上也不能够被仅仅用来在儒学系统内指涉假信。

不管新儒思想的异端与基督教的 heresy 在意义上的种种不同，他们都预设了一个系统性界定的规范，并且污名化偏离了这个预设规范的信仰与实践。不过，焦竑虽然挑战朱熹对正统的宣称，他也倡议一个对异端的修正性概念。对他来说，异端这个字眼首先而且最重要的是，意指与个人自身的主张与实践有所不同的主张与实践。焦竑说："我有一端之学，而人与我异，此异端也。"不过，仅仅是像这样子的差别，并不构成足够的理由去谴责一种主张或实践为异端。根据焦竑的看法，仅仅因为一个主张或实践是不同的，就将其谴责为异端，"如露处而讥人之宅为不美也"。[1]很明显地，这个将异端相当字面性的诠释为异端（different strand，不同的绳股），并不令焦竑感到有义务去接受任何学说。作为一个坚定的宗教折衷者，焦竑必然是多元主义的，而非抱持着虚无主义式的怀疑态度。他并未节制自己不就朱熹主张的真理宣称作争辩，而且毫不含混地肯定他所谓的"百姓日用"这个规范。

---

[1]《笔乘续》，1: 161。

同乎百姓日用者为同德，异乎百姓日用者为异端。学者试思，百姓日用者，为何物耶？姑无急异端之攻也。[1]

"百姓日用"这个概念为焦竑树立了一个规范，所有偏离这个规范者都被视为异端这点而言，焦竑的异端概念仍然毫无疑问地带有裁判性质。不过，他的规范不再能够被认定为一个特定的系统。如同稍后将会看到的，对焦竑来说，"百姓日用"构成了超越系统性分别的终极真实（the ultimate reality），而且归根究底而言是无法用系统性加以界定的。当焦竑的规范因此失去了它在系统内的身分位置，他定义的异端也不再能够系统性地加以决定。因此，在焦竑的异端概念里，他能够避免诸位正统新儒者的系统排他性，并且持续主张一个多元主义的观点，而无须放弃他身为一位批判的思想家必须在各种教义主张中断定真理价值的责任。

可以注意的是，焦竑在从事上述关于异端的陈述时，将其观点上溯到王艮，[2]王艮作为泰州学派的创建者，已经尝试依据"百姓日用"以建立正统与异端之别。例如王艮曾说："圣人之道，无异于百姓日用，凡有异（百姓日用）者，皆是异端。"[3]不过，就文本上来讲，"百姓日用"这个表述的经典来源可以在《易经》的《系辞》中找到："仁者见之谓之仁，知者见之谓之知，百姓日用而不知，故君子之道鲜矣。"[4]这段话的主旨，如同Wilhelm所提示的，在于道是普世性的，虽然不同类型的人对于道的认知有所不同，或者就像在一般人身上的情况一样，根本不知觉道而只是"日用"。[5]当王艮引用"百姓日用"

作为重新定义异端概念的基础时，他超越了《系辞》。除了肯定道的

---

[1]《笔乘续》，1: 161；2: 169。

[2] 同上。

[3] 引用自侯外庐主编：《中国思想通史》（北京：人民出版社，1963年），4B: 979。

[4] Wilhelm and Baynes, *The I Ching*, 1: 321.

[5] 同上。

普世性之外,他亦尝试使得"道能够回应百姓日用的问题"。[1]这么做的时候,他清楚地说明了一个道的愿景,这个愿景完整地表达了他思想的"人民性",以及自我对他而言带有的强烈身体意义。[2]焦竑赞成王艮对道的愿景及其之于个人与社会的意涵,但是焦竑有自己的目的。王艮将人性视为自然的这个观念与道家接近。[3]他也创始了一个风行宗教折衷的学派。但他并不是"三教合一"的倡议者。如同他在门联中所招摇宣示的,他宁可想要他的主张被认定为儒家传承的正传——从伏羲到尧、舜、周公、孔子。[4]他之所以重新定义异端的目的,是"为了解放个体的诸般潜能",以及满足人各式各样的直接需求。[5]另一方面,焦竑虽然跟从王艮,重新定义异端,但他这样做显然意图开展儒家与非儒家教理——特别是佛教与道教——之间的对话。上面所引用他对异端的陈述,在他的作品中出现过两次,另一次是在一篇题为《支谈》的长文之中。这篇文章虽然是以零碎笔记的形式写成,却是一份展示并且证成三教为一论旨持续的尝试。[6]

"支离"、"强制"与"乡愿"

如同之前所提示过的,焦竑批评朱熹错过了圣人之教的"大旨",他说,圣人之教可以通过禅的神秘教义得到最好的了解。特定地讲,朱熹错解了"格物"与"致知"两个概念,因此造成了他所谓的"集大成"无法"及于孔子半分",并且误导了之后好几个世代的学

080

---

[1] de Bary, "Individualism and Humanitarianism," in *Self and Society*, p. 168.

[2] 侯外庐主编:《中国思想通史》,4B: 974-975。另见 de Bary 在 "Individualism and Humanitarianism" 中对这个问题的讨论(*Self and Society*, pp. 165-166, 168-169)。

[3] de Bary, "Individualism and Humanitarianism," pp. 165-166, 168.

[4] 侯外庐主编:《中国思想通史》,4B: 963。

[5] de Bary, "Individualism and Humanitarianism," p. 169.

[6]《笔乘续》,2: 169。

者。焦竑说：

> 孔孟之学至宋儒而晦。盖自伊川、元晦误解格物致知，致使学者尽其精力，旁搜物理，而于一片身心，反置之不讲。[1]

根据焦竑，直到明代，当薛瑄（1389—1464）重新强调"复性"的重要性的时候，才再度厘清了儒家的真理。不过，薛瑄是在儒家已经被"晦"很久之后才出现的。因此，"其说犹郁而去畅"。但是，在时间上随他之后而来的陈献章和王阳明，他们的"横发直指"终于使得"孔孟之宗"如同"揭日月而行诸天"一般光明。特别是王阳明，据焦竑说，他的良知说"大有功矣"，亦即将良知建立为人作为人的存在性认同（existential identity），"示学者反求诸身"。[2]

作为王阳明晚近的跟随者，焦竑持续强调良知作为人之所以为人的存在性认同。他说：

> 人人有此良知也。呼而与之不受，是行道有此良知也。蹴而与之不屑，是乞人亦有此良知也。[3]

作为人之所以为人的存在性认同，良知被焦竑进一步地等同于"仁"，而仁，焦竑说："仁为人之所自有。"不过，另一方面，虽然"仁"像"良知"一样内在于人作为人的存有之中，没有"学"，"仁"无法实现，而学，根据焦竑，是以"为仁"为其主要目的。焦竑说，这是为什么"编《论语》者首言学，而即次以孝弟为仁之本"。此外，"孝"与"弟"作为"仁之本"，在分析上可以和"仁"加以区别，而"仁"对

[1]《澹园集》，12: 7b。
[2] 同上书，12: 7b-8a；14: 5b。
[3] 同上书，12: 8a。

焦竑如同对孔子一样，乃是指向人的至善的达德。"仁"渗透于人的活动的每个层面。用焦竑的方式说："日用饮食，仁也；出入动静，仁也；语默色笑，仁也。"相对来说，"孝"与"弟"乃是特定的德行，并且根据焦竑，它们在《论语》中被挑选出来作为"仁之本"，是因为在所有人的活动跟面向里，"孝""弟"是"最切而易知者"。但是，虽然"孝"与"弟"作为概念与"仁"有所不同，它们在存在上却与"仁"为一。所有这三者都只是"人心"这"一物"的"名"。如果上述成立的话，"为仁"作为学问的目的，需要的就不只是培养"孝"、"弟"作为特殊德行，也需要在这些特定德行之中，掌握作为普遍德行的"仁"，或者，用焦竑的话说："知孝弟之为仁。"[1]

终极上来讲，焦竑不仅仅视"孝"、"弟"、"良知"与界定人之所以为人的"仁"为同一，更进而认定它们与构成"天则"的"体"为同一。焦竑说："仁者，一名孝弟，一名良知，一名礼。礼也者，体也，天则也。"由于"孝"、"弟"、"良知"与"仁"都因此被视为与"体"或"天则"为同一，"为仁"作为"致道"的一个过程就不可能有所不同。因此，当肯定"为仁"乃是学之目的时，焦竑能够进一步地宣称："君子之学，凡以致道也"，而"致道"对焦竑来说，也必然同时达成《易经》中所说的"尽性"与"至命"。[2]因此，焦竑说："道致矣，而性命之深窅与事功之曲折，无不了然于中者。"[3]

焦竑将"孝"、"弟"这样的特定德行，与"仁"、"良知"这些一般、存在性的德行，以及"体"与"天则"，这三者认定为同一，这个认定例示了他的思维模式乃是一个论述形构的过程，这个形构过程使得焦竑能够赋予每一个伦理上或者经验上的特定境况以知识论上的正当地位，这个境况可以成为认知的对象材料，并且在本体终极的意

082

---

[1]《澹园集》，12: 6b、8a。
[2]《周易》，9: 1a。
[3]《澹园集》，12: 9a、13b。

义上去接近处理这些特定境况,将之视为是整体性的道的一个换喻的例证。因此,对焦竑来说,"孝"与"弟"既是"仁",也是"道体",他说:"圣人平日以道体直截示人。"而根据焦竑,这点正是孔子在与音乐大师冕[1]会面时所试着去成就的。焦竑主张,孔子在接见这位音乐大师时,行其所行、言其所言,以便向他的弟子子张"直示"道。孔子与其他的圣人之所以能够如此做,是因为他们在他们的"学"中"得其一",以及能够整体性地掌握世界。因此,他们能够"信手拈来,头头是道"。就这方面而言,圣人们显著地"非如后儒之支离,零星补缀,得此而失彼之比也"。[2]

083　　据焦竑看,"后儒之支离",乃是他们对"学之一字,体认不真"的结果。焦竑将学与"射"相比较,并且说:"夫学必有宗,如射之的也。仪的在前,持弓以赴之,蔑不中者。"不过,如果我们"不知其的",我们可能尽我们所能的努力尝试,但是终究徒劳无功。甚至还有可能"用力弥勤,而命中弥远"。[3]当然,我们有可能靠运气射中标靶,但是焦竑说:"求之者争为卜度,皆孔子所谓亿也。"[4]这只会"千卢一中",并且高度的不可靠。不过,如果假定这个罕见机遇真的发生,也无"益"可图,因为"妄意卜者,如射覆盂"。[5]换个方式来讲,这无异于"妄想"。这根本无从猜起,因为覆盂下的东西"唯置物者知之";并且,总有可能"覆盂之下而无所置也"。如果是后面这种状况,猜的人更是"徒劳"。[6]

　　焦竑曾经明白指出,为学的标的即是"吾之初心",而这个初心虽然是"吾"的,却不是"吾"所独有,事实上是"人人有之"。作为

---

[1] 见《论语》,15:41。

[2]《澹园集》,13:17b;48:11a-b。

[3] 同上书,12:7a;14:4a。

[4] 典出《论语》,14:34。

[5] 典出《汉书》(百衲本),65:2b。

[6]《笔乘续》,1:150;1:162。

这样的一种"吾之初心"，其实只是人之存有属性的另外一个称呼，而这个属性焦竑也称之为"仁"以及"良知"，以及如同前文指出的，焦竑将之等同于道或性。如同道乃是"自足"的，以及如同性乃是"无不备"的，"吾之初心"从不犯错，并且总是理所当然地发挥恰到好处的功能。因此，"婴儿之始生也，不以目求乳，不以耳向明，不以手任行，不以足探物"。但即使是像这样的自我发挥功能，"吾之初心"并不排除"学"的必要性，因为如同焦竑以比喻的方式所说："木有火，而不钻则不然；地有水，而不浚则不达。"[1]

另一方面，由于作为学之目的的"本心"乃是"吾"的，且"人人有之"，因此学习对焦竑来说，不能够而且不可以被了解为"外索"。而这点，如同稍早所指出的，乃是焦竑相信程颐跟朱熹在他们"格物"说[2]中所犯的错误。当然，禁止"外索"乃是陆王学派的正字标记，该学派经常被描绘成"主观唯心论者"（subjective-idealist）或者"反智论者"（anti-intellectualist）。[3]我稍后将会详细讨论这个对陆王学派的描述。就目前而言，我们需要意识到，"内"与"外"或者"心"与"物"这些新儒思想的诸多范畴，乃是一些符码化的表达方式，它们的意义必须经过译码，将新儒思想的语言系统视为一个符码化的程序加以分析。这些范畴不能够轻易地用像是"主观论"、"观念论"或者"反智主义"这些欧洲哲学范畴来加以描述。当然，焦竑拒斥"外索"，但并不因此强制"心"退缩回到它自己作为"真理的世

[1]《澹园集》，14: 4a-b。

[2] 同上书，14: 4a。

[3] 参看Joseph Levenson, *Confucian China and Its Modern Fate: A Trilogy* (Berkeley: University of California Press, 1968), 1: 3-4; Ying-shih Yü（余英时），"Some Preliminary Observations on the Rise of Ch'ing Confucian Intellectualism," （后皆引作"Ch'ing Confucian Intellectualism"）*Tsing-hua Journal of Chinese Studies* 11.1 (Dec. 1975): 108-109。

界"。[1]相较之下,焦竑说:"孟子言:'(舜)明于庶物,察以人伦。'[2]盖人生种种,不离伦、物二字。于此种种中,加意着察。"[3]这个陈述,毫无疑义地表示了对焦竑来说,心作为知之官,不可以为了达成真理而与现象世界断绝关系,并且焦竑的"学"必然地涉及"物"与"伦"。而这只有当"物"与"伦"不被当作在它们自己之中以及为它们自己而存在的目的来观察,而是为了"见性"或者是"明心"被观察,方能达致。而根据焦竑,"见性"与"明心"也正是孔子认为他教学的"的"。[4]

在宋代新儒学者中,焦竑承认"深服"于周敦颐、程颢、邵雍以及陆象山,他说这些人"皆于道有得"。而至于程颐与朱熹,焦竑则认为他们"学不从性宗悟入"。结果是,程颐与朱熹就像那些"世儒","逐事检点",但是变得"离道愈远"。此外,程颐与朱熹在他们的"学"中因此所犯下的谬误,就不仅仅是知识论性质的,并且就心理学与道德方面来说,其意涵亦不适宜。如同上文所提及,焦竑将"心"或"性"与本体论上终极的"道体"视之为一。确切地说,他将"心"或"性"说成为"物"或"伦"之"本"。对焦竑来说,"明心"或者"见性"就意味着同时立"本",在这个本的基础之上,"礼"作为"天则",自然而然且必然流行于"物"与"伦"之间。[5]如果这个说法可以成立的话,学对焦竑来说就不仅仅是一个智性的认知过程;它必定也是一件道德与心理上实现的事情。

就个人修养而言,立"本"相当于"中先有主"。在这里,"主"被定义为"体之固然"。它"非我有以主之"。"我有以主之"就好像

[1] Levenson, *Confucian China and Its Modern Fate*, p. 4.
[2]《孟子》,4B: 19。英译采用自 James Legge, *The Works of Mencius*, in *The Chinese Classics*, 2: 325。
[3]《澹园集》,13: 21b。
[4] 同上书,14: 4a、4b-5a。
[5] 同上书,12: 5a; 13: 21b。

"以敬直内"，而焦竑坚持，这个不可以跟"敬以直内"相混淆。"以敬直内"和"敬以直内"的差别是精微与关键的。一个是人工造作的，而另外一个是自然而然的。这种差别是那种焦竑所说的："毫厘千里之辨。"[1]

焦竑所说作为"体之固然"的"主"，乃是自我修养的先决条件。没有这个先决条件，或者用焦竑的话说"非中先有主"，一个人就可能诉诸"四勿"[2]且变得"强制"。在道德上，"强制"会显现成为"乡愿"，亦即尝试去"取古人之陈迹，依仿形似"。"乡愿"，焦竑说，是一只"狐"，可以伪装它的真实身分，并且以"肖人之形"来"惑"人。如此一来，除非一个人拥有孔子或者孟子的眼光，可以认出"德之贼"[3]的"乡愿"，否则"乡愿"是非常难以辨认的。不过，"乡愿"必须要被看穿它的真面目，而且必须被"力排之"，因为就如同狐狸扮成的人并不真的是一个人，"乡愿"作为一种人格也永远没有办法"诚"。[4]

"不知学之宗趣"，程颐和朱熹被焦竑如此数落："以依仿形似为工。"他们因此落入了"乡愿"这个范畴，无法再以孔子为他们的"依归"。如同稍早所指出的，据焦竑说，孔子也把"明心"与"见性"当作他教学的"仪的"。这个"仪的"乃是孔子所得的那个"一"，而焦竑感叹，这个"一"甚至不是所有孔子的弟子们都能够达到，而之后那些"为注疏所惑溺，不得其真"的儒者亦少有能企及者。[5]焦竑宣称，"唐疏宋注，锢我聪明"，[6]相对而言，佛家的文献"直指人心"，而

---

[1]《澹园集》，12: 10a。"敬以直内"是引用《易经·文言传》对坤卦的解释；见 Legge, *The I Ching*, p. 420。

[2] 即"非礼勿视，非礼勿听，非礼勿言，非礼勿动"，《论语》，12: 1。

[3] 见《论语》，17: 13与《孟子》，7B: 37。

[4]《澹园集》，12: 4b-5a；12: 10a；14: 4b。

[5] 同上书，12: 5a-b、8a；14: 4b-5a。

[6]《笔乘续》，2: 169。

且并不受害于传统儒家式的"支离"与"缠绕"。焦竑说,这就是为什么王阳明只有在研究佛教之后才明了良知的真理,即使良知之教从来就是"圣人之教的本质"。[1]

孟子与偏离

当然,朱熹并不是唯一拒斥禅或者一般佛教为异端的儒者。就此而言,他也不是没有前例的。的确,后儒当中反佛与反异端思想的"许多基础工作",早在"真正的儒家正统在中国被稳固地建立"之087前,就已经"在意识形态斗争高峰的时候陶铸完成"。[2]例如,佛教是一个外来宗教,因此不为中国人所接受,这个论证乃是韩愈辟佛的必要组成部分。但是韩愈论证的核心,在牟子的时代已经形成,并且在顾欢(390—453)的《夷夏论》中就已经被详尽演绎。在《夷夏论》中,顾欢基于佛教为外来宗教,谴责这个印度的宗教为"邪恶"的。[3]这种排外式的论证,可能"随着佛教逐渐被驯化收纳而变得不具效果"。[4]不过,在焦竑的时代,这样的论证显然仍足够强烈且普遍,以致焦竑必须视之为挑战而加以回应。他注意到佛教有时受拒,因为佛陀不是中国人。但是,焦竑辩驳说,中国人并不总是因为事物起源于外国就拒绝它们。事实上,中国人世世代代以来接纳并且珍视像肃慎的箭这样的外国武器,与权扶的玉这样的外国宝石。只有关于佛陀的"微言妙论",中国的沙文主义者才"掩耳不欲听"。这些中国沙文主义者,焦竑轻蔑地说:"亦可怪已。"[5]

虽然佛陀乃是一位印度王子,焦竑并不认定佛教为外来之教。

———————————

[1]《澹园集》,12: 7b-8b。

[2] Cohen, *China and Christianity*, p. 15.

[3] Kenneth K. S. Ch'en, *Buddhism in China*, pp. 136-137.

[4] Cohen, *China and Christianity*, p. 15.

[5]《笔乘续》,2: 169-170。

相对地,他相信佛教如果适当地了解的话,可以被鉴赏为中国古代哲学遗产的一部分,因为佛家处理性与命的问题,而这些问题,焦竑说,也是孔子与老子的关怀。焦竑知道孔子并没有长篇探讨这种问题。他承认:"孔子罕言。"但是,焦竑解释说,孔子是在等待可与言者出现,来一起讨论这些问题。焦竑说:"故(孔子)曰:不愤不启,不悱不发。中人以下,不可以语上也。"[1]很明显地,孔子空等了。不过,焦竑很快就又指出,《论语》的确包含了一些对性与命不只是随口说说的评论,而性与命乃是佛教自订的专攻领域。在自订这个领域时,佛教澄清了孔子想要、但是没有机会澄清的东西,因此提供了"孔、孟之义疏"。因此,焦竑说:"释氏之典一通,孔子之言立悟,无二理也。"作为"孔、孟之义疏",佛经比起汉、宋儒者的著作更胜一筹,因为"释氏之所疏,孔、孟之精也;汉、宋诸儒之所疏,其糟魄〔粕〕也"。据焦竑看,"疏其糟魄〔粕〕则俎豆之",而去"斥"佛教徒所提出来的"精",乃是"不通于理矣"。[2]

佛教追索那种孔子与老子也关心的问题,以及佛教经典乃是"孔、孟之义疏",焦竑这个论证听起来有诉诸中国本土主义者感情的嫌疑。他因此可能看起来像是所谓以仕绅阶级为主的"中国狂热"(Sinomania)传统的一个例子。这种"中国狂热"先是蔑视佛教仅仅为本土道教的堕落,后来又指控基督教抄袭已经被相当程度驯化收纳的佛教。[3]不过,事实上任何想要将焦竑归罪于这样的中国狂热都会是没有根据的。焦竑不认为外来性是拒斥一个教义的好理由,并且他终究是要提倡接受而不是拒绝佛教。虽然某个意义上,焦竑视佛教为中国自身遗产的一部分,但他并没有宣称佛教乃是中国所独有的。对他来说,佛教只是可以帮他澄清性、命真理的一套教义。

[1]《论语》,6: 19。

[2]《笔乘续》,2: 169-171。

[3] 对于这种"中国狂热"的讨论,参看 Cohen, *China and Christianity*, pp. 30-33。

焦竑说：

> 尝谓此性、命，我之家宝也。我（中国人）有无尽藏之宝，埋
> 没已久，贫不自聊矣。得一贾胡（即佛陀）焉，指而示之。岂以
> 其非中国人也，拒其言哉？彼人虽贾胡，而宝则我故物。人有裔
> 夏，宝无裔夏也。况裔夏无定名，繇人自相指射，我指彼为裔，安
> 知彼不指我为裔耶？达者可为一噱！[1]

089

因此，焦竑在挪摄佛教作为儒学的"义疏"上，与其说是要否定佛教的印度根源，不如说是肯定佛教作为一种教理的普世有效性。

　　根据焦竑，朱熹以及其他"世儒"拒斥佛教为异端，乃是偏离了上古时代的经典标准。焦竑具备的信念是，古代圣人具有开放的心胸。古代圣人与其在彼此之中倾轧，争夺排他性的正统，他们更尝试彼此学习，虽然彼此在体系身分（systemic identity）上有种种差异。焦竑将"历今古"的为学历史和"有国者"的历史相比较，并且说："三代以前，如玉帛（作为贡品）俱会（从各地来的领主）之日，通天下之物，济天下之用，而不以地限也。"[2]将古代圣人开放的心胸与后世排他性的心态相对比，焦竑引用了禹与老子作为譬喻。他指出：当禹探险进入一个裸体国度时，他很高兴地脱掉他的衣服，而老子居住在西戎之地时，他会模仿显然是戎狄的语言。[3]后儒经常以所谓孔子的权威发动对抗佛、道的战争。但焦竑反击说，佛教在孔子的时代还未传入中国。因此，孔子不可能攻击佛教为异端。他也不可能这样做，因为他从来没有攻击老子为非正统。焦竑问："何……今之人

---

［1］《笔乘续》，2: 170。
［2］同上书，4: 104。
［3］《澹园集》，12: 13a。

乃攻孔氏之所不攻者耶?"[1]

因此,对焦竑来说,开放心胸的真精神在古代中国一直持续流 [090]
行,直到晚周时代,孟子对墨翟和杨朱发动了一场狂热的十字军斗
争。焦竑说:"夫二子之学,要(在古代圣人中)有所本也。"墨家学说
是以大禹之教为基础,而杨朱哲学则衍生自黄帝与老子的传统。焦
竑相信,孟子一定已经深刻地研究过早期圣王的教义,因此不能够被
指控为对墨翟、杨朱理念来源懵懂无知。不过,孟子谴责墨翟、杨朱
为禽兽,因此必定可以说是"持论之过严矣"。[2]

从此之后,学术世界就变得越来越以学派区分。后代的儒者从
孟子那里取得了提示,经常攻击佛教与道教为非正统,却不真正知道
这两种教义是关于什么。根据焦竑,这正是韩愈与欧阳修(1007—
1072)的例子。焦竑指出,韩愈因为与大颠和尚熟识而对其印象深
刻,在他给孟简(823年卒)的信中描述大颠为:"胸中无滞碍",以及
"实能外形骸,以理自胜,不为事物侵乱"。[3]由此可见,根据焦竑,让
韩愈对大颠和尚印象深刻的,乃是源于"福田"[4]所可能产生的最大
好处。不过,在同一封给孟简的信里,韩愈否认有任何对佛教的个人
兴趣,他说:"非崇信其(大颠)法,求福田利益也。"焦竑嘲弄韩愈说,
他一定已经"不自知"地涉入了大颠的教导之中。

另一方面,欧阳修被焦竑说成是"尤偏强"。在欧阳修的晚年,
他从净慈和尚那里听到富弼(1004—1083)得法的消息,而明显地
留下深刻的印象,因为欧阳修总是信任并且颂赞富弼乃是一个"非 [091]

---

[1]《笔乘续》,2: 169。

[2]《笔乘》,4: 103。

[3] 关于韩愈给孟简的信,参看《韩昌黎集》(台北:台湾商务印书馆,1953年),4:
83-86。这段引文的英译采自Derk Bodde trans., *A History of Chinese Philosophy*
(Princeton: Princeton University Press, 1952-1953), 2: 411。

[4] 在这个词语的翻译上,我遵循Phillip B. Yampolsky的做法。如同他解释的,这
个语汇意味着"透过在此世行善,一个人预备了来世产生'福'的'田'。"见
Yampolsky, *The Platform Sutra of the Sixth Patriarch*, p. 128n22。

苟下人者"。因此,欧阳修自己开始研究华严佛教的教义。但是他在这些研究中从来没有太多的进展,因为他不久之后就过世了。用焦竑的标准来看,韩愈和欧阳修"于儒理本无所得",因此不是那种"脚跟点地"的人。他们对佛教与道教的反对不需要被认真看待,因为这个反对只是出自他们想要模仿孟子十字军式地去对抗墨翟与杨朱。[1]

不过对焦竑来说,如果韩愈与欧阳修之辟佛、道,似乎只是基于连他们自己都不确定的学派区分,那么程氏兄弟与朱熹对佛道的拒斥,就是既坚定而又经过算计的,几乎像是一种刻意培养的无知与偏见。我已经讨论过,焦竑对朱熹反佛的狭隘主义(parochialism)的批判,焦竑认为这个狭隘心态是造成朱熹无法认知圣人教义的"大旨"的原因。至于程颢,焦竑虽尊重他是一位"(人品)高"的人,但是发现他"所得者犹存意地"。[2]根据焦竑,程颢对佛教的指责是没有基础的。这些指责只是基于他个人的"揣摩",而不是基于任何对佛教的真实了解,程颢和他的弟弟程颐指示他们的跟随者们不需要彻底地研究佛教,而只从佛教的实际后果上加以评断。[3]因此,就好像处理法律诉讼案件的法官,程颢或程颐作了一个任意的判决,却没有让被告有机会说话。焦竑问:"为士师者,谓宜平反其狱,以为古今之一快,不当随俗尔耳也。"[4]焦竑说,事实上程颢并不是完全没有意识到佛教与儒家间的"默然处合"。他曾在禅宗寺庙中偶遇一

---

[1]《澹园集》,47: 9a-b。

[2]同上书,12: 3b。

[3]这个建议通常被认为出自程颐。它出现在《河南程氏遗书》(上海:商务印书馆,1935年),卷十五,并且曾经被一些人归于程颢。见A. C. Graham, *Two Chinese Philosophers: Ch'eng Ming-tao and Ch'eng Yi-ch'üan* (London: Lund Humphrise, 1958;后皆引作 *Two Chinese Philosophers*), p. 141。

[4]《澹园集》,12: 13b。

群僧人,并对他们的仪节表达高度的赞扬:"三代威仪,尽在是矣。"[1]
不过,他坚持佛教与儒家之间的不可共量性,并且"自处于褊狭固执 092
之习"。就这方面而言,他就像是其他所有"牵于名而不造其实"的
"世儒"。[2]

三教: 真理与不真理

为了去支撑起他对程颢以及其他"世儒"是"牵于名而不造其
实"的指控,焦竑打击、消解了许多的反佛与反道的论证,这些论证
历年来为儒者所主张,而焦竑现在试图要揭露他们乃是伪造并且悖
反于三教之"实"。在这样做的时候,焦竑提出了一系列的反论证
(counterargument),这些反论证很可能是针对正统儒家对佛、道的批
评最站得住脚并且最彻底的反驳。

在所有儒家对佛、道的指控中,关乎佛、道形上学的批判出现得
相对较晚。儒者直到宋代新儒思想复兴时,才在形上学的层次上与
佛、道严肃交锋。虽然形上学出现得比较晚,但是就正统新儒学者的
哲学意识而言,它一定被视为是最根本的。但反讽的是,当大家通常
注意到新儒思想中形上学的重要性时,新儒思想辟佛老的形上学意
义却并未被充分鉴察。例如,有人说二程兄弟对佛教的批评大部分
是基于"道德与常识",并且他们对佛教的"根本反对"在于他们判
定"佛教的终极动机是自私"。[3]事实上,程颐曾经坚持佛教的"本
领"是错的。他在回应一位学生列举佛教与儒家之间的相似性时,
说:"恁地(儒、佛)同处虽多,只是本领不是,一齐差却。"[4]程颐伙同 093

---

[1] 这一事件被描述于《河南程氏外书》中(收于《二程全书》,四部备要本),12:
18a;参看 Wing-tsit Chan, *Source Book*, p. 542。
[2]《澹园集》,12: 13a。
[3] Graham, *Two Chinese Philosophers*, p. 85.
[4]〔清〕江永:《近思录集注》(台北: 中华书局,1966年),13: 3b;另见 Wing-tsit
Chan, *Reflections*, pp. 285-286。

他的兄弟程颢,也拒绝任何佛教在"迹"上是错的、但在"心"上可能是正确的论调。二程一再地挑出王通(584—618)对"心"与"迹"的区分加以批评,二程建议性地指出,他们认为自己与佛教徒的诸种差异不仅仅是道德实践的问题,[1]并且指出自己反对佛教的论证(表面上看起来是伦理与常识性的),乃是奠基于形上学的根本考虑。再回到事实的根据点上,正统新儒学者本来就认为他们的形上学不同于佛老的形上学。因此《近思录》中说:"佛氏不识阴阳昼夜、死生古今,安得谓形而上者与圣人同乎!"[2]至于道家的形上学,朱熹注意到张载谴责有、无之道为"陋",并且认定老子在"物生于有,有生于无"这点上是"错"的。[3]

在形上学里,正统新儒学者发展出了"理"的理论,他们用这个理论来反对道家的"无"与佛家的"空"。如同二程兄弟与朱熹所阐明的,新儒学者的理"不仅仅是一个理念或者某种抽象的东西"。[4]而之所以这样说,不仅仅是因为理化身在具体的事物之中,也因为理乃是作为事物的本质而形上学地存在,并且带给了万物真实性(reality)与普世性(universality)。作为事物的本质,理乃是内在于所有事物,并且永远无法在现实里与事物或者"气"分开来,因为如同朱熹所说的:"既有此气,然后此理有安顿处。"[5]就这个意义上而言,理必然是内在的。另一方面,理也是超越的,因为它"形而上"地存在,而且它本身没有"形"。[6]因此,虽然理是内在于事物而且事实上无法与事物区分开来,理并不倚靠事物而存在。它有它自身的形

[1] Graham, *Two Chinese Philosophers*, p. 88.

[2] 江永:《近思录集注》,13: 3a; Wing-tsit Chan, *Reflections*, p. 285。

[3] 江永:《近思录集注》,13: 4a; Wing-tsit Chan, *Reflections*, p. 286。

[4] Wing-tsit Chan, "Chu Hsi's Completion of Neo-Confucianism," *Etudes Song*, ser. 2, no. 1 (1973), p. 67.

[5] Wing-tsit Chan, *Source Book*, p. 637.

[6] 同上。

而上的存在，而这个存在并不随着事物的变化而变化。换句话说，就理"永恒不变"且构成了"事物的本质"，以及"不可摧毁"这点而言，理是非物质的，但又是真实的。[1]

在这个意义下的新儒思想的理，经常被拿来和道家的无与佛家的空加以对比，而这两者都被正统新儒学者理解为否定理的真实性而带有负面意义。我已经指出，朱熹拒绝老子主张中的"万物生于有，而有生于无"。朱熹在这方面反对老子，因为老子的无对朱熹来说似乎否定了理的"存在"，而理乃是朱熹以及之前的二程兄弟试图去确认作为新儒思想的基础，而且朱熹主张理乃是"不生不灭"的。[2]朱熹说：

> 无者，无物，却有此理。有此理则有矣。老氏乃云："物生于有，有生于无。"和理亦无，便错了。[3]

不过，虽然朱熹如此这般地将老子以"无"为"有"与"物"之源的主张拒斥为"错"，他并没有对道家形上学作为一个整体作出绝对的谴责。相较于佛家的空，朱熹显然认定道家的无是两种罪恶中较轻的。朱熹似乎觉得道家无的观念虽然是负面的，但是仍然足够含混到允许某种残余的理包含其中。因此他说：

> 老氏依旧有。如所谓"无欲观其妙，有欲观其窍"是也。[4]

---

[1] Wing-tsit Chan, "Chu Hsi's Completion of Neo-Confucianism," *Etudes Song*, ser. 2, no. 1, p. 66.

[2] 〔宋〕朱熹：《朱子全书》(1714年本)，60: 20b。

[3] 江永：《近思录集注》，13: 4a。英译采自 Wing-tsit Chan, *Reflections*, p. 286。

[4] Wing-tsit Chan, *Source Book*, p. 646；《朱子全书》，60: 12b。典出《老子》第一章。

另一方面,佛家的形上学对朱熹来说,似乎就不具有这样带有弥补性质的歧义,因此在他扬弃佛教空的理念时,没有任何保留,而这
095   个空,朱熹说:"是全无也。"[1]他指控佛教徒认为天地乃是"幻妄",而四大乃是"假合",[2]并且说:

> 释言空,儒言实。释言无,儒言有。[3]

他也批评佛教徒们误解心为性以及"最怕人说这理字",[4]他说:

> 吾儒心虽虚,而理则实,若释氏则一向归空寂去了。[5]

他因此拒绝认为公义与私利的区别乃是"释氏与吾儒家所见"的唯一差异这样的观点,并且坚持这两种教理的"源头"不同,因为他说:"吾儒万理皆实,释氏万理皆空。"[6]

朱熹对佛教空的观念的形上学批判,在正统新儒学者中是标准的,并且可以被溯源到朱熹宋代早期的先行者,像是张载和二程兄弟他们的反佛论证。张载指控浮屠"不知穷理"。因此,"释氏不知天命,而以心法起灭天地"。张载说:

> 释氏妄意天性,而不知范围天用,反以六根之微,因缘天地。
096   明不能尽,则诬天地日月为幻妄……谓之穷理,可乎? 不知穷理

---

[1]《朱子全书》,60: 12b;英译采自 Wing-tsit Chan, *Source Book*, p. 646。
[2]同上。
[3]《朱子全书》,60: 14b;英译采自 Wing-tsit Chan, *Source Book*, p. 648。
[4]《朱子全书》,60: 15b-16b;英译采自 Wing-tsit Chan, *Source Book*, p. 649。
[5]《朱子全书》,60: 14b;英译采自 Wing-tsit Chan, *Source Book*, p. 648。
[6]〔宋〕朱熹:《朱子语类》(应元书院本),124: 8b。

而谓尽性，可乎？[1]

程颢，作为焦竑反驳儒家辟佛论证的主要目标，也谴责佛教徒尝试"去四大"，同时"毁人伦"，以便"得道"。程颢说这样做，佛教徒只会"其分于道也远矣"，最后落到"未之有也"。根据程颢，佛教徒也想要"去陀（理）身上起意思"。但是他说万物都从"此理"那里来，而此理乃是"所以谓万物一体者"。对程颢来说，"要有此（去尽根尘，如枯木死灰之）理"是根本不可能的，而只有"除是死也"[2]才成为可能。

相较于张载与程颢，程颐并不特别以形上学辟佛知名于世。如同陈荣捷所指出的，程颐大多基于道德与社会的原因批评佛教。[3]但是，即使是程颐都鄙弃佛教徒"不知理"，而且将佛教徒与圣人作为理的遵行者相对照。他说：

天有是理，圣人循而行之，所谓道也。圣人本天，释氏本心。[4]

焦竑在处理这个来自正统新儒学者的形上学挑战时，作为一位宗教折衷论者，他否认无与空是负面的观念。他宣称："老子非言无之无也，明有之无也"，根据焦竑，这个"无之无者"是通过"灭有"才成就的。焦竑称呼去追索这种无为"轾断"，"轾断"一词本来出自《庄子》，用来描述慎到尝试"弃知"与"去己"，以便遵循道。不过，根据《庄子》，慎到弃知去己，乃是"不知道"；他仅仅是"概乎皆尝有

097

[1]〔宋〕张载：《张子全书》（上海：商务印书馆，1935年），2: 47。英译采自 Wing-tsit Chan, *Reflections*, p. 286。

[2]《河南程氏遗书》，页24、34-35、80、153；另见 Wing-tsit Chan, *Source Book*, pp. 533-534, 535-536。

[3] Wing-tsit Chan, *Source Book*, p. 565.

[4]《河南程氏遗书》，页216、300；英译采自 Wing-tsit Chan, *Source Book*, p. 564。

闻者也"。[1]焦竑使用这个出自《庄子》的典故,将"无之无"与"有之无"区别开来,他说:"有之无"是"即有以证无者",而其如此"证无",乃是通过修习老子所谓的"归根"之学。[2]"有之无"并不是对"有"的拒绝或否定;而是"致虚守静之极"。[3]正因为"物之各复归其根",所以他们"虽芸芸并作",也不能够"命之曰有"。[4]

道家的无如此一来被理解为"有之无",就被焦竑认定为一个"寓"于、而非悖反于儒家"有"的理念。他说,孔子与孟子谈到"有",是因为他们想要通过"世之所明者"去"引(导)"这个世界。他说,这是"所谓下学而上达也"。不过,许多儒者因此就变得"拘"于"有"的范围,极少儒者能够"上达"。因此,老子与庄子倡导无的理念。老、庄这样做,他们的"雅意"并不是去"其创为高也",而是去肯定,为了使儒家的"有"发挥用处,必须要先"通乎无"。[5]

类似的道理,佛陀宣讲"色即是空",正是因为这个世界"见色而不见空"。[6]因此,就好像道家的无并不是对"有"的拒绝或否定,佛教的空也不是对"色"的拒绝或否定。焦竑断然否认程颢认定佛教徒想要"毁人伦"以"得道"的指控成立。焦竑说:

> 安得(程颢)此言如此?(程颢所攻击者)是(声闻、辟支)二乘断灭之见,正佛之所诃也。[7]

098　焦竑又说:

---

[1] 典出于《庄子》第卅三章;见 Watson, *Complete Chuang Tzu*, pp. 370-371。

[2] 见《老子》,第十六章;Wing-tsit Chan trans., *The Way of Lao Tzu* (Indianapolis: Bobbs-Merrill, 1963), p. 128。

[3] 化用《老子》第十六章的典故。

[4] 《澹园集》,14: 10a-b。

[5] 同上书,14: 12a。

[6] 同上书,14: 10b。

[7] 同上书,12: 12a。

华严圆教,性无自性,无性而非法,法无异法,无法而非性。[1]

性在这里,既因为它的"自性"而被否定,又作为"法"而被肯定,根据焦竑,这个事实乃是华严佛教并不倡议"吐弃世故,栖心无寄"。这个"圆教"的目的,不如说是为了"于有为界见示无为,示无为法不坏有为"。[2]

与正统新儒思想对佛、道形上学的拒斥相关的,乃是指控佛、道是非道德的(amoral)、逃避主义的与自私的。如同牟宗三所指出,新儒思想的形上学乃是"道德的形上学"。[3]据此,新儒思想的理作为事物的形上本质,能够创生出一个既真实而又具有道德性的宇宙。理同时是创生的原因,也是善的根源。因此,不令人惊讶地,佛教的空与道教的无就被正统新儒学者视为是形上的虚无与道德的空洞。因此程颢虽然一方面指控佛教徒尝试"去四大",却也批评他们仅只有"敬以直内"而没有"义以方外"。因此他说他们:"滞固者入于枯槁,疏通者归于肆恣"。[4]程颢对佛教既是形上虚无又是道德空洞的双重拒斥,也为程颐与朱熹所表达,他们二人都基于对理的道德性的信念,去攻击对他们来说看起来是佛教的非道德性。程颐谴责佛教徒,因为他们"多要忘是非",并且说"是非安可忘得? 自有许多道理,何事忘为?"[5]另一方面,朱熹费尽苦心地区分儒家与佛家性的观念。朱熹说,儒者们主张性乃是"全体中自有许多道理",并且具现了明确的"是非"感,而佛教徒则认定性是"物事"的"浑沦"状态,不具有任何"是非"的意义。因此,佛教徒们将任何种类的"视"都

099

[1]《澹园集》,16: 18a。

[2] 同上。

[3] 牟宗三:《心体与性体》(台北: 正中书局,1970-1973年),1: 115-189。

[4]《河南程氏遗书》,页80; Wing-tsit Chan, *Source Book*, pp. 535-536。

[5]《河南程氏遗书》,页289。

看成性,不论这个"视"是不是符合理。这是为什么朱熹说佛教徒:"七颠八倒,无有是处。"[1]

众所周知的,正统新儒思想攻击佛教为非道德,有一大部分是聚焦在佛教的僧侣或"出家"制度,这个制度乃是对新儒学者将家庭评价为新儒家"五伦"伦理系统之基础的明显冒犯。对于二程兄弟来说,"出家"乃是佛教徒借着弃绝家庭作为一个社会制度,去尝试"离"或者"绝伦类"。二程兄弟之一曾说:"家者,不过君臣、父子、夫妇、兄弟处",而这些关系回过头来正是道之所在。这个意义下的家构成了一组自然的、存在性的关系,而这些关系是不可能"出"的。根据程颐的看法,佛教徒事实上并未成功"出家"。他们所谓的"出家",只是借着不把父母当父母对待的一种逃家尝试。它象征了在佛教徒众中流行的那种逃避主义,二程兄弟指控这些佛教徒众想要"枯槁山林",并且寻求"自私独善"。[2]

佛教徒作为这样的逃避主义者,往往被说成是受到自私的求"利"关怀所驱动,这个自私的求利关怀回过头来又被视为是佛教徒坚持"生死"或者"轮回"教义的原因。程颐说,佛教徒"本怖死爱生",以及他们的教义"卒归乎自私自利之规模"。[3]他与他的哥哥程颢也指控佛教徒"以生死恐动人",并说:

> 圣贤以生死为本分事,无可惧,故不论死生。佛之学为怕死生,故只管说不休。下俗之人固多惧,易以利动。至如禅学者,虽自曰异此,然要之,只是此个意见,皆利心也。[4]

---

[1]《朱子全书》,60: 12a-19a。

[2]《河南程氏遗书》,页24、80、166、216;Wing-tsit Chan, *Source Book*, pp. 535, 554, 564。

[3]《河南程氏遗书》,页166、168;另见 Wing-tsit Chan, *Source Book*, p. 555。

[4]《河南程氏遗书》,页3;英译采自 Graham, *Two Chinese Philosophers*, p. 85。

这个认为佛教徒乃是逃避主义者、自私、求利的指控，曾被为数众多的新儒学者提出过，尽管新儒学者对其他议题的意见并不一致，却都一致同意佛教徒为"生死"所恐动，并且决心要自私地追求超越。即使是陆象山——朱熹批评他的主张为伪装的禅学[1]——也谴责佛教徒的逃避主义与自私的人生观：

> 某尝以义、利二字判儒、释。又曰公、私，其实即义、利也……释氏以人生天地间，有生死、有轮回、有烦恼，以为甚苦，而求所以免之……故其言曰"生死事大"。如兄（即王厚之，1131—1204）所谓菩萨发心者，亦只为此一大事。其教之所从立者如此，故曰利曰私。（译按：儒者）惟义、惟公，故经世；（译按：释氏）惟利、惟私，故出世。[2]

儒家以及新儒家要求人在生死的时空限制以及五伦的伦理架构里，达到自我完成，从这个观点来看，佛教徒追求觉悟看起来像是自私的。这个追求是自私的，因为它要求一个人必须"出家"，以及通过声明放弃一个人作为众人之中的人的种种责任，来自我中心式的宣告他的独立自主。这个追求也是自利的（self-interested），因为它所追求的乃是能够超越生死诸苦的"利"。

　　如同之前所指出的，朱熹一开始并没有将道家的无拒斥为无可救药的虚无主义，并且相对于佛家的空而言，他愿意接纳道家的无。朱熹对道家的道德批判也具有类似的比较性的偏好性格。不过，这个比较性的偏好选择具有高度的犹豫性与开脱性。因此，虽然朱熹曾经在某一个时间点上主张，老子与庄子的教诲比禅宗的伤害性来

101

---

[1] Wing-tsit Chan, *Source Book*, p. 577.

[2]〔宋〕陆九渊：《陆象山全集》（香港：广智书局，1960年），2: 11。英译采自Wing-tsit Chan, *Source Book*, pp. 575-576。

得少，因为"庄、老于义理绝灭犹未尽，佛则人伦已坏，至禅则又从头将许多义理扫灭无余"，但是朱熹很快地自我纠正说，老、庄与禅宗伤害性"其实则一耳"，因为"害未有不由浅而深者"。所以，在大多数的状况里，朱熹并不将道家区分为比佛家在道德上接受度更高。代之而行的，朱熹将两者混在一起，视为"废三纲五常"，并且以他和二程兄弟控诉佛教的同种罪名指控道教。例如，他告发道教徒只关心"利得"与"自利"，只关注"全身避害"，丝毫不顾"道理之应然"。他也批评道教徒"自私"，并且认为道教徒与佛教徒的不同仅仅在于他们的自私显现为"巧"，而佛教徒们的自私是以"厌薄世故"的形式呈现。于是，朱熹说佛教徒"尽欲空了一切"，而道教徒尝试"关机巧便"，并且为"用兵、算数、刑名"的发展提供了诸多构想。虽然在这个形式上不同，可是在朱熹眼中，道教徒并没有变得比佛教徒较不自私，而朱熹将这两种"自私"都拒斥为"失"。[1]最后，道教徒被朱熹说成是和佛教徒一样迷扰于"生死"的问题。他说："老氏贪生，释氏畏死。"但就这方面而言，他们同等程度的"悖"，因为：

气聚则生，气散则死，顺之而已。[2]

二程兄弟在对道家的道德批判上，远远不如朱熹那么广泛着力，部分原因是因为二程觉得道家已经在衰微之中，因此比起当时的佛教来说，较不具影响力与伤害性。如同二程之一所说的：

今异教之害，道家之说，则更没可辟，唯释氏之说，衍蔓迷溺

---

[1]《朱子全书》，60: 11b-13a；60: 12b-13b；另见 Wing-tsit Chan, *Source Book*, pp. 646-647。

[2]《朱子全书》，60: 12b。

至深。今日一作，自是释氏盛而道家萧索。[1]

不过，二程兄弟认为道教在道德上会引起反对这点毋庸置疑。例如，程颢说到"杨、墨之害"甚于"申、韩"，以及"佛、老之害"更"甚于杨、墨"。[2]另一方面，当程颐拒斥"仙"的理论，并且谴责那些献身于尊崇长生不老的人们为"天地间一贼"——程颐说，这些人尝试去"窃造化之机"——的时候，他谴责道教，因为用他的话来说道教是"权诈"，并且强调道教徒"自利"的罪名。[3]当程颐指控老子将"道"与"德"、"仁"、"义"、"礼"（这些是新儒思想道理整体的必要构成部分）区分开来，他也在暗示性地批评道教徒非道德。他说：

老子曰："失道而后德，失德而后仁，失仁而后义，失义而后礼。"则道德仁义礼，分而为五也。[4]

不消说，作为一位宗教折衷论者的焦竑，将正统新儒学者认为佛道非道德、逃避主义以及自私的种种指控拒斥为无效。焦竑驳回《老子》一书与军事事务有任何关联的想法，并且主张《老子》一书"非言兵也"，兵仅仅是一些隐喻，用来"启（发）"读者们"柔"的意义。焦竑说："天下之喜强者，莫逾于兵。"因此，如果士兵——暂且不论他的孔武有力——能够像他在《老子》书中一般，被显示出来屈从（"诎"）于柔性力量（"柔"），那么柔性力量无所不在的认识就会随之而生。焦竑进一步说："柔也者，刚之对也。"但是，柔"不能无刚

103

---

[1]《河南程氏遗书》，页40。
[2] 同上书，页153；Wing-tsit Chan, *Reflections*, p. 185。申子指申不害（公元前337年卒），韩子指韩非子（公元前233年卒）。
[3]《河南程氏遗书》，页168、216；Wing-tsit Chan, *Source Book*, p. 555；Wing-tsit Chan, *Reflections*, p. 285。
[4]《河南程氏遗书》，页356；《老子》，第三十八章。

也"。刚与柔两者在道之中是以一对相互关联的相反物而共存,不过,两者之中,"柔"比较重要。用焦竑的话说,"柔"乃是"主","刚"乃是"宾",因为"柔非即为道,而去无为也近;刚非外于道,而去无为也远"。焦竑说:"自柔以求之,而后无为可几也。"因此,对焦竑来说,《老子》一书的目的在于"明道",而书中的军事隐喻只是论述"柔"所形成的修辞说法,而"柔"作为"去无为也近",最能够象征性地表现道的真实运作。[1]

此外,根据焦竑,"无为"作为道的真实功用乃是"常无有"[2]的,而焦竑认为"常无有"既是有的来源又是道德的基础。他否认道家的无在道德上是空洞的,并且说老、庄所倡论的虚无之理"非其废世教也",而是"世教所以立也"。[3]无作为有的来源,相当于焦竑所谓的"体之固然",而这个"体之固然"如同之前指出的,被焦竑认为是道德自我修养的先验基础,而且如果没有了这个基础,一个人很容易会诉诸"强制",并且因此变成"乡愿"。同样的,由于"仁义圣智"并不独立存在,而是"立"于无的基础之上,道德修养就包含了超越"仁义"等特定之"德",以便无可以作为这些特定德行之为德行的理由而实现。未能将无推到作为道德与形上的终极,将会导致一个人道德存在的支离化,或者导致焦竑描述为以各个特定德行自身为其目的的"不止"追求,造成"举一而废百"的后果。[4]焦竑说这只是因为:"世方执名义、胶器数",所以老子宣称:"失道而后德,失德而后仁,失仁而后礼。"不过,在作这个陈述的时候,老子的目的并不是要将"礼"从道分开,或者将道呈现为非道德的。焦竑宣称,毋宁说是老子希望这个世界将会"进"于"礼",而寻求道作为"礼"的基础。

---

[1]《老子翼》,《序》:2a。
[2]同上。
[3]《澹园集》,22:21a。
[4]《老子翼》,《序》:2a-b。

一旦寻道并且得道，"真和"将会流行于道与"礼"之间，造成"名义、器数"能够被"举"，而不"碍"道的运作。[1]

　　根据焦竑，同样的说法也可以被用在常见的对庄子弃绝"仁"、"义"、"礼"、"乐"的指控上。焦竑主张，"世儒"认定庄子的理念与儒者不合，是因为世儒撷取庄子对"仁"、"义"、"礼"、"乐"看似负面的陈述。可是，事实上庄子未曾轻易地拒斥"仁"、"义"、"礼"、"乐"；而谴责庄子非道德的"世儒"，对庄子只有局部跟片面的了解。"世儒"将焦点放在庄子有些看起来似乎是直接反对"仁"、"义"、"礼"、"乐"的论证，但是忽略了其他倡导接受"仁"、"义"、"礼"、"乐"的论证。焦竑举《庄子》第十一章的一个段落为例，"远而不可不居者，义也；节而不可不积者，礼也"。[2]像这样关于仁义的正面陈述，说服了焦竑，使其体认庄子对这些德行的拒斥只是表面上的，而不是真的，而且庄子终极上肯定这些德行乃是内在于作为无的道之中。

　　此外，焦竑说，庄子主张道无所不包，甚至认为"瓦砾糠秕"都是"道妙"。因此，他绝不可能有将仁、义、礼、乐排除在道外之"意"。的确，焦竑宣称，庄子从未真正地想要摒除这些德行本身。他拒斥这些德行，只是因为这些德行被"世儒"所把持。根据焦竑，这些被"世儒"所把持的仁、义、礼、乐，只是道的外在表象或"迹"，而且不应该跟道分开来独立培养。但是"世儒"并没有认识到"迹"只是"迹"。他们反而将"迹"与道混为一谈，顽强地紧抓住仁、义、礼、乐，而不知道道才是它们根本的基础。结果是，庄子觉得被迫去拒斥仁、义、礼、乐，以便促使"世儒"去寻求在这种种德行之上的道。[3]

---

[1]《笔乘续》，1: 158。

[2] 焦竑对《庄子》第十一章的改写。英译采自 Watson, *Complete Chuang Tzu*, p. 124。

[3]《澹园集》，22: 21a。

所以,对焦竑来说,老子与庄子并未倡论一种非道德的以无为道
的观念。对他来说,那种在六朝具有道家倾向的"清谈家"之中盛行
的社会道德虚无主义之所以发生,只是因为"清谈家""昧"于道作
106　为无的真义。焦竑谴责清谈家的非道德性,因为他们悖反于老、庄认
定为无的那个具有内在道德性的道。焦竑引用庄子的话说:"水不杂
则清,莫动则平,郁闭而不流,亦不能清。"[1]"清谈家"在他们实现作
为无之道所采行的社会与道德层面上虚无主义的尝试,对焦竑来说,
就像"是郁而闭之,而几水之清者也"。[2]

　　至于佛家的空,焦竑也否认它隐含了任何种类的非道德或者是
逃避主义。焦竑认为程颢论定佛教只有"敬以直内,然无义以方外"
这点值得商榷。焦竑说,"觉"作为对空之真理的了悟,并不将内、外
视为对立而二分。因此,作为内在的"敬"而存在的,必然会显示成
为外在的"义"。既然佛教徒被说成是有"敬以直内",他们就不能
够被说成是不具备"义以方外"。焦竑指责那些耽溺于他所谓"多欲
之心"的人,以及那些试着要为自己的行为寻求借口而宣称"无我"
之旨的人。焦竑说,"无我"之旨被形构来帮助"于有为之中,识无为
之本体"。"无我"从来不是用来当作是非道德的许可证。作为一种
教理,佛教从未教导"善与恶漫然无别",或者"恶可为、善可去也"。
毋宁说,佛教总是在善业与恶业间作出区别。[3]

　　所以,对焦竑来说,佛教不能够被指谪为道德上空洞的;它并不
缺乏正义感。佛教也从未想要"离人伦"。根据焦竑,只有声闻和辟
107　支有"离人伦"的倾向。不过佛陀不该为了二乘的观点而受到责备,
因为佛陀本人已经谴责二乘的观点为"断灭之见",他也并没有和自
己的父亲净饭王与儿子罗睺罗断绝关系。他渴求解救世上所有的有

---

[1]《庄子》,第十五章;英译采自 Watson, *Complete Chuang Tzu*, p. 169。
[2]《澹园集》,22: 21b。
[3]同上书,12: 1b、12a-b。

情众生,并且没有像声闻、辟支二乘一样弃绝自己的家人。[1]不可否认的,佛陀要求僧侣们"辞亲出家",以便加入"僧伽"。但是,焦竑尝试去论证佛陀这么做,并不是因为他拒斥家庭作为一个社会制度,或者具体呈现在家庭里面的人伦关系。佛陀这么做,是基于跟孔子尝试阻止樊迟学"稼圃"[2]一样的理由。焦竑说:"人道非稼圃不生。"这样说没错,但是世上必须要有人"不学稼圃",以便他们能够为那些专注于稼圃的人提供和平安宁(可以安天下)。因此,虽然孔子斥责樊迟请求学习稼圃,但他的目的并不是去否定稼圃攸关性命的重要性,而是要敦促樊迟成为一个能够为那些从事稼圃的人确保和平安宁的人。同样的,当佛陀要求僧侣们"出家",他并不是拒斥家庭或者人伦关系的本身,他只是要僧侣们脱离自己的"妻、子",以便僧侣们能够解救所有那些还依附于"妻、子"的人。[3]

　　焦竑并不具体指明,僧侣们如何能够通过脱离妻、子来成就这个任务。然而,对他来说很清楚的是,这个任务构成了僧伽的存在理由。这个存在理由被制度化,与其说是为了满足僧侣们的个人精神需求,不如说是去履行成就普世救赎的功能。换句话说,僧伽并没有远离俗世,成为一个个人追求特定宗教生活方式的地方。毋宁说,僧伽是一个僧侣们为了拯救全天下的任务而聚集的地方。僧伽与俗世的不同,仅仅是就职业而言,而且并非作为一个分离的、寻求觉悟的道路而与俗世截然两分,根据焦竑,觉悟可以在俗世中被修行,一如在僧伽之中。他说:"道无不在",并且不能"以缁素为断也"。因此,虽然"尘境"必须要被转化成为"真境",但是也必须要了解"僧家是俗家"。[4]

---

[1]《澹园集》,12: 8b、12a;《笔乘续》,2: 170。
[2]《论语》,8: 4。
[3]《笔乘续》,2: 170。
[4]同上。

　　因此除了职业之外，僧伽与俗世之间的分别都被泯灭，成为僧伽的一员不再必然是觉悟的必要条件。固然，人人都可以以觉悟为目标，但"出家"作为一种实践并不需要为所有人承担。对焦竑来说，家庭生活并没有与迈向觉悟的旅程不合。一个人可以保持在家，而且做一个顾家的人，但是仍然遵循作为追求悟道者的佛陀的教诲。焦竑为了证成他认为俗人不用"出家"也可以达到了悟的立场，他引证了这个事实，即佛陀在说法时，是说给从神到一般俗人的所有众生，而且只有一小部分的听众由僧侣们构成。焦竑也指出，虽然佛陀本人成为一位僧侣，并且遵行僧团纪律，"金粟如来"现身为维摩诘，而维摩诘能够以一位在家人的身分达到了悟。对焦竑来说，这些从佛陀以及维摩诘生平而来的种种例子，乃是佛教并未拒斥家庭或者人伦关系，以及"六亲之不障道"的进一步证明。[1]

　　关于佛、道在追求他们的自身利益、寻求超越生死的指控，焦竑辩驳说：超越生死的教义，不该就字面上理解，并且纯粹与原初的佛、道从未宣称一个人可以达到"不灭"与"长生"的状况。焦竑指出，"不灭"与"长生"的观念悖反于作为佛、道核心观念的"空"与"虚"。焦竑说："夫既空矣，则不灭者何寄？ 既虚矣，则长生者何物？"[2]

109　　因此，佛陀与老子督促人们去超越的，并不是生与死这样身体上发生的事，而是"生灭心"，以及关乎生与死这样身体上发生的事的种种人类情感。根据焦竑，这个"生灭心"就是《大乘起信论》所说的"心生灭门"。[3]作为这样的"生灭心"，它的特征乃是"念"的无尽流动，而超越"生灭心"不过就是停止这些念头的相续，以便心可

[1]《笔乘续》，2: 170。

[2]《澹园集》，12: 10b。

[3] 见 Yoshito Hakeda(羽毛田义人) trans., *The Awakening of Faith: Attributed to Aśvaghosha* (New York: Columbia University Press, 1967), pp. 31, 36-46。

以"止其所",以及"即生灭而证真如"。[1]

至于关乎生死这些身体发生的事的种种人类情感,他们显示自身为"贪生"与"怖死",而这两者,焦竑说,乃是"生人之极情",而且儒者如同任何其他人一样,因为这两者而受苦,即使儒者可能"谓出离生死为利心"。佛陀与老子看到了人同有这些情感,因而他们谈论超越生死是希望世上的人们能够被"引之入道"。一旦入道,就会了解原来既无生、也无死。这么一来佛陀与老子就不能被指责为"以生死恐动人",因为这个生死之理的目的,正是要通过带出这些情感乃是无稽之谈、无本于道的了解,将人们从"贪生"与"怖死"的情感苦恼中解脱出来。就此而言,佛陀与老子也不能被认定是"自私"的,这个自私的意思是指他们在追求"不灭"或"长生"的"得"。但他们并不想去抗拒生与死作为生命过程会自然发生的事,而只是要去克服"生死之心",以及对死的情感恐惧。[2]焦竑谴责各式各样对长生与不老的崇拜,视之为原始道教在较晚时期的堕落。他宣称,这些堕落之所以发生,是因为"世儒"拒斥老子为异端。由于老子被"世儒"所摒弃,他落入了那些"方士"之手,而方士将他塑造成"黄白男女之说"的守护神。焦竑对这种较晚期的道教误用老子深表遗憾,并且说这不仅是"盖学者之不幸,而亦道之辱也"。焦竑宣称一个人经由"养性",将能够达到与永恒天道合而为一,并且就这个意义上成为不灭。但是他说,方士们并不明白"养性"即为"长生"。结果是,方士们"之言长生",仅仅是尝试去"穿凿"于"性命之外"的事物。焦竑想要扬弃"方士",复原道家的原始纯粹性,以便产生一种认知,亦即:圣人们所认定的"尽性至命"乃是"养生之要诀"。[3]

110

---

[1]《澹园集》,12: 3a。
[2]同上书,12: 10b-11a、11b-12a;《笔乘续》,2: 187。
[3]《澹园集》,12: 11a-b、16: 17b。

　　焦竑除了批驳正统儒家辟佛、道为不真之外,他也尝试去论证某些被正统儒者拒斥为佛家与／或道家的观念,其实也是儒家的观念。他特别挑出了生死和空这两个观念,他宣称,两者都能在孔子的《论语》中找到。他指的是《论语》第四章第八节子曰:"朝闻道,夕死可矣。"原文Legge翻译如下: "The Master said, 'If a man in the morning hear the right way, he may die in the evening without regret.'"[1]

　　如同Legge所指出的,这段话也被传统中国的注释家读成:"悼言将至死不闻世之有道。"被这样理解成为 "一个悼言",这段话就可以被翻译为:"诚令道朝闻于世,虽夕死可也。"[2]但是,不论这段话是不是 "一个悼言",Legge都将这段话视为孔子为了强调 "知道正确道理的重要性" 所作的声明。Legge对 "道" 这个字感到有点 "困惑",但是并没有认真地考虑这个字可能隐含了 "得到某种较高的真理" 的可能性。[3]不过,这个被Legge忽略的可能性,正是焦竑所提议作为正解的那个东西。根据焦竑,那个闻道并且因而认同道的人,会变得忘却生死,正如同道的本身一样。闻道之士因此能够死而无憾,因为他已经达到了解死亡在道之中是不真实的这个层次,道既无生也无死,并且超越生死。[4]

　　Legge的诠释代表了一个主要流行在宋代之前的传统,虽然这个传统在稍晚的时代里也从未被传统中国学者所完全放弃;何晏(190—249)与皇侃(488—545)都采行这个解释传统。[5]另一方面,

[1] James Legge, *The Confucian Analects*, in *The Confucian Classics*, 1: 168.

[2] 同上书,p. 168n8。

[3] 同上。

[4]《澹园集》,12: 10b-11a;另见《笔乘续》,1: 151。

[5]〔魏〕何晏:《古本论语集解》,收于严灵峰编:《无求备斋论语集成》(台北:艺文印书馆,1966年),第二函,1: 2: 14b;〔南朝〕皇侃:《论语义疏》,《无求备斋论语集成》,第三函,1: 2: 28b-29a。

焦竑的诠释例示了一种到宋代才变得重要的立场,在宋代有一些注
释家开始以下面的观点读《论语》这段话:即在《易经》中,将生死
视为万物在道之律动中"终""始"的观点,[1]与/或张载在《西铭》
的结尾声明中说:"存吾顺事,没吾宁也。"[2]又譬如陈祥道(1053—
1093)在注解这段话的时候,强调"原始"以及"反"事物之"终"的
必要性,以便了解生死,并且说,当一个人"得道"的时候,将会"安
往而不适",因为"知古今为一时,生死为一贯"。[3]朱熹在他对这
段《论语》的注解里,也提倡依循道而顺应人生并接受死亡,而他所
理解的道不仅仅是"事物当然之理",[4]而且如同稍早曾指出的,也
是"不生不灭"的。朱熹也在他对《西铭》的注解中宣称,张载在
结尾声明中所试着表达的,正是孔子在"朝闻道,夕死可矣"所想意
味的。[5]不过,没有任何收录在严灵峰《无求备斋论语集成》中的
宋代《论语》注家将孔子的这段话极端地推论到成为佛家生死教义
在儒家里的对等例子。有一些像是真德秀(1178—1235)或是张栻
(1133—1180)的一些人,事实上明白地否认儒家的生死教义与佛家
的生死教义可以相比拟,因为儒家生死教义乃是受儒家以道为"实
理"的观念所塑造,也因为儒家的生死教义并不涉及"惊怪恍惚之
论"[6]——张栻在说这句话时,很明显地是指涉佛家的轮回观念。相
对而言,焦竑运用"朝闻道"、"夕死"的陈述,作为他自己认定"生
死"教义乃是佛、道以及古典儒学之共同关切的论证基础。[7]几乎很
确定的,焦竑将会拒绝真德秀与张栻的否认为既无必要、又没有证成

112

[1]《周易·系辞上》,7: 3a。

[2] Wing-tsit Chan, *Source Book*, p. 498.

[3]〔宋〕陈祥道:《论语全解》,《无求备斋论语集成》,第六函,1: 2: 6b。

[4] 见 de Bary, "Cultivation and Enlightenment," p. 163-164。

[5]《张子全书》,页8。

[6]〔宋〕真德秀:《论语集编》,《无求备斋论语集成》,第六函,1: 2: 9b-10a;〔宋〕张
栻:《南轩论语解》,《无求备斋论语集成》,第二函,1: 2: 13a-b。

[7]《澹园集》,12: 10b-11a。

理由的,因为,如同我们稍早已经看到的,焦竑相信佛、道对道的观念并不因为讲"空"与"虚"就变得比较不"实",以及佛、道的生死理论不应该被字面地理解为发生在身体上的生跟死之事,而是应该被理解成为一个关于生死之心以及在情感上畏惧死亡之论述。

至于"空"的观念,焦竑说,它指的是"天命之本体"。作为"天命之本体","空"指涉一个人当他"学至圣人"时所得到的那个东西,而"空"并不外于孔子,根据焦竑,孔子事实上描述自己为"空空如也"。焦竑说,既然孔子是一个圣人,而且"自得其本心",他没有别的办法,只能认定自己"空空如也"。[1]这样对孔子的诠释基础是《论语》第九章第八节:"吾有知乎哉? 无知也。有鄙夫问于我,空空如也,我叩其两端而竭焉。"这段文字 Legge 翻译如下: "The Master said, 'Am I indeed possessed of knowledge? I am not knowing. But if a mean person, who appears quite empty-like, ask anything of me, I set it forth from one end to the other, and exhaust it.'"[2]

很明显的,Legge 对这段话的翻译是基于与焦竑不同的读法。Legge 视"空空如也"为孔子对"鄙夫"的描述,焦竑则将"空空如也"理解为孔子对自己的指称。Legge 的读法为像 Arthur Waley 与 James Ware[3]的其他翻译者所遵循,这个读法也符合一个既成的、稳固的中国传统,至少早自汉代就已经开始,而且到了明代仍然占优势。在《无求备斋论语集成》超过三十种清朝以前的注解家之中,十一家对"空空"一词有所注解。在这十一家之中,有些将"空空"理解为像是 Legge 所说的"空",不过其他家则遵循郑玄(127—200),

---

[1]《笔乘》,1: 1;《笔乘续》,1: 163。

[2] Legge, *Confucian Analects*, 9: 8.

[3] Arthur Waley trans., *The Analects of Confucius* (New York: Vintage Books, 1938; 后皆引作 *Analects*), p. 140; James Ware trans., *The Sayings of Confucius* (New York: New American Library, 1955), p. 61.

将"空空"理解为与同音复词"悾悾"同义,而"悾悾"意指"悫(诚实或者谦虚)"。[1]不过,除了智旭和尚(1599—1655)[2]之外,他们都同意"空空"一词是描述"鄙夫"。也值得一提的是江谦(1876—1942),他为智旭的注作疏,重提"空空"是描述"鄙夫"的传统读法,并且说,他指的是佛陀与"鄙夫"所共通拥有的佛性。[3]焦竑离开了这个传统。他的离开也许可以、也许不可以得到文本的支持,但是他具现了一种观念对应(concept-matching),这种观念对应让人想起明代之前流行的那种观念对应,然而与后者有着显著的不同。如同下面将会看到的,焦竑的观念对应做法,乃是在一种宗教折衷意识的条件之下所产生,而这种宗教折衷意识不再依照部门化逻辑而建构。

[1] 如〔宋〕邢昺:《论语注疏》,《无求备斋论语集成》,第五函,1: 2: 12a。
[2] 〔明〕智旭:《论语点睛补注》,《无求备斋论语集成》,第十函,1: 68。
[3] 同上。

第四章
神秘主义与多元主义

焦竑思想中的语言与真实

在中村元的《东方人的思维方式》中,他注意到宗教折衷是传统中国思想与宗教的典型特征,并且认为这是之所以他相信在传统中国具有"极大程度"的"信仰自由"的原因。他指出,在传统的年代里,中国虽然不被允许拥有"婚姻中的个人选择",却"享有选择宗教的绝对自由"。他说:

> 自古以来,中国的统治阶级将儒教认定为正确的宗教,并且尝试去压抑其他诸多宗教,企图维持其阶级权威与社会地位。他们尝试着使儒教的教义成为文科研究的主要语义字库。然而,他们没有成功地压抑宗教折衷与妥协的传统中国思维方式。[1]

然而,中村元虽然因此对传统中国的宗教折衷力量印象深刻,他同时也对宗教折衷的特质感到失望,他发现宗教折衷的特质是"任意性

的"以及"缺乏深刻的逻辑的省思"。他说:"在这种宗教折衷的推论中,最引人注目的是某种功利主义以及轻易的妥协,同时彻底地扬弃

---

[1] Nakamura, *Ways of Thinking of Eastern Peoples*, pp. 288, 294.

冷酷的逻辑思考。"[1]

　　一个人可以很容易地同情中村元的矛盾感受。我在第一章中所仔细考察的宗教折衷者们,鲜少逾越将诸多概念画上等号,以及使用"图画式或者直观式的直喻"的方法。[2]他们大多数就三教具有单一"源"(译按:三教同源)或者"归"(译按:殊途同归)的观点,宣称三教为"一"。但是,没有任何尝试去将这个三教同源的"源"到底是什么找出来,或者去分析这个源头与三教的关系,虽然三教各有它们特定的教义,并且可以被想象为各成其"流"(三教源流)或者"途"(殊途同归)。从来没有被展示过,这个假定为三教共同的"源"或者"归",如何使三教各成其途的宣称生效,又进而能够将各成其途的三教理解为一。这些宗教折衷者没有探索诸多这类问题的同时,却继续主张三教为一,他们可能确实犯了中村元所谓"非逻辑性与政治性的妥协倾向"的错误。[3]

　　不过,如果中村元对于传统宗教折衷倾向于"轻易妥协"感到失望是情有可原的话,这些构成了我所谓"宗教折衷传统"的大量宗教折衷者,他们不去追求某种"冷酷的逻辑的"考虑,也是可以理解的。这些考虑,无论是逻辑的或者其他种的,从未冷酷到成为一个具有必然性或者自存自有(self-possessing)的存在。这些考虑是通过占有一个论述领域(discursive domain)而出现并继续存在,这些考虑与这个论述领域是以互惠往来的方式相联结。[4]一个论述领域发声表达了某些考虑,并且容许这些考虑浮现以及存在作为这个论述领域的论述对象(objects of it's discourse),但这个论述领域对其他的非论述

---

[1] Nakamura, *Ways of Thinking of Eastern Peoples*, pp. 291, 292, 293。

[2] 中村元的说法,同上注。

[3] 同上书,p. 292。

[4] 我对这个问题的思考受惠于Michel Foucault。见其 *The Archaeology of Knowledge* (New York: Harper & Row, 1976), pp. 31-39。

对象保持沉默。在如此做的时候，一个论述领域同时也达成了清晰表述，这个清晰表述作为一个论述形构，是由某些作为其论述对象的考虑的存现（presence），以及其他论述对象的缺席（absence）所构成。任何论述因此由两个部分所组成，一是被言说的，一是不被言说的，而对于我们了解一项既有的论述来说，不被言说的和被言说的同等重要。某些明代之前的宗教折衷论者对三教同源之"源"为何，以及三教各成其"流"的关系沉默以对，当这沉默被视为论述上的不被言说者的时候，它就不需要被痛惜为一项失败。宗教折衷者对"源"的问题的沉默，倒不如被视为是一项缺席，这项缺席既塑造了他们的宗教折衷这个论述，也被他们的宗教折衷这个论述所塑造。

117

如同之前所提及的，明代以前为数众多的宗教折衷者采用部门化逻辑（the logic of compartmentalization）为他们的宗教折衷的原则。他们这样做，或者是作为护教者，例如颜延之与颜之推，或者是作为其中一教的优越主义者（supremacists），例如智𫖮与宗密。护教者们拥抱三教及三教之中所有的诸多差异，而不必然伴随着高低之分的阶层感；而另一方面，优越主义者们在一种分类架构中将各种教义高低排序，或者是逻辑地根据一种普世性增高的秩序（如宗密），或者有时候也根据一种阶段发展理论进行排序（如智𫖮），而且这种分类架构一定将他们自己宗教的教义置于顶点。但是，这些宗教折衷者心心念念于辨析三教差异这个承担的任务，身为宗教折衷者他们被迫要去维系这个差异。因为，根据部门化的逻辑，他们在确认三教合一上的成功，取决于他们区分三教为三的能力。因此，并不意外地，他们的宗教折衷的焦点置于三教的相互关系，而这个相互关系是宗教折衷者试图经由比较来明确说明三教的种种差异而存在。三教的"源"或者"归"以一种不带问题性且不经分析的给定状态发挥功用，并且以他们的宗教折衷作为一种论述的非论述对象沉默地存在。这个"源"或者"归"并未进入、也未曾被允许进入作为被明说的论述之流,因为它作为被明说者,将会闯入并且危害部门化逻辑所奋力去建立与维系的那些诸多差异。"源"与"归"的隐喻被采用,并非徒劳无功。"源"或者"归"指的是发动或者结束部门化逻辑的那个东西,部门化逻辑这里是作为区分三教各有各的教义特定性的论述活动而言。不过,在这么做的同时,"源"或"归"本身没有被具体指明,因为它们作为沉默的不被言说者,保持在部门化逻辑的边缘位置,因而和作为论述对象的三教是疏远的,并且它们具有一种存在状态,这种存在状态不是出现于部门化逻辑的论述活动之先,就是出现于其后。"源"或者"归"作为不被言说者,对它们的沉默远远不是一个逻辑上的谬误,这种沉默依随着部门化逻辑必然推导而生,而部门化逻辑会反过头来需要这种沉默,使得这个沉默成为部门化逻辑作为一种论述活动之形构的可能条件。

此外,"源"或"归"作为被部门化逻辑所致生的沉默的非论述对象,当宗教折衷的构成原则在晚明改变并且变得非部门化(noncompartmentalizing)的时候,它们可以、并且也的确转变为被言说者而出现。如我已经提及过的林兆恩,他用整体性的眼光看待三教,并且认为三教都关注作为圣人心灵的道。林兆恩的"道",在作为一种将三教理解为一的概念而言,跟护教者与优越主义者的"源"或"归"是可以互相比拟的。不过,由于林兆恩的宗教折衷不再是部门化的宗教折衷,他的道也因而不再是一个沉默的以及不带问题性的非论述对象。如同之前所指出的,林兆恩认为他把三教区分为"始"、"中"与"终",仅仅是一种教学上的设计,而不是一种关于三教各别分明性的陈述。对林兆恩来说,因为道作为一个无法分割的整体,不仅有"始",也有"中"与"终",三者合为一体,并且如其所然的具体化于三教的每一教中,所以三教无可避免地相互涉入并且彼此蕴含。林兆恩的"道"作为那个具现于三教中的东西,并没有从作为论述对象的三教中移除。取而代之的是,道作为经常性的存在被包含在三教之中，而且道本身就是一个对象。作为一个对象，道需要建立自己的身分认同，通过这个身分认同，可以确保道作为一个整体的自身融贯性，并且提供合一的三教各自教义的特定性。可以理解的是，林兆恩的道可以被具体地指明为圣人之心，他尝试通过反驳每一教的信徒们的"错误"，以及为每一教定义一个"真实"的传承，以作为每一教的"正知见"，去证实道是三教的共同关怀。在这样做时，林兆恩造出一个对中国宗教与哲学遗产的高度"选择性的重新诠释"。这个重新诠释的选择性，无疑地可以被归因于林兆恩的"宗教折衷观点"的特殊性。[1]但是，这个选择性同样是林兆恩的非部门化逻辑涵蕴而成为必然，这个非部门化逻辑要他把三教的不相容处解释为"错误"而加以解消，并且要他证明三教在各自的"真实"传承下，确实在作为一个整体的道上是融贯的。

119　　　同样的非部门化逻辑也贯穿在身为宗教折衷者的焦竑的活动中。焦竑不像林兆恩那样，他没有正式地为每一教提议一个"真实"的传承系谱。但是在阐述他认为是三教的"正知见"上，焦竑丝毫不含糊，而且在拒斥"错误"的涉入程度上并不比林兆恩来得浅。如同我们之前已经看到的，焦竑借由暴露出儒者对佛、道的批评与"事实"相左，以及挑战他们对儒学的观念，与他们正面交锋。在交锋的过程中，焦竑试图建立三教合一，不仅仅是就三教作为教义的诸多特定性间的相互关联而言，也是就三教乃是终极真实的道的语言性现身的地位而言。就像林兆恩的宗教折衷中的道一样，焦竑的道也是一个论述的对象。这个道现身于三教中，并且就"性"与"命"理论之为三教之主要构成而言，是可以被具体指明的，而性与命如同之前提及的，焦竑认为是孔子、老子与佛陀的共同关怀。

　　在三教对于道作为"性"与"命"的共同关怀之中，三教被焦竑

---

[1] Berling, *The Syncretic Religion of Lin Chao-en*, pp. 200-219.

设想为是不可能部门化的（noncompartmentalizable）。对焦竑来说，三教为"一"的意义，并不在于他们作为一个聚合体的诸多组成部分而被整合起来，而在于他们具有一个单一实体的熔合健全性，而且三教彼此具有可辨识性却又无法截然区分开来。可以确定的是，焦竑仍然使用了一些早期宗教折衷者将三教部门化的旧论点。他继续将佛家的"律"与儒家的"礼"[1]相提并论，并且重申"殊途同归"的套语。他说：

> 《记》曰："率性之谓道，修道之谓教。"[2]圣人之教不同也，至于修道以复性，则一而已……乃知古圣人殊途同归……知六经、《语》、《孟》无非禅，尧、舜、周、孔即为佛。[3]

不过，如果焦竑在以上的陈述中，显得似乎重提他的宗教折衷先行者们的部门化修辞，这样的重提也只是表面上的。他保留了"途"的意象作为一种三教互补性的描述。但是，这个"途"的意象之于焦竑的意义，和它之于早期宗教折衷者们的意义并不相同，因为焦竑对于互补性具有不同的认知，而这种互补性不再是部门化的。对焦竑来说，三教是互补的，这并不是因为每一教各自阐明了一部分的道，其他两教则不去阐明这一部分，而是因为三教可以借着彼此加以了解，并且在趋近于作为真理之道的过程中相互阐释、彼此发明。其结果是，焦竑没有详细解说以下这个观点，亦即：三教中的每一教都同等为真，但唯独在每一教自己的领域中为真，这个观点颜延之与其他论者之前已经详细解说过。反之，焦竑将佛家与道家说成是儒家的"注解"，但这注解并不意味着佛家与道家从属或者不如儒家，而是意

120

---

[1]《澹园集》，17: 13a。

[2] 这个陈述出现在《中庸》第一章，而《中庸》原来是《礼记》的一部分。

[3]《澹园集》，16: 18a-b。

味着他们有助于厘清儒学中晦涩难解与发展不完全之处。

此外，焦竑虽然保留了"途"的意象，他却否认三教能像一具鼎的三只脚一样分开站立，或者被视为从相同的"源"而来的不同"支流"。对焦竑来说，作为源头的道是单一而又不可分割的，而道在表述上分殊为三种各自分立的教义，乃是一项比较晚、而且圣人们从未如此打算过的发展。焦竑说，圣人们是首先通达作为真实的道的人。于是，圣人们所通达的道，便在他们作为佛教、道教、儒家的教诲中传承下去。三教作为圣人们对道之为真实的洞见的承载者，它们必得要被视为"一"，不仅仅是因为三教都以道为他们的共同关怀，也因为道作为三教的共同关怀，本身是单一的，而道的单一性必然被赋予在三教之中，这里三教是被了解为由圣人们对道是唯一的认知之传承。[1]不过，在一些人的心中，三教并不是同一的。这些人奉行三教中的一教，或者另外两教之一，抑或是其他宗教，他们将诸多教义分成种种截然不同的思想派别，仿佛是"瓜分之"。他们这样区分的原因，是他们看到了诸多教义，却没有看到道。他们并没有停泊在真实之中，来领会三教为一。[2]因此，这种分裂三教为三的看法，可以归咎为无视于道的直接结果。如此一来，矫正无视于道最好的方法是超脱诸多教理之外，来构建作为真实的道。真实的道是无法通过一个焦竑拒斥为"重重成妄"的"三教合一"运动来达到的。他说：

　　近日王纯甫（王道，1487—1547）、穆伯潜（穆孔晖，1479—1539）、薛君采（薛蕙，1489—1541）辈，始明目张胆，欲合三教而一之，自以为甚伟矣！不知道无三也，三之未尝三；道无一也，一之未尝一。如人以手分擘虚空，又有恶分擘之妄者，随而以手

---

[1]《澹园集》,17: 12a-b。
[2] 同上书,17: 12b。

一之，可不可也？梦中占梦，重重成妄。[1]

对焦竑来说，三教并非自足自存（self-possessing）的。三教具体化了圣人们对作为真实的道的认知，并且三教的意义取决于道，而道的单一性使三教为一的宣称为真。由于道本身始终为一，因此三教也必须始终为一。去假定三教能够以别种方式存在是一件荒唐的事，"三教合一"运动却更进一步把这个荒唐促成为一个双重荒唐，因为三教合一运动预设了三教一度被分开为三的荒唐，又通过尝试去重新整合三教而加倍荒唐。

　　在焦竑的辩驳中隐含的是：他相信作为真实的道与作为再现媒介的语言两者之间的连续性（continuity）。焦竑跟西方经院学者[2]不一样，他并不将神圣的言语（Word）与人间的言语（word）区分开来。对焦竑来说，语言从来都不是一个与作为真实的道同寿的原初存在。毋宁说，语言作为一种人类活动的滥觞，乃是人类需求的结果。焦竑指出：《易经》原来是一个没有文字、只由"象卦"[3]组成的文本，它构成了伏羲的"不言之教"。是要到后来《易经》的意义不再被了解、道不再被实践的年代里，周公和孔子才"不得已"使用言语。语言作为一种被触发的人类活动与道相对，而道不语，并且对命名漠不关心。焦竑说："圣人之言道，如人之名天也。中国谓之天矣，匈奴则谓之撑犁，岂有二哉？天固不自知，而人强名之。"[4]此外，虽然道是整

122

[1]《笔乘续》，2: 171。"梦中占梦"的典故，出自于《庄子》第二章（英译见 Watson, *Complete Chuang Tzu*, p. 47），以及《大般若樊罗蜜多经》，《大正藏》，第七册，no. 220，页1084。

[2]见 Hans-Georg Gadamer, *Truth and Method* (New York: Seabury Press, 1975), pp. 378-389; Bernard Lonegan, "The Concept of *Verbum* in the Writings of St. Thomas Aquinas," *Theological Studies* 7 (1946): 349-392; 8 (1947): 35-79, 404-444; 10 (1949): 3-40, 359-393。

[3]"象"读为《小象传》的"象"，因此"component lines"读作"爻"。

[4]《笔乘续》，2: 169。

一（unity），语言却是繁多（multiplicity）。根据焦竑，言语的发音与形式，会因为时移地易而改变。他察觉到，"撑犁"作为匈奴语称呼天的词语，乃是汉语中的"天"，这显示出焦竑对于语言作为一种声音变化的系统的敏锐度。是这种敏锐度促使焦竑从事于古代诗歌韵尾的研究。这项研究的结果，使得焦竑能够说明古代与当今韵图之间的差异，并且提倡"为今诗从今韵，以古韵读古诗"。[1]

同样的敏锐度，也体现在焦竑对于中国历史上书写文字形式的变化的分析中。他在传统的中国文字学上很有成就，并且轻松巧妙地讨论了一大堆各式各样的文字学理论，其中包含汉代的许慎（约58—约147）与郑玄，宋代的吴棫（1154年卒）与郑樵（1104—1162），以及明代的杨慎（1488—1559）。[2]焦竑相信，古人在创造书写文字时，常常"寓意于点画之中"。[3]因此，焦竑反对根据"义理"来解释文字，并且特别批判汉代学者如刘向（前77—前6）、郑玄与班固（32—92）等人，他说这些学者："往往多不得古人制字之意。"[4]作为例证，焦竑举出一群表示亲属关系的文字，像是"母"与"子"，汉代学者把它们当成是意义相同的同音字"牧"与"孜"。汉代学者这样做，是因为他们认为母亲养育小孩就好像牧羊人牧养羊群，以及小孩总是勤奋地孝养父亲。然而，事实上"母"与"子"这两个字是象形字。"母"这个字由两个部分组成：一个部分象征"女"，另一个部分用两点描绘出女人的乳房。当两个部分结合在一起时，表达出一个女人具有为其重点特征的乳房，乃是一位母亲用来养育她的小孩之物。另一方面，"子"这个字被焦竑分析为三个部分：（1）顶端部分表示一个人的头；（2）中央的横线象征一双伸展开的手臂；（3）底部的

[1]《澹园集》，14: 2b。

[2]《笔乘》，6: 123-142。

[3]同上书，6: 133。

[4]同上书，6: 123。（译按：或应在页132。）

竖笔钩起处描绘出双脚包裹成一捆的形象。这几个部分共同形塑出一个孩子在襁褓中的象形符号。根据焦竑，这种类型的文字意义，要在"点画"的安排中寻找。刘向、郑玄、班固，以及其他学者犯下的错误，是"附会"造成的结果。假如一个人"细玩篆文"，就能够轻易地避免这些错误。[1]

在他对语言繁多性的关切中，焦竑有兴趣的不仅仅是发音与文字书写形式的可变化性，还对文辞与"格制"的形构规则的差异感兴趣。他对照了汉字与"番字"，并且指出："番字"都是由语音构成，而汉字在形构上是由六书的原则所控制，亦即"象形"、"指事"、"会意"、"形声"、"转注"，以及"假借"。[2]焦竑引述归有光（1507—1571）的话，也提及"文辞格制"随时改易，而且无论后人多么努力尝试，都没有希望趋近于重现古代圣人的格制。因此，"格制"之异可以被当作一个确切的引导，来断定一件作品是否为伪书。[3]

语言的繁多性呈现出一个沟通与了解上的困难。因此，一个现代人在不知道并且不能使用古代韵图的情况下，不可能适切地欣赏一首古代的诗。[4]不过，这个困难并不是无法克服的。通过特定语言技能的学习，这个困难是可以克服的，因此这个困难只是技术上的问题，而不具有形上学意义的困扰。这个问题并没有被焦竑认为是——但中古的经院学者认为是——一种人的言语惑乱或者人类心智不完美的反映。[5]对焦竑来说，人类的心智在本体上与道一致，而语言的繁多性并不意味着离道越来越远，反而意味的是表达同样一个道以及道体现为万物与万事的众多可能方式。正如同样的一个天

---

[1]《笔乘》，6: 132-133。

[2] 同上书，6: 124。

[3]《笔乘续》，3: 200。

[4]《澹园集》，14: 2b。

[5] Gadamer, *Truth and Method*, p. 385.

(heaven)，中国人称为"天"，而匈奴人称为"撑犁"；同理，道也被认知为许多不同的异名。[1]此外，焦竑注意到，在古代中国，不同的文字不仅被使用于不同的时代与地区，也经常在同一段时期中，被使用来作为相同事物的称号。然而，可以确定的是，不同的文字不必然被当作在指涉与"意"上有所不同。[2]

语言虽然有其繁多性，它仍然可以再现作为万事万物整合秩序的那个单一共同的道，这一点是语言作为源于人类创作的活动所具有的一种与生俱来的力量。作为一种源于人类创作的活动，语言由一系列的记号（*semeion*）组成。这些记号是人为建构的，但是它们并不构成、也不可以被允许——如同后文将显示的——去成为一个具有任意性的符号表意系统，并且这个系统的意义自成一个理念世界（ideality）。因为，对焦竑来说，语言符号被人类创造出来，只是为了再现作为真实的道这唯一的目的，失去了再现道的这个目标，语言将只是乱语。或者，如同焦竑所提出的，语言将会像一个"瞽"般绊倒摔跌。他说，道作为"宗"，是"言之所由出也。立言而无其宗，如瞽在途，触处成窒"。[3]这种语言乃是人类再现作为真实的道的活动的观念，不仅意味着"模拟"（mimesis）在语言作为人类创作物的建构过程中占有一席之地，也意味着语言作为一种人类创作物、用以造就一种作为真实的道的模拟再现，并不是自足自存的。以焦竑的话来说，语言是"空"，并且不具有自性。他说："楮墨本空，文字非实。"作为"空"的语言，并没有将在"内"的主体与在"外"的客体区别开来，或者是承认有"中间地带"。[4]语言本身没有任何内涵或意义，并且因此能够作为能指（signifier）发挥功用，指向任何被所指

[1]《笔乘续》，1: 156；5: 248-249。
[2]《笔乘》，6: 123。
[3] 同上书，4: 103。
[4]《笔乘续》，1: 163；《澹园续》，22: 2b。

（signified）的对象。不过，在作为能指的指涉功能中，语言不仅使得其所指得以能见；语言也将所指对象的真纳入自身之中，并且从而取得一个作为图像（*eikon*）的内涵或者意义。换句话说，语言同时是记号以及图像的。语言可以作为图像而存在，因为它的起源为记号。因此，语言虽然是人造的、变化无穷的，它与道之间还是具有连续性的。语言能够具体化作为真实之道的"单一性"，而这个真实存在于三教为一的相互关联之中，并且能够担任"解脱"之道的一个标记。语言之于焦竑而言，如同语言之于《维摩诘所说经》中的天女，他引述这位天女所说："言说文字，皆解脱相"、"无离文字说解脱也"。[1]

　　另一方面，虽然语言是被创作出来再现道，并且实际上能够再现道，语言在再现道的效验（efficacy）上并不是不带问题性的，这不仅是因为语言可以被滥用来歪曲道，也是因为语言作为再现媒介，其力量有其内在的限制。作为真实的道被焦竑设想为一种神秘的存在，它不仅是有规范性的（pre-scriptive），还是难以言喻的。道是一个动态的、整体性的过程，最好能够通过长达一生的经验与理解的修养来领会，但是却不能用言语适切地陈述出来。道包容一切又渗透一切，它不受时空的限制（temporally and spacially nondeterminate），并且不是一种可以被"执"或"指"[2]的、亦不具有种种可辨识的属性。基于这个原因，道不能用种种名（names）去指称，[3]名运作时无法不制造出种种分别，并且即使在想要尽可能无所不包的时候，仍然必定具有排他性。因此，焦竑说："言高则遗下，圣人之道无高；言净则遗垢，圣人之道无净。"[4]所有道的名字，包括"道"这个名字在内，都是被

126

---

[1]《笔乘续》，1: 163；《澹园续》，22: 2b；《维摩诘所说经》（后皆引作《维摩经》），《大正藏》，第十四册，no. 475，页548；另见 Charles Luk trans., *The Vimalakīrti Nirdeśa Sūtra* (Berkeley and London: Shambala, 1972; 后皆引作 *Vimalakīrti*), p. 75。

[2]《笔乘续》，1: 156、170；2: 185；5: 249。

[3] 同上书，1: 154-155。

[4] 同上书，1: 168。

"强"赋予道的。这些名字被焦竑视为"迹"与"象","迹"与"象"暗示了道为何物,但是不能被执定为道的本身。焦竑在一次明显的引述《易经》典故时说:"道也者,立象先,超系表。"[1]同形的符应性并不存在于语言与道的关系之中,虽然语言与道的关系是连续性的,也同时是不对称的。

由于道与语言不相对称,道无法完全在语言中求索,[2]一个人必须要超越语言而"默",以便心停止其"思路",不悬念于"少法",并且可以"遵循"以及"回应"作为道的具现的万事万物。[3]相较之下,一个人"居言思之地",将无法到达"非言所及处"。[4]因此,根据焦竑,当周、孔之辞,从伏羲的"不言之教"开始"孤行"时,易道就变得"晦"了。[5]类似地,三教分裂为三的观点,乃是肇因于失去了对道的洞见,而且没有超越三教的种种教义来达到作为真实的道的话,三教分裂的状况不能够被矫正。

然而,就语言与道的连续性而言,语言可以被用来当作一项领会道的工具。语言被如此工具性地看待,焦竑将之联结到庄子所谓的"筌"或者"蹄"[6]上,它们在捕鱼或者抓兔子上有用,但是一旦抓到鱼或者兔子,就应该被遗忘。作为一种人为的符号系统,语言不可以被允许成为一个与道脱离关系的独立存在。语言作为道的一种再现是有用的,并且可以继续保持有用,只要语言本身的存在在道的面前被抹消掉。焦竑通过马与鞭影的类比,来描述对待语言或者语言作为种种教义的特定建构的正确态度。马匹象征着一个对语言抱持正确态度的人,而鞭影则代表语言作为一项工具的角色,一个人可能

127

[1]《庄子翼》,《读庄子》,页 1a。
[2]《笔乘续》,1: 154-155。
[3] 同上书,1: 147、148-149、153。
[4] 同上书,1: 150。
[5]《笔乘》,1: 7-8。
[6] 见 Watson, *Complete Chuang Tzu*, p. 302。

在他追求作为真实的道时使用它。一匹良马仅仅看到鞭影时，就会立刻向前奔驰。[1]这是在说，追求无以言喻的道之真理，应该是一项正在进行中的赛跑历程，被象征性的鞭影鞭策着，但总是超出鞭影之外。赛跑过程中不可以停止或站着不动，也不可以依附于语言，以及少献身于为了排他性而宣称为"正统"的意识形态的争论。不这样做的话，如同二程兄弟与朱熹所为，是犯下混淆语言与道的错误，并且落入诸教义的理念陷阱中，这些教义的理念只是作为道的"象"，仅仅是一个阴影式的、倚赖性的存在，本身不具有意义或者内涵。焦竑把儒者对佛教作为"异端"的攻击，和一个人"数他宝，自无半分钱"相比较：

> 异日者，足下一到彼岸，自能知其（三教）指归，亦非笔舌所能罄也。未间，惟努力自爱不尽。[2]

偏离古典儒学的规范

焦竑认为，道乃是不可名状的真理的观念以及他不能确定诸多教义仅只是终极上无形象的道的"象"，这两点之中所具体包含的乃是一种神秘思维，这种神秘思维与佛教、道教的神秘主义有交会之处，并且在它偏离了古典儒学规范的意义上，它是非儒家的。可以确定的是，在中国思想中，神秘主义并非专属于佛教与道教。对下列两者的觉察也普遍存在于早期的儒者心中：终极真实作为先于语言而存在的默（pre-scriptive silence），以及语言作为一项有问题性的人类活动。例如孔子，曾经一度宣称"默而识之"的能力是他的成就之一。他说："默而识之，学而不厌，诲人不倦，何有于我哉！"[3]他也表

128

---

[1]《澹园集》，22: 2b。"马匹"的类比将于本章稍后讨论。

[2] 同上书，12: 5b。

[3]《论语》，7: 2; Wing-tsit Chan, *Source Book*, p. 31。

示"无言"的愿望;并且当他的门人子贡怀疑,如果孔子不说话,门人如何能够学习到任何事情来"述焉"时,孔子回答:"天何言哉? 四时行焉,百物生焉,天何言哉?"[1]孟子也描述天的特质乃是"不言"。在回答万章的问题时,孟子肯定统治者之间的权力交替,乃是一种天意引导的过程,他说:尧身为君王,不能够将国家给予他的继承人舜,而是天将国家给予了舜。然而,在这么做的时候,天并没有发出言语上的诫命。孟子解释道,这是因为"天不言,以行与事示之而已矣"。[2]

孔子与孟子以上的陈述,例示了一种儒家类型的神秘主义,根据这种神秘主义,天是永远沉默的;天以行动作为而存在,从未以说话言语而存在。这些陈述在晚明有巨大的吸引力。这些陈述如此掳获了晚明的哲学想象,以至于顾炎武受此引导而抱怨他那个时代的学者变得沉迷于"一贯"与"无言"的问题,而不再关怀"夫子论学论政之大端"。[3]当然,顾炎武的抱怨不能够以表面的意义来了解。他的抱怨,是忠心的学者们在明朝被清朝推翻之后,针对明代所提出的一个模式化的控诉的一部分。如同最近的研究所证明的,在经常被描述为腐败与堕落的晚明气氛中,并不缺乏涉身于重整社会秩序与思想重建的严肃学者,而这些工作事实上与顾炎武所扬弃的心性"空"想是紧密相关的。[4]不过,对于顾炎武所感受到的、古典儒学中的神秘成分对于晚明的重要性,这一点是没有疑义的,并且在这个时期之中,具有宗教折衷心灵的后儒们攫取这些神秘成分,作为他们寻求一个宗教折衷宇宙过程中的一种象征资源(a symbolic resource)。

129

[1]《论语》,17: 19; Wing-tsit Chan, *Source Book*, p. 47。

[2]《孟子》,5A: 5; Wing-tsit Chan, *Source Book*, p. 77。

[3] 见拙作:"Revolt against Ch'eng-Chu," in *The Unfolding of Neo-Confucianism*, pp. 271-272。

[4] 同上书,pp. 271-276, 292-296。另见 de Bary, "Introduction," in *Self and Society*, pp. 1-27。

例如，焦竑强调了"默而识之"这句陈述，并且将"默而识之"诠释为"默识"（silent comprehension），而非"默记"（silent remembrance），他说"默识"的意思是"无言契之"。根据焦竑，孔子在这个陈述中所谓的"默"，并不是"默于口也"，而是"默于心也"，这个"默于心也"只发生在心停止智识活动，并且做好"豁然有契"[1]乍现的准备的时候。这是一位现代哲学家称之为属于那些"即将该被说出来"（the "to be said"）的"深层静默"（deep silence）的一种形式，这个"深层静默"因为"超越所有言说"，"与任何具有特定所指的言说都没有内在关联"，但是它"检验所有被说出来的"，以及它是"人们所遭遇的世界呈现予人，以便使人产生最初回应之所在"。[2]焦竑认定它就是"悟"或者"菩提"，虽然它并不内含所有的事物与思想，它却有如其所然地"应"一切事物与思想的能力。[3]因为，焦竑说，孔子以"默"来学习与教导，且没有坚持学习或者教导任何特定事物，却"学而不厌"、"诲而不倦"。因为这个理由，孔子能够宣称"何有于我哉？"[4]

"What is being to me"的中文原文是"何有于我哉"，而它乃是"默而识之"这段文字的结语，我遵循陈荣捷的翻译，将这段文字写成"that is just natural with me"。不过，这句话真正的意思有点不确定，而且注家与译者们对于它的确切诠释也没有共识。朱熹以为这句话的意思是："何者能有于我也？"，并且认为整段文字是孔子"谦而又谦"[5]的表达。朱熹的诠释为 Legge 所遵循，后者把这句话翻译

---

[1]《笔乘续》，1: 147。

[2] Bernard P. Dauenhauer, *Silence: The Phenomenon and its Ontological Significance* (Bloomington: Indiana University Press, 1980), pp. 16-24，特别是 pp. 19-21。

[3]《笔乘续》，1: 149。

[4] 同上书，1: 147。

[5] 朱熹：《四书集注》（四部备要本），2: 4: 1a。

为："which one of these things belongs to me?"[1]Waley 把这段话翻译为 "these at least are the merits which I can confidently claim"。他注解 "何有" 这个词语为 "there is no further trouble about"，并且认为它和《论语》第四章第十三节中的 "（能以礼让为国乎？）何有？" 用法相同，在那一章中 "何有" 这个词语被 Waley 译为 "there is no more to be said"。[2]Waley 的诠释和陈荣捷的诠释一致，如同之前所指出的，陈荣捷把这段话译为 "that is just natural with me"。不过，焦竑给予这句话一个典型的形而上学的诠释。他把 "何有" 中的 "有" 视同于 "有无" 的 "有"，并且认为它意指作为 "无"（nonbeing or nothingness）的相反相生字的 "有"。

我不会试着去证成焦竑的诠释，他的诠释带有挑动性，但并非不可辩驳。不过，我需要强调，焦竑对这句话的诠释是一贯的，这句话也出现在《论语》第九章第十五节，在这一节中，根据焦竑，孔子曾经说：

> 出则事公卿，入则事父兄，丧事不敢不勉，不为酒困，何有于我哉？[3]

这一段文字，焦竑提议，应该在与 "默而识之" 这段文字同样的脉络中被了解。正如同孔子 "学而不厌" 以及 "诲人不倦"，乃是因为他的学与教都是作为一种 "默" 的无，所以，当事情来的时候，他能够以完美的轻松自在来履行所有这些（教与学）活动，因为他的心不是一种 "有"，以及 "无有少法可得"。[4]

---

[1] Legge, *Confucian Analects*, 7: 2.

[2] Waley, *Analects*, pp. 104, 123.

[3] 除了结论句 "何有于我哉" 之外，英译都遵循 Legge 的翻译（Legge, *Confucian Analects*, 9: 15）。

[4]《笔乘续》，1: 148-149。

　　同样值得一提的是,焦竑对这个特定句子的一贯诠释,与他下面两个诠释是并行一致的,即:"默而识之"乃是"默识",以及"空空如也"乃是描述孔子"自得"之所得的那个"天命之本体"。[1]所有这三个诠释,都尝试根据佛教与道教的观点来了解《论语》,并且是一种融贯的宗教折衷形构的模范代表,在这个形构中,"默识"的诠释乃是另外两个诠释的语言对等物,而这三个诠释则被视为是对于宇宙真实以及人类存有的形上学与本体论的陈述。这个宗教折衷形构的融贯性、"空空如也"的意义,与诸多"何有于我"诠释的重要性,将在下一章探究。在此,我将只处理作为语言陈述的"默识"之诠释,这个陈述宣称是根源于孔子"默"的观念,但实际上相当不同于孔子的"默",而且若无佛教与道教的媒介,这个陈述就无从构成。在孔子的"默而识之"与"不言"以及焦竑的"默识"之间,并没有必然的连续性——不论是就注疏的历史而言,或者默作为一种观念的意义而言。就注疏的历史而言,许多注解家,包括朱熹在内,都立足在孔子与焦竑之间。朱熹将第二个、非名词化的"识之"的"之",当作一个形上之"理"的指涉,并且明确地拒斥"默识"乃是"默而识之"的一种可能诠释,他说,"默而识之"意味着"不言而存诸心"而非"不言而心解"。类似地,朱熹并不把孔子的"不言"当作孔子希望超越语言而变得沉默的表示。毋宁说,朱熹将"不言"理解为关于天理的透明性(transparency)的陈述。他说:"四时行,百物生,莫非天理发见流行之实,不待言而可见。圣人一动一静,莫非妙道精义之发,亦天而已,岂待言而显哉?"[2]

　　概念上,孔子与孟子都认为天是"不言"的。他们并没有像焦竑那样,进一步地宣称天超越所有言语,而且无法被描述。他们所说的天之"不言"乃是一种行,而并不是就与言说相对照的意义加以了

---

[1]见本书第三章。

[2]朱熹:《四书集注》,2:4:1a,以及3:9:5a-b。

解,言说在此乃是作为终极真实的天的谱记。所以,孔子与孟子的天的观念,虽然是神秘的,但并不必然导致焦竑式的语言怀疑论,将语言视为一种具有内在限制的再现媒介。孔子与孟子都深深地怀疑作为一种人类活动的言语,这一点是真的。因此,孔子针对性地对子贡表达他希望"无言",而子贡与宰我并列为在言语上最有成就的孔子门人。[1]另一方面,孟子必须为他经常投入辩论而辩护,说道:"予岂好辩哉?予不得已也!"[2]他也说:"人之易其言也,无责耳矣。"[3]不过,孔子与孟子对言语所抱持的疑虑,严格来说,并不是语言上的。这层疑虑并不起源于语言作为再现的能力的一种考量,而是源自对言语与行动之间可能会有差距的道德关怀。正如天行动而不说话,所以人应该修养行事作为,所谓注重修养经常可能骗人而且不总是可靠的言语。

因此,对孔子来说,君子"先行其言,而后从之"。[4]君子也"讷于言而敏于行",[5]并且"耻其言而过其行"。[6]"讷",根据孔子,是"近仁"[7]的,近于完美品德的仁。相较之下,"巧言"是"耻"[8]的,并且是"鲜"与"仁"[9]联想在一起的。因为,根据孔子,"仁者"了解"为之难",因此必然地"其言也讱"。[10]类似地,孟子衡量行动的价值高于言语,并且认为道德关乎行动,他宣称,道德行动与"声音"或者"笑貌"无关。他说:"恭者不侮人,俭者不夺人。侮夺人之君,惟

[1] 见《论语》,11: 2,以及《孟子》,2A: 2: 18。
[2]《孟子》,3B: 9(Legge的译文,页279)。
[3] 同上书,4A: 22(Legge的译文,页311)。
[4]《论语》,2: 13。
[5] 同上书,4: 24。
[6] 同上书,14: 29。
[7] 同上书,8: 27。
[8] 同上书,5: 24。
[9] 同上书,1: 3; 17: 17。
[10] 同上书,7: 3。

恐不顺焉,恶得为恭俭? 恭俭,岂可以声音笑貌为哉?"[1]

不过,虽然考虑到言语与行动之间可能存在的差距,孔子与孟子并不坚持言语必然要实践成为行动。事实上,他们都认为,在行动上严格的遵守言语乃是"小人"的特质。孔子说:"言必信,行必果,硁硁然小人哉!"[2]另一方面,孟子说:"大人者,言不必信,行不必果。"[3]对于孔子与孟子来说,关涉到言行一致的道德,并非关乎说到做到,而是关乎正确判断的运用言语技巧(judiciously exercising tact in speech)。技巧包含了一种沉默的形式,并且,如同 Hans-Georg Gadamer 所观察到的,以"非明显性(inexplicitness)与非表现性(inexpressibility)"[4]为其特征。不过,有技巧的说话,并不是"把注视目光从某事物上移开"。[5]毋宁说,是说话时针对各种情境加以应有的适切考量。一个人依着既定情境的规矩而说话;他以某些方式说某些事情,但是对其他事情保持沉默,包括那些在这样情境下不能做的事情。

孔子对言语技巧具有深切的关心。所以,他敦促说话要谦逊,他说:"其言之不怍,则为之也难。"[6]特别是,"危言危行"只适宜在"邦有道"的时候。"邦无道"的时候,一个人的行事应该继续保持"危",但是说话要变得"逊"。[7]此外,根据孔子,一个人说话的时候必需与他的听众建立联系。他说:"可与言而不与之言,失人;不可与言而与之言,失言。知者不失人,亦不失言。"[8]他也说:"侍于君子有三愆: 言未及之而言谓之躁,言及之而不言谓之隐,未见颜色而言谓

---

[1]《孟子》,4A: 16。

[2]《论语》,8: 20。

[3]《孟子》,4B: 11。

[4] Gadamer, *Truth and Method*, p. 16.

[5] 同上书,p. 17.

[6]《论语》,14: 21(Legge 的译文,页 284)。

[7] 同上书,14: 14。

[8] 同上书,15: 7(英译采自 Waley, pp. 194-195)。

之謦。"[1]

134
孔子在他自己的说话模式中，例示了他的技巧，表现出一种对说话情境的显著的敏感性。因此，当孔子在故乡村落的家中时，"恂恂如也，似不能言者"。不过，"其在宗庙、朝廷，便便言，唯谨尔"。[2]还有，"朝，与下大夫言，侃侃如也；与上大夫言，訚訚如也。君在，踧踖如也。与与如也"。[3]

一个类似的对语言技巧的关怀，也是孟子处理言语问题的取径之特色。正如同孔子主张"知者不失人，亦不失言"，孟子也说："士未可以言而言，是以言话之也；可以言而不言，是以不言话之也，是皆穿逾之类也。"[4]孟子也挑出"自暴者"以及"不仁者"两种不可与之言的人，他说："不仁而可与言，则何亡国败家之有？"[5]他还说，他不会回答那些"挟贵而问，挟贤而问，挟长而问，挟有勋劳而问，挟故而问"者的问题。[6]说话技巧须言语以及沉默两者兼备，根据孟子，言语与沉默应该依照"义"的感受（sense of righteousness）来加以采行。"义"，如同成中英已经指出的，是"一种特定应用的普世性原理"（a universal principle of specific application），而且作为这样的一种原理，"义"具有一个强烈的情境性取向。[7]正是这个意义下的"义"，被孟子引证为"大人者，言不必信，行不必果"的原因。对于"大人"而言，孟子说，这是一件"惟义所在"的事情。[8]同样意义下的"义"，也指导着孟子自己的言语模式。另一方面，他感觉"不得已"要从事

---

[1]《论语》，16: 6（英译采自 Waley, p. 205）。

[2] 同上书，10: 1（英译采自 Waley, p. 146）。

[3] 同上书，10: 2（英译采自 Waley, p. 146）。

[4]《孟子》，7B: 31（英译采自 D. C. Lau, *Mencius* [Baltimore: Penguin, 1970], p. 200）。

[5] 同上书，4A: 8（英译采自 D. C. Lau, pp. 121, 122）。

[6] 同上书，7A: 43（英译采自 D. C. Lau, p. 192）。

[7] Chung-ying Cheng, "On *Yi* as a Universal Principle of Specific Application in Confucian Morality," *Philosophy East and West* 22.3 (Jul. 1972): 269-280.

[8]《孟子》，4B: 11。

于频繁的辩论,因为他希望"闲先圣之道","正人心",并且"息"杨朱与墨翟的"邪说"。[1]他也批评伯夷为"隘",因为伯夷不愿意"与恶人言"。[2]另一方面,虽然孟子之前曾经成功地这么做过,但他不会同意齐国人为了赈济饥荒,而希望或要求国君打开位于棠这个地方的粮仓。他说若如此做,"是为冯妇也",而冯妇不知道要在什么时刻以及什么地方打住。然后他进一步谈论冯妇:"晋人有冯妇者,善搏虎,卒为善士。则之野,有众逐虎。虎负嵎,莫之敢撄。望见冯妇,趋而迎之。冯妇攘臂下车。众皆悦之,其为士者笑之。"[3]

因此,对孔子与孟子两人来说,"默"不只是没有说话;"默"更是超越言语的行动,而作为这样的一种超越性,证实了言语可同时作为道德的完满与可感知的践履。[4]在这个意义之下,"默"是一种活动的形式,并且如同唐君毅观察到的,沉默与言语的关系可以比拟为"退"与"进"的关联。[5]正如一位儒家的君子在入世时根据情况来"进"与"退",同样的,他因着情境的需要而说话或者保持沉默。《易经》云:"君子之道,或出或处,或默或语。"[6]不过,"默"作为一种可以与"退"相比拟的活动形式,也和"退"有着微妙的差别。虽然要"进"或者要"退"的抉择,纯粹是情境不同的问题,没有意味着"进"的价值必然比"退"来得高、抑或是"退"的价值比"进"来得高,但孔子与孟子都偏好沉默,并且认定沉默优先于言语。他们没有以那

[1]《孟子》,3B: 9。

[2]同上书,2A: 9。

[3]同上书,7B: 23(英译采自 D. C. Lau, p. 193,以及 W. A. C. H. Dobson trans., *Mencius* [Toronto: University of Toronto Press, 1963], pp. 50-51)。

[4]唐力权也有同样的观察,但唐氏是以"言语"(speech)与"行动"(action)而非"进"、"退"作为这个问题的分析术语。见 Lik Kuen Tong (唐力权), "The Meaning of Philosophical Silence: Some Reflections on the Use of Language in Confucian Thought," *Journal of Chinese Philosophy* 3.2 (Mar. 1976): 175-177。

[5]唐君毅:《中国哲学原论·导论》(香港:新亚书院研究所,1974年;后皆引作《原论·导论》),页207-208、273-275。

[6]《周易·系辞上传》,7: 6a。

种对言语抱持的深刻疑虑来看待"默"。他们对"默"的偏好，逻辑
上是跟随着他们对天乃是"不言"的观念而来的。这个天的观念，如
136 同之前曾指出的，并不蕴含着将语言认定为一种具有内在限制的再
现媒介。不过，它的确必然包含以下观点，亦即：语言作为能指不仅
仅外在于、也必须保持着与作为真实或者真理的所指一致。因此，孔
子提倡"正名"，他说：

> 名不正则言不顺，言不顺则事不成，事不成则礼乐不兴，礼
> 乐不兴则刑罚不中，刑罚不中则民无所措手足。故君子名之必
> 可言也，言之必可行也。君子于其言，无所苟而已矣。[1]

将语言定锚于真实之中的类似关怀，也是孟子语言观的特质，孟子对
真实的意义感受具有一种明显的心理面向，并且经常以心的种种情
感加以表达。对孟子来说，语言的功能至少有一部分是表达内心的
种种情感，而且语言不可以独立于内心的种种情感。因此，他拒斥告
子"不得于言，勿求于心"。[2] 他也警告不可仅理解字面上的《诗经》
而没有考量到《诗经》的"志"，他说：

> 说《诗》者，不以文害辞，不以辞害志。以意逆志，是为得
> 之。如以辞而已矣，《云汉》之诗曰："周余黎民，靡有孑遗。"信
> 斯言也，是周无遗民也。[3]

在孟子拒斥告子"不得于言，勿求于心"，以及警告只读《诗经》
137 的字面意义时，令人怀疑他似乎就像是魏晋时期的新道家们一样，

---

[1]《论语》，8: 3；Wing-tsit Chan, *Source Book*, p. 40。
[2]《孟子》，2A: 2；Wing-tsit Chan, *Source Book*, p. 62。
[3]《孟子》，5A: 4（英译采自 D. C. Lau, p. 142）。

这些新道家将真实看成是超越语言的，并且质疑语言能够充分表达"意"的可能性。[1]不过，事实上孟子并不像新道家。他对告子在"言"的立场上的拒斥，以及他对只读《诗经》字面上意义的警告，这两者仅仅是一项觉察的表达，而这项觉察是孟子与孔子所共享的，亦即语言与真实之间的关系可以是有问题性的。不过，这项觉察丝毫不影响到孔子与孟子对语言在再现真实时的力量所抱持的信心。对孔子与孟子来说，语言用以再现真实的正确性，原则上是无可争论的，而且会继续如此，只要不让语言的使用脱离真实而成为自我指涉性的。此外，语言的使用脱离真实便构成一种语言的滥用，但假如一个人培养出"知言"之术，这种滥用则可以通过"正名"矫正而能够容易地被辨认出来。因此，并不令人惊讶地，孔子与孟子两人都重视"知言"之术。例如，孔子将"知言"、"知天命"与"知礼"相提并论。他说："不知命，无以为君子也。不知礼，无以立也。不知言，无以知人也。"[2]另一方面，孟子非常自豪自己"知言"的能力。他宣称，他"善养吾浩然之气"，并且在"知言"上有所成就。而当孟子被问到，他所谓的"知言"是什么意思时，他回答："诐辞知其所蔽，淫辞知其所陷，邪辞知其所离，遁辞知其所穷。"[3]

　　荀子也抱持与孔子、孟子相同的信念，在我看来，他提出了古典儒学中对语言最详尽而且最有系统的陈述。荀子像孔子与孟子一样，也偏好行动胜于言语，并且将言语视为一种活动形式，这种活动根据情境的适切性以及完善实现道德的诚命而被履行。荀子主张，"明君"不需要"辩"与"说"，他说：

　　　　明君临之以势，道之以道，申之以命，章之以论，禁之以刑，

---

[1] 见汤用彤：《魏晋玄学论稿》（北京：人民出版社，1957年），页26-47。
[2]《论语》，20: 3。
[3]《孟子》，2A: 2（英译采自 D. C. Lau, pp. 77-78）。

> 故其民之化道也如神。辩说恶用矣哉!

此外,荀子说:

> 实不喻然后命,命不喻然后期,期不喻然后说,说不喻然后辩。

对荀子来说,"辩"与"说"是最后手段,并且唯独在"圣王没,天下乱,奸言起"以及"君子"不再具有"势"或者"刑"来"临"或者"禁"人们趋向邪恶时,"辩"与"说"才成为必要的。[1]

不过,作为最后手段,"辩"与"说"要履行一项至关重要的功能。"辩"与"说"和"名"与"命"一同构成"用之大文",并且被荀子视为是"王业之始"。[2]

因此,可以理解,荀子批评那些"法先王,顺礼义,党学者",但是"不好言,不乐言"的人们,说他们"必非诚士也"。[3]他也谴责子夏的门人为"贱儒",因为他们"正其衣冠,齐其颜色,嫌然而终日不言"。[4]根据荀子,"君子"则不然。君子不仅仅"乐言之",还"必辩",因为他是为了"仁"而说话以及辩论。荀子说:"凡人莫不好言其所善,而君子为甚"。"君子"所"善"的是"仁";而且由于他"行仁也无厌",所以君子是"之于言无厌"的。[5]

不过,另一方面,"君子"被荀子认为是一种"少言"[6]的人,因

---

[1]〔清〕王先谦编:《荀子集解》(台北:世界书局,1968年),22: 280-281。英译采自 Burton Watson trans., *Hsün Tzu: Basic Writings* (New York: Columbia University Press, 1963;后皆引作 *Hsün Tzu*), pp. 146-147,而略有改动。

[2]《荀子集解》,22: 201;英译见 Watson, *Hsün Tzu*, p. 147。

[3]《荀子集解》,5: 53。

[4] 同上书,6: 66。我遵循叶绍钧的注解,将"子夏氏之贱儒"认作"在子夏门下的贱儒"。见叶氏:《荀子》(上海:商务印书馆,1934年),页32。

[5]《荀子集解》,5: 53、55。

[6] 同上书,6: 61。

为他只说"仁之中也"的话。因此，如果君子所说的话并非"仁之中也"，他宁可保持沉默而不说话，又宁可"讷"于言而不急于辩论。[1]此外，"君子"并不去创造他自己的教义；他仅仅遵循着圣人们已经建立的"法"。在这层考量下，"君子"不同于圣人，圣人对荀子而言，例示了在言语上达到最高成就的典范。圣人是一种"多言"的人。不过，圣人的言语是有条有理的，它们乃是被与真实一致的"类"所架构起来的。[2]圣人所说的话也是完全自然而然的，根据情境而恰到好处。因此，即使投身于辩论时，圣人"不先虑，不早谋"，但总是"发之而当"，而且能够对来自于论敌的任何论点"应变不穷"。"君子"的言语比圣人的理想差了一点。他为了辩论必须"先虑之，早谋之"。[3]不过，君子远远高于"多言无法，而流湎然"的小人。"小人"不了解沉默，而根据荀子，沉默也和言语一样需要被修养。荀子说："言而当，知也；默而当，亦知也。故知默犹知言也。"[4]

荀子对辩论的评价与孟子相近，但是与孔子很不相像，如同唐君毅曾指出的，[5]孔子不甚措意于辩论。当宰我抱怨为父母服三年之丧时间太长，而认为如果"君子"必须守丧而三年不为"礼"与"乐"，"礼"与"乐"将"必坏"或者"必崩"，所以为父母服丧一年就应该足够时，孔子却没有试着否定宰我，即使他有一个完美的理由这么做。根据孔子，子女理应去遵循为父母守三年之丧，是因为直到他们三岁，不能"免于父母之怀"。但是，很典型地，孔子没有和宰我辩论，孔子只对宰我说："食夫稻，衣夫锦，于女安乎？"当宰我说，他的确能"安"，孔子回答："女安则为之！夫君子之居丧，食旨不甘，闻乐

140

----

[1]《荀子集解》，5: 55。
[2] 同上书，6: 61。
[3] 同上书，5: 56。
[4] 同上书，6: 61。
[5] 唐君毅：《原论·导论》，页209。

不乐,居处不安,故不为也。今女安,则为之!"[1]

不过,即使荀子像孟子一样好辩,在辩论的模式上他仍然和孟子不同。如同唐君毅观察到的,[2]孟子倾向于从一种通过主观情感的心理学视角出发去辩论,孟子相信,这些情感可以被每一个人主观地体验到,并且因此构成人之所以为人的本质。孟子说:

> 凡同类者,举相似也,何独至于人而疑之?圣人与我同类者。故龙子曰:"不知足而为屦,我知其不为蒉也。"屦之相似,天下之足同也。口之于味,有同耆也。易牙先得我口之所耆者也。如使口之于味也,其性与人殊,若犬马之与我不同类也,则天下何耆皆从易牙之于味也?至于味,天下期于易牙,是天下之口相似也。惟耳亦然。至于声,天下期于师旷,是天下之耳相似也。惟目亦然。至于子都,天下莫不知其姣也。不知子都之姣者,无目者也。故曰:口之于味也,有同嗜焉;耳之于声也,有同听焉;目之于色也,有同美焉。至于心,独无所同然乎?心之所同然者,何也?谓理也,义也。圣人先得我心之所同然耳。故理义之悦我心,犹刍豢之悦我口。[3]

这个对心的种种情感具有普世性的信念,鉴照并且化形(informs)成为孟子对像是尧、舜这样的圣人们的频繁称引。如同引文中指出的,孟子认为尧、舜和其他每一个人都是同类。孟子没有将尧、舜提举为上诉法庭式的权威,而是完满成就的人格范例,圣人们是"先得我心之所同然"者,他们指引出路径要朝向圣人至善、并且

---

[1]《论语》,17: 21(英译采自 Waley, p. 215)。
[2] 唐君毅:《原论·导论》,页 263-264、267-268。
[3]《孟子》,6A: 7(英译改写自 D. C. Lau, p. 164, 以及 Wing-tsit Chan, *Source Book*, pp. 55-56)。

为圣人至善提供保证,而至善的圣人乃是每一个人都能够通过自我
修养而达到的理想。因此,当滕文公还是世子的时候,他在前往楚国
的路上停下来见孟子,孟子在详细解释人性本善的理论时,大量谈论
着尧以及舜。不过,世子没有被孟子说服,并且在他从楚国返国的路
上再次拜访孟子。孟子显然被激怒了,在高声叙述那些对自己充满
信心并且渴望成为圣人的人们的名字时,孟子爆发了,他说:

> 世子疑吾言乎?夫道,一而已矣。成覸谓齐景公曰:"彼丈
> 夫也,我丈夫也,吾何畏彼哉?"颜渊曰:"舜何人也?予何人
> 也?有为者亦若是。"公明仪曰:"文王我师也,周公岂欺我哉?"
> 今滕,绝长补短,将五十里也,犹可以为善国。《书》曰:"若药不
> 瞑眩,厥疾不瘳。"[1]

对于人心情感具有普世性的相同信念,形塑了孟子反对那些 142
"言性"者的基础,他们仅仅在逻辑上根据"故"的看法,而没有考量
到人性自然的趋向。结果是,他们使用"故"虽然有"利",却无非是
"凿",被孟子拿来和禹治理洪水的方法形成对比;禹遵循水的自然
趋向,并且毫不费力地泄除洪水,如同他"行其所无事"一般。[2]孟
子在他的人性本善论中,避免了这种强迫推论("凿")的形态。他
诉诸我们的情感,他将这些情感视为自然而然的与不出于强迫的心

---

[1]《孟子》,3A: 1(英译改写自D. C. Lau, p. 95, 以及Wing-tsit Chan, *Source Book*, p. 66)。又见Wing-tsit Chan, *Source Book*, p. 66, 提及成覸、《书经》等典故处。

[2]《孟子》,4B: 26。虽然这段的重点相当清楚,但所牵涉的语言相较之下有点问题;我遵从蒋伯潜解,将"故"在这里的用法等同于荀子"持之有故,言之成理"的用法。见《荀子·非十二子篇第六》。蒋氏解见《孟子》卷一,收于沈知方主稿《语译广解四书》(台北:启明书局,1952年)。其他的诠释,见Wing-tsit Chan, *Source Book*, p. 76; D. C. Lau, *Mencius*, p. 133; A. C. Graham, "The Background of Mencius' Theory of Human Nature," *Tsing-hua Journal of Chinese Studies* 6.1-2 (1967): 251-254。

灵冲动（promptings）。他说："人皆有不忍人之心……今人乍见孺子将入于井，皆有怵惕恻隐之心。非所以内交于孺子之父母也，非所以要誉于乡党朋友也，非恶其声而然也。由是观之，无恻隐之心，非人也；无羞恶之心，非人也；无辞让之心，非人也；无是非之心，非人也。"[1]这四种情感是仁、义、礼、智四种主要美德的"端"，[2]而四端根植于自然的以及不出于强制的人心情感，"非由外铄"，而是"我固有之"的。因此，当面对公都子基于"文武兴，则民好善；幽厉兴，则民好暴"而提出"性可以为善，可以为不善"的可能性时，孟子回答："乃若其情，则可以为善矣，乃所谓善也。若夫为不善，非才之罪。"[3]

类似地，当孟子议论仁政、礼与乐时，他是就情感来议论。根据孟子，仁政就只是"不忍人之心"向外延伸到公共领域。他说："先王有不忍人之心，斯有不忍人之政矣。以不忍人之心，行不忍人之政，治天下可运之掌上……人之有是四端也，犹其有四体也……知皆扩而充之矣，若火之始然，泉之始达。苟能充之，足以保四海。"[4]

同样地，礼是情感的一项产物。因此，孟子在拒斥墨者夷之对葬礼的经济原则时，他说："盖上世尝有不葬其亲者。其亲死，则举而委之于壑。他日过之，狐狸食之，蝇蚋姑嘬之。其颡有泚，睨而不视。夫泚也，非为人泚，中心达于面目。盖归反虆梩而掩之。掩之诚是也，则孝子仁人之掩其亲，亦必有道矣。"[5]还有，当孟子的门人充虞提出，他观察到孟子似乎使用了太好的木头来制作母亲的棺材，孟子就以情感自解。孟子说：

---

[1]《孟子》，2A：6（英译改写自 Wing-tsit Chan, *Source Book*, p. 65）。

[2]同上。

[3]同上书，6A：6（英译改写自 Wing-tsit Chan, *Source Book*, pp. 53-54）。

[4]同上书，2A：6（英译采自 Wing-tsit Chan, *Source Book*, pp. 65-66）。

[5]同上书，3A：5（英译改写自 Wing-tsit Chan, *Source Book*, pp. 70-71，以及 Dobson, *Mencius*, pp. 106-107）。

　　　古者棺椁无度，中古棺七寸，椁称之。自天子达于庶人。非
　　直为观美也，然后尽于人心。不得，不可以为悦；无财，不可以为
　　悦。得之为有财，古之人皆用之，吾何为独不然？且比化者，无
　　使土亲肤，于人心独无恔乎？吾闻之君子：不以天下俭其亲。[1]

144

　　至于乐，孟子认为乐源自一个人在行仁与行义时所感受到的愉
悦感。他说：

　　　仁之实，事亲是也；义之实，从兄是也。智之实，知斯二者
　　弗去是也；礼之实，节文斯二者是也；乐之实，乐斯二者，乐则生
　　矣；生则恶可已也，恶可已，则不知足之蹈之、手之舞之。[2]

　　荀子也关心情，不过不是关心那个作为本体论的人类天赋善
性之"端"的情，而是关心作为人类与生俱来的、反社会的恶性之不
可磨灭的根源的情。荀子对情有疑虑，他把情或多或少地等同于
"欲"。"欲"，根据荀子，是"情之应"，就此而言，情"必不免"寻求欲
的满足。[3]如果放任不管，情欲将会无可避免地导致社会的争斗与
失序。荀子说："人生而有欲，欲而不得，则不能无求。求而无度量
分界，则不能不争；争则乱，乱则穷。"[4]因此，荀子与孟子相对，孟子
视情、心以及人性在结构上是统一的，并且把人性之善视为是内在道
德情感的直接产物，荀子将情从心中分别开来，并以人性为恶，因为
人性是由情所构成的。因而，虽然荀子和孟子一样努力地提倡道德、

145

[1]《孟子》，2B：7。根据赵岐，"中古"指涉周公的时代。见赵岐：《孟子》（四部丛刊
　　本），4：8b。
[2]《孟子》，4A：27（英译改写自 Wing-tsit Chan, *Source Book*, p. 76）。
[3]《荀子集解》，22：284。
[4] 同上书，19：231（英译改写自 Bodde, *A History of Chinese Philosophy*, 1：297）。

礼、乐乃是"王政"[1]的基础,但荀子却是诉诸心而不是诉诸情来证成的。

心,根据荀子,是"虚"、"壹"与"静"。他说:

> 人生而有知,知而有志;志也者,臧也;然而有所谓虚;不以所已臧害所将受,谓之虚。心生而有知,知而有异;异也者,同时兼知之;同时兼知之,两也;然而有所谓一;不以夫一害此一,谓之壹。心卧则梦,偷则自行,使之则谋;故心未尝不动也;然而有所谓静;不以梦剧乱知,谓之静。[2]

因此,"虚"、"壹"与"静"之心能够"知道",[3]并且被荀子说成是"道之工宰",荀子之后将这个心视为"治之经理"。[4]作为"道之工宰"的心,能够从各式各样的情中"为之择",并且通过"有意识的行动(伪)"[5]产生道德行为,而"伪"即是"善"的源头。荀子说:"人之性恶,其善者伪也。"[6]因此,虽然欲或者情具有与生俱来的反社会性,并且因为它们是天生的而不能够根除,但它们并不真的与"治"或"乱"的问题相关,根据荀子,"治"与"乱"取决于心的指令。他说:

> 凡语治而待去欲者,无以道欲而困于有欲者也。凡语治而待寡欲者,无以节欲而困于多欲者也。有欲无欲,异类也,生死也,非治乱也。欲之多寡,异类也,情之数也,非治乱也。欲不

---

[1] 见《荀子集解》,11: 131-150; 19: 231-251; 20: 252-257; 23: 289-300。

[2] 同上书,21: 263-264(英译改写自 Watson, *Hsün Tzu*, pp. 127-128)。

[3] 同上书,21: 263; 见 Watson, *Hsün Tzu*, p. 127。

[4] 同上书,22: 281; 见 Watson, *Hsün Tzu*, p. 147。

[5] 同上书,22: 274-275; 见 Watson, *Hsün Tzu*, pp. 139-140。

[6] 同上书,23: 289; 见 Watson, *Hsün Tzu*, p. 157。

待可得，而求者从所可。欲不待可得，所受乎天也；求者从所可，所受乎心也……故欲过之而动不及，心止之也。心之所可中理，则欲虽多，奚伤于治？……心之所可失理，则欲虽寡，奚止于乱？故治乱在于心之所可，亡于情之所欲。[1]

"节"欲与"道"欲，是通过遵行礼、乐，以及如孝与辞让等伦理价值而实现的，荀子并不像孟子那样认为这些伦理价值乃是内在自然性情的外在表达。毋宁说，荀子将这些伦理价值视为人为产物，由古代帝王与圣人的心之"伪"所创造，为人类的自然情感提供有方向的、有节制的满足，以便没有争乱。[2]正是遵行人类所建构的礼、乐与道德，造就了像禹这样的一位圣人，他的天性与街上的平民没有不同，或者甚至与暴君桀以及强盗跖这样典型的恶人也没有不同。[3]荀子说："凡禹之所以为禹者，以其为仁义法正也。"[4]荀子也说：

> 天非私曾、骞、孝己而外众人也，然而曾、骞、孝己独厚于孝之实，而全于孝之名者，何也？以綦于礼义故也。天非私齐、鲁之民而外秦人也，然而于父子之义，夫妇之别，不如齐、鲁之孝具敬文者，何也？以秦人之从情性，安恣睢，慢于礼义故也，岂其性异矣哉！[5]

荀子将心从情或者性之中分歧出来这点，与他主张人类与自然之间有一个一般性区别并行不悖，而且事实上可以视为这个区别的

---

[1]《荀子集解》，22: 283-284；英译采自 Watson, *Hsün Tzu*, pp. 150-151。

[2] 见《荀子集解》，第十九、二十、二十三章。

[3] 同上书，23: 294-296。

[4] 同上书，23: 294（英译改写自 Watson, *Hsün Tzu*, p. 160）。

[5] 同上书，23: 295（英译采自 Watson, *Hsün Tzu*, pp. 165-166）。

一项例证，而这个区别不仅仅对于荀子的人性与文化理论、也对于他的天与语言的观念有意义。再次地，荀子和孟子相对，孟子就结构上一贯（structurally unitary）而言提倡天人合一，并且说："尽其心者，知其性也。知其性，则知天矣"，[1]荀子坚持将人类视为与天相异的范畴，他说："明于天、人之分，则可谓至人矣。"[2]这个对天、人范畴相异的坚持，涉及一个自然主义的天的观念，根据荀子，天由物质宇宙中的一系列运作过程所构成，并且没有目的性。荀子说："天行有常，不为尧存，不为桀亡。"[3]他也说："天不为人之恶寒也辍冬，地不为人之恶辽远也辍广。"[4]因为荀子对自然主义的天的信念，他被描述为具有"实证主义的"与"道家式的"[5]特色。不过，值得一提的是，荀子的自然主义的天的观念，并不包含任何想要将人类完全化约从属于天的尝试。就这点而言，荀子与实证主义者以及道家都不相同。虽然荀子辩驳目的论式的天的观念，并且说，治与乱无关于天体的运转以及四季的代嬗，但是他这么做是为了肯定人类努力的价值。[6]因为这个理由，荀子摒除不寻常的自然事件，像是"怪星之党见"与"日月之有蚀"，认为它们不值得忧虑，但是劝人对他所谓的"人祆"，像是"父子相疑"、"男女淫乱"，以及"上下乖离"等提高警觉，这些是被荀子视为真正的"可畏"。[7]类似地，荀子一方面赞扬"不与天争职"的"至人"为理想的人，荀子也同时谴责那些"错其在己者，而慕其在天者"的小人。[8]他说："君子敬其在己者，而不慕其在天者；小人错

---

[1]《孟子》，7A: 1。

[2]《荀子集解》，17: 205；见 Watson, *Hsün Tzu*, pp. 79-80。

[3] 同上书，17: 205（英译改写自 Wing-tsit Chan, *Source Book*, p. 116）。

[4] 同上书，17: 208；见 Watson, *Hsün Tzu*, p. 82。

[5] Vincent Y. C. Shih（施友忠），"Hsün Tzu's Positivism," *Tsing-hua Journal of Chinese Studies* 4.2 (Feb. 1964): 162-173.

[6]《荀子集解》，17: 207-208；见 Watson, *Hsün Tzu*, p. 82。

[7] 同上书，17: 209-211；见 Watson, *Hsün Tzu*, pp. 83-85。

[8] 同上书，17: 206、211；见 Watson, *Hsün Tzu*, pp. 80, 86。

其在己者,而慕其在天者。"[1]荀子自然主义的天的观念,远非琐碎化(trivialize)人类及其文化,所表达的是一种人文主义对宇宙的观点,根据荀子,这个宇宙具有一个分明的人文面向,不能化约为自然而已。对荀子来说,正是因为人界与自然界分明不同,人类能够与天、地同"参"。他说:"天有其时,地有其财,人有其治,夫是之谓能参。"[2]他也说:"天地者,生之始也;礼义者,治之始也;君子者,礼义之始也……故天地生君子,君子理天地。君子者,天地之参也。"[3]

　　当荀子将人与自然之间的分别,翻译转化到他的语言理论中时,对他来说,这个分别意味着名与实的关联只是间接的。考量到这点,荀子不同于孔子与孟子,孔、孟按照二而为一的特性来建构他们的语言观,并且抱持着一种名与实之间普遍存在着直接关系的观点:名与实要不彼此对应一致,要不彼此不对应。相对地,荀子就三合一而言来处理语言的现象,并且相信如果没有社会习俗的媒介,名、实之间的关系是不可能成立的。因此,荀子否定名可以具有本质上的真实性,他说:"名无固宜,约之以命,约定俗成谓之宜,异于约则谓之不宜。名无固实,约之以命实,约定俗成,谓之实名。"[4]荀子的这番陈述,显示出一个语言作为社会规约的活动的强烈自觉,并且与他对语言实现明确的社会目标的信念一致。他说:

　　　异形离心交喻,异物名实玄纽,[5],贵贱不明,同异不别;如

---

[1]《荀子集解》,17: 207-208(英译改写自 Wing-tsit Chan, *Source Book*, p. 120)。

[2]同上书,17: 206(英译采自 Wing-tsit Chan, *Source Book*, p. 117,而略作修改)。

[3]同上书,9: 103-104(英译改写自 Watson, *Hsün Tzu*, p. 144)。

[4]同上书,22: 279(英译改写自 Watson, *Hsün Tzu*, p. 44)。

[5]这两段具有高度问题性的文句,由传统注家与现代译家作出各式各样的解释(见《荀子集解》,页276; H. H. Dubs, *The Works of Hsüntzu* [London: Arthur Probsthain, 1928]p. 283; Watson, *Hsün Tzu*, p. 141; Wing-tsit Chan, Source Book, p. 125)。我的翻译是根据唐君毅所提议的解释,他以"象"意指"状",并根据荀子对"状"、"实"的区别来诠释这两句话(见唐君毅:《原论:导论》,页137-141)。

是,则志必有不喻之患,而事必有困废之祸。故知者为之分别制名以指实,上以明贵贱,下以辨同异。贵贱明,同异别,如是,则志无不喻之患,事无困废之祸,此所为有名也。[1]

另一方面,虽然荀子的语言理论在取向上具有强烈的社会性,并不使以下观点必然成真,即:作为能指的名乃是与作为所指的实不连续的任意性的建构。根据荀子,用以确立并维持名的各种相异以及相似之处,根植在实所固有的各种相异与相似之处,这构成了"制名之枢要"。荀子说:

物有同状而异所者,有异状而同所者,可别也。状同而为异所者,虽可合,谓之二实。状变而实无别而为异者,谓之化。有化而无别,谓之一实。此事之所以稽实定数也。此制名之枢要也。[2]

此外,名承担着需要与实相符的关系,因为名被建立为人类"天官"诸多感知的表达,而人的"天官"能够对相同的事物以及不同的事物加以区别。荀子说:

然则何缘而以同异?曰:缘天官。凡同类同情者,其天官之意物也同。[3] 故比方之疑似而通,是所以共其约名以相期也。形体、色理以目异;声音清浊、调竽、奇声以耳异;甘、苦、咸、淡、辛、酸、奇味以口异;香、臭、芬、郁、腥、臊、漏庮、奇臭以鼻异;疾、痒、凔、热、滑、铍、轻、重以形体异;说、故、喜、怒、哀、乐、爱、

---

[1]《荀子集解》,22: 276。

[2] 同上书,22: 279(英译采自 Watson, *Hsün Tzu*, pp. 144-145)。

[3] 译注:原注文失载。

恶、欲以心异。心有征知。征知,则缘耳而知声可也,缘目而知
形可也。然而征知必将待天官之当簿其类,然后可也。……此
所缘而以同异也。然后随而命之,同则同之,异则异之。[1]

因此,对荀子来说,作为社会习俗的名能够再现它们所符指的
实。尽管在语言的理论化上荀子与孔、孟有结构上的不同,他仍拥有
跟孔、孟同等的信心,相信语言作为一个再现媒介所具有的力量。因
此,虽然荀子否定名具有本质上的适当性或真实性,然而他仍肯定
"名有固善",并说"径易而不拂,谓之善名"。[2]而基于同样理由,他
说:"名闻而实喻,名之用也。"[3]

与佛教及道教的交会

152

孔子、孟子与荀子虽然把语言看成一个人类独有、并且具有问
题性的承担事业,却不曾怀疑语言作为再现媒介的适切性,和他们相
比,佛教徒和道教徒倡议一种语言怀疑论,根据这种怀疑论,终极的
真实就其先于语言之规范性与不可说的意义上是不语的。老子与
庄子都以他们宣告道乃是无名以及不可名而为人所知。老子说,道
是"绳绳不可名"[4]的。老子也说:"道常无名。朴虽小,天下莫能臣
也。……始制有名,名亦既有,夫亦将知止。"[5]同样地,庄子说:"大
道不称",[6]而且虽然"万物殊理",但道表现出对万物的"不私",并

---

[1]《荀子集解》,22: 276-278(英译采自 Watson, *Hsün Tzu*, pp. 142-143)。

[2] 同上书, 22: 279; 见 Watson, *Hsün Tzu*, p. 144。我对"不拂"的理解遵循唐君毅在
《原论:导论》,页 160-161 中所提议的解释。

[3] 同上书,22: 281; 见 Watson, *Hsün Tzu*, p. 147。

[4]《老子》,第十四章。

[5] 同上书,第三十二章。英译改写自 D. C. Lau, *Lao Tzu: Tao Te Ching* (Baltimore:
Penguin, 1972), p. 91。

[6]〔清〕王先谦:《庄子集解》(台北:世界书局,1962年),2: 14。

且因此道本身不可被分化又是"无名"的。[1]在佛教徒中,维摩诘的"默"是著名且具典范性的。包括文殊师利在内的三十三位菩萨,作出一系列的尝试去定义"不二法门",[2]作为这一系列努力的反高潮,维摩诘的"默"例示着一种惯常的佛家智慧,亦即作为终极真实的如来,如同维摩诘所说,乃是"言语道断"并且"不可以一切言说分别显示"。[3]

确定的是,佛教徒与道教徒都没有彻底地废除语言。终极真实是不可说的讲法,就已经是一种话语的形式。事实上,老子、庄子与维摩诘全都说了比不可说更多的话。虽然他们对话语下达禁令,但是他们都投身于说话,并且肯定语言运用模式乃是一项活动。不过,他们在这么做时,却不必然自相矛盾,因为,如同即将显示的,他们每一个人都肯定的语言运用的模式不仅仅与他们的信念一致,也实际上清晰表述了这个终极真实乃是不可说的语言怀疑信念。

153

比如老子对道作出为数不少的陈述。根据唐君毅,这些陈述可以被划分为六个明显有别但不相互排斥的类型:[4]

1. 关于道乃是宇宙律则的陈述。在此,"道"这个字代表宇宙间万物所共同分享者。它并不指涉终极真实,而是指涉唐君毅所谓的"虚理",并且被他比拟为一条天空中的航道。空中航道本身都不具有真实性,只因飞行中的飞机才得以显现。类似地,作为宇宙律则的道并不自行存在,也没有独立的存在可言。道倚靠万物的存在而存在,并且唯独在道作为一个被观察到的万物共通性时,道才能够被

---

[1]〔清〕王先谦:《庄子集解》(台北:世界书局,1962年),25: 173。

[2]《维摩经》,《大正藏》,第十四册,no. 475,页550-551; Luk, *Vimalakīrti*, pp. 92-100。

[3]《维摩经》,《大正藏》,第十四册,no. 475,页555; Luk, *Vimalakīrti*, p. 122。

[4] 唐君毅:《原论·导论》,页348-398,特别是页350-370。不过,一些从《老子》引述来例示六种类型的陈述,是笔者自己挑选的,而非出自于唐君毅。

谈论。这个类型的例子可能包括：（1）《老子》第四十章说："反者道之动"；以及（2）《老子》第七十七章，道被拿来和"张弓"比较："天之道，其犹张弓与？高者抑之，下者举之；有余者损之，不足者补之。天之道，损有余而补不足。"[1]

2. 关于道乃是一个形而上的存在的陈述，或者用唐君毅的话来说，乃是形而上的"道体"。在此，"道"这个字是终极真实的指称，终极真实不仅仅具有一个本身独立的、永恒的存在，它的存在也先于万物的存在，并且是万物的根源。这个类型的一个例子出现在《老子》第二十五章："有物混成，先天地生。寂兮寥兮，独立不改，周行而不殆，可以为天下母。吾不知其名，字之曰道，强为之名曰大。"[2]

3. 关于形而上的"道体"属性的陈述。形而上的道体本身是"混成"（undifferentiated）的，而且没有属性可言。不过，由于它是具有诸属性的万物之"母"，它与万物具有关系，并且因此呈现出一组属性，这组属性取决于它生具万物的关系，并且能够又必须同时就万物的属性是什么与不是什么而言来谈论。之所以形上实体的道必须就万物的属性是什么又不是什么来谈论，是因为道体与万物的关系同时包含了同一性与差异性，并且是一个必然的矛盾，这个矛盾由于道之"反"的运动而成为必然，而且只能够以悖论式的言语加以陈述。由于这个原因，《老子》第七十八章陈述："正言若反。"万物可命名并且通过视、听，能以感官知觉感受，对比于具有"状"、有"物"的万物，形而上之"体"的道据说是一种"无状之状"与"无物之象"，并且乃是"不可名"、"夷"、"希"以及"搏之不得"的。因此《老子》第十四章说："视之不见，名曰夷；听之不闻，名曰希；抟之不得，名曰

[1] 英译采自Wing-tsit Chan, *Source Book*, p. 174。
[2] 英译同上书，页152，以及D. C. Lau, *Lao Tzu*, p. 82。

微……其上不皦,其下不昧。绳绳不可名,复归于无物。是谓无状之状,无物之象。"[1]相反的,形而上之"体"的道,就道与其所生万物的同一性而言,道也能够如同其所生具有诸多属性之万物而被谈论。因此,既然事物为"有",并且被说成有"名"之"物",形而上之体的道也能够被说成为"有",并且是一个"其名不去"的"物"。因此,当老子在第二十五章论及"混成"的道,他指涉道乃是一个"有物"。类似地,老子在第二十一章中说:"道之为物,惟恍惟惚。惚兮恍兮,其中有象;恍兮惚兮,其中有物。……自古及今,其名不去,以阅众甫。吾何以知众甫之状哉? 以此。"[2]

4. 就"德"而言道的种种陈述。在《老子》书中,道作为一个观念通常是可以与"德"区分开来的。道是万物之"母",并且是一切万物所共同拥有的,而"德"属于万物的个别性,是万物各自从道中所得到的东西,并且是万物为了成为殊别个体所必须遵守的。在这个方面,老子相当不同于庄子,庄子不像老子那样区分道与"德",并且毫不含糊地同时提倡"放德而行"与"循道而趋"。[3]因此,不意外地,这些以"德"论道的陈述在《老子》中相对少见。不过,既然"德"是万物各自从道中所得到的,并且道为其源头,德与道的关系和普遍存在于万物与形而上之"体"的道之间的关系,为同一类。因此,正如同形而上之"体"的道可以用万物的属性是什么又不是什么这种悖论式的言语谈论,道在其与"德"的关系中,也可以就道与德既是同一又是相对而言来谈论。就道与具体化于事物中的德的同一而言,道被说成是事物的所有物。如此一来,道被老子视为一种"宝",这个"宝"甚至可以被当作礼物来"进"。因此,《老子》第六十二章中说:"道者,万物之奥。善人之宝,不善

---

[1] 英译采自 Wing-tsit Chan, *Source Book*, p. 146。

[2] 英译同上书,页150。

[3]《庄子集解》,13: 85。

人之所保。……故立天子,置三公,虽有拱璧以先驷马,不如坐进此道。"[1]道作为"德"的一个对照,与事物之"德"有所分别,并且被老子说成是"上德"或者"玄德"。《老子》第三十八章中说:"上德不德,是以有德;下德不失德,是以无德。上德无为而无以为;下德为之而有以为。"[2]在《老子》第六十五章中也说:"古之善为道者,非以明民,将以愚之。民之难治,以其智多。故以智治国,国之贼;不以智治国,国之福。知此两者亦稽式。常知稽式,是谓玄德。玄德深矣远矣,与物反矣,然后乃至大顺。"[3]在这个类型中的种种陈述,和类型3的种种陈述紧密相关,但是在分析上两者可以有所区别,因为"德"虽然作为个别化的律则,具体化于事物之中,不过"德"作为一个观念,与就其属性而言来了解的事物并不相同。

5. 这类诸多的陈述之中,道就实践的意义上被了解,是一种领悟道或者顺从道的技术,像是正确的修养方法、正确的生活方式,以及致治之术等等。这个类型的种种陈述在《老子》书中就数量上来说最为重要。但是这些陈述并非关乎作为终极真实的道本身,即使这些陈述对于作为终极真实的道的任何形上学的考量会有连带意涵。例子可以包括:(1)《老子》第十五章:"保此道者,不欲盈。夫唯不盈,故能蔽不新成";[4](2)《老子》第三十章说:"以道佐人主者,不以兵强天下。其事好还。师之所处,荆棘生焉。大军之后,必有凶年。善有果而已,不敢以取强……物壮则老,是谓不道,不道早已";[5](3)《老子》第三十七章说:"道常无为,而无不为。侯王若能

---

[1] 英译采自 Wing-tsit Chan, *Source Book*, pp. 168-169。
[2] 英译采自 D. C. Lau, *Lao Tzu*, p. 99。
[3] 英译采自 Wing-tsit Chan, *Source Book*, p. 170,而略作修订。
[4] 英译同上书,页147。
[5] 同上书,页154-155。

157　守之，万物将自化。化而欲作，吾将镇之以无名之朴。无名之朴，夫亦将无欲。不欲以静，天下将自定。"[1]

　　6. 这类诸多陈述之中，对道的论述乃是对一个存在状态的描述，这种存在状态已经实现了形上学的道"体"，这个道"体"在《老子》中，是就道作为终极真实所能说的一切而被言说着。正如同形上之"体"的道，因为它"夷"、"希"与"微"而被说成是"不可致诘"（第十四章），同样的，"敦兮其若朴"以及"混兮其若浊"的"古之善为士者"，也被说成是"微妙玄通，深不可识"（第十五章）的。其他例子可以包括：(1)《老子》第八章说："上善若水。水善利万物而不争，处众人之所恶，故几于道"；以及(2)《老子》第十六章说："知常曰明。不知常，妄作，凶。知常容，容乃公，公乃王，王乃天，天乃道，道乃久，没身不殆。"[2]在这个类型中的种种陈述，与上述类型3与类型4的种种陈述紧密相关。不过，它们在焦点上或指涉点上有所不同，并且表示了两种谈论终极真实的道的不同程序。虽然类型6是从那已分化谈到混成的道，就已分化之物而言，类型3与4则从作为所有分化之物的"母"的混成的道出发，并且就着分化之物是什么以及不是什么而言，去论说混成的道。

　　就我们对老子理论以及语言运用的关怀而言，唐君毅的六种类型可以被重构成为两组：类型2、3、4与6，它们全都指涉到作为终极真实的道；以及类型1与5，它们不指涉作为终极真实的道。类型1

158　与5明显地与神秘／怀疑信念作为终极真实的道的不可说特性相容，而作为终极真实的道正好不是它们的关怀。至于类型2、3、4与6，值得注意的是：它们所说的作为终极真实的道，包括作为终极真

---

[1] 英译采自Wing-tsit Chan, *Source Book*, p.158。
[2] 英译同上书，页143、146-148，而略做修订。

实的道乃是不可说的说法，乃是就可说的事物有什么能够被说以及有什么不能够被说而言，这些说法对于道的本身，什么都没有说。因此在类型2、3、4与6中被证实的说法，没有与老子的神秘／怀疑观点抵触。毋宁说，这些说法是被老子的神秘／怀疑信念所影响，并且事实上可以被视为这个信念的一种清楚表述，而这个信念亦即：作为终极真实的道乃是不可说的。

如同先前所指出的，庄子在主张道与德明确为一的观点上，与老子不同。作为这个差异在逻辑上的相互关联，庄子提倡一种甚至比老子更为彻底的神秘主义／怀疑论。庄子将他对不可说的感受延伸到作为个别化的"德"的具体体现的事物上，并且认为道与事物在终极上超越于言说与沉默之上。庄子说："道、物之极，言、默不足以载；非言非默，议其有极。"[1]不过，庄子也说话。他甚至也辩论，有时还有种热烈感。庄子显然喜爱他辩论的伙伴惠施，并且在惠施死后感到失落，他说："吾无与言之矣。"[2]庄子对辩论伙伴惠施的感受确实是令人不解的，不仅仅是因为这些感受似乎与他对道与事物的不可说特性的信念矛盾，也是因为他明确地谴责辩论乃是缺乏"见"的结果。庄子说："辩也者，有不见也。夫大道不称，大辩不言……道昭而不道，言辩而不及。"[3]庄子也批评儒家与墨家争论他们各自认定的是非，并且认为他们都有"成心"，对庄子来说，"成心"乃是使争论成为可能之物。庄子引用惠施其中一个悖论，他说："未成乎心而有是非，是今日适越而昔至也。"[4]他也说："是非之彰也，道之所以亏也。"[5]

---

[1]《庄子集解》，25: 175；Watson, *Complete Chuang Tzu*, p. 293。
[2]《庄子集解》，24: 159；Watson, *Complete Chuang Tzu*, p. 269。
[3]《庄子集解》，2: 14（英译采自Watson, *Complete Chuang Tzu*, p. 44，而略作修订）。
[4]同上书，2: 9。
[5]《庄子集解》，2: 11；Watson, *Complete Chuang Tzu*, p. 41。

不过,如果说庄子投身于说话与辩论之间似乎自相矛盾,那么,他则是充分地察觉到自身的矛盾。庄子说到他自己:"今且有言于此,不知其与是类乎?其与是不类乎?类与不类,相与为类,则与彼无以异矣。"[1]这个陈述具现庄子典型特色的反讽。它例示了庄子回头质疑自己而将作为说话者的自己去中心化的内在冲力。因此,作为批评者,庄子永远是自我批判的。他不为自己的陈述要求任何特权地位,事实上这些陈述意图自我磨灭(self-erasing),因为这些陈述作为陈述,它们全部由异己性的原理(principle of alterity)所建构,并且必然隐含着它们的对立面作为一个存在的条件。对庄子来说,种种陈述(statements)与对反陈述(counterstatements)彼此依存,并且相互穿透、相互生产。基于这个理由,庄子视这些陈述在本质上是自我分裂的;总是有"是"在"彼"中,或者有"是"在"非"中,而且反之亦然。庄子说:

> 物无非彼,物无非是。自彼则不见,自知则知之。故曰:彼出于是,是亦因彼。彼是方生之说也。虽然,方生方死,方死方生;方可方不可,方不可方可;因是因非,因非因是。是以圣人不由而照之于天,亦因是也。是亦彼也,彼亦是也。彼亦一是非,此亦一是非。果且有彼是乎哉?果且无彼是乎哉?彼是莫得其偶,谓之道枢。枢始得其环中,以应无穷。是亦一无穷,非亦一无穷也。[2]

此外,一个陈述作为那个把自我否定原则包含在自身之内者,被庄子视为可以被任何其他论述无穷尽地替代。因为这个原因,庄子

---

[1]《庄子集解》,2: 12(英译采自 Watson, *Complete Chuang Tzu*, pp. 42-43,而略作修订)。

[2]《庄子集解》,2: 9-10; Watson, *Complete Chuang Tzu*, pp. 39-40。

提倡"两行",根据"两行","圣人和之以是非,而休乎天钧".[1]重要的是,庄子的"道枢",虽然必需"得其环中",但并不成为导向任何特定地方的枢纽。"道枢"没有一个导向的中心点,并且能够在所有导向上"以应无穷",它象征着庄子运用语言的理想型乃是一个哲学的游牧式演出,如同庄子第一章的标题所示,这个演出乃是"逍遥游",而且并不渴望一个中心点的确定性。《庄子》书中有一个简直就是 Derrida 式的对 Nietzsche 式的"无中心,而非中心的失去"的"欢娱肯定"[2]的颂扬。不过,另一方面,这个颂扬对庄子来说,并不是如同它对 Derrida 来说是只发生在 Edward Said 所谓的"语言的一个场域,或者空间".[3]因为,根据庄子,异己性不只是一个文法学的原理;异己性也是一个本体论的原理。因此,庄子不像 Derrida,对 Derrida 来说,种种陈述之间的相互替代性仅仅是一个符号的"游戏",其中,一个符号轮流地导向另外一个符号作为能指以及所指,[4]而庄子想见他的"游戏"乃是一场宇宙戏剧,这场戏不仅仅在种种人类符号的语言剧场中演出,也在作为终极真实的道的本体论舞台上演出。对庄子来说,道并不保持着自身不变,事物也由此转化为彼。因此,真实是诸多单一对立事物的安置,并且本身是自我磨灭的;真实恒久地、辩证地在"有"与"无"、"有始"与"未始有始",以及"未始有始"与"有未始夫未始有始"之间来回往返,成为彼与此的共犯。庄子说:

161

[1]《庄子集解》,2: 11; Watson, *Complete Chuang Tzu*, p. 41。

[2] Jacques Derrida, *Writings and Differences*, trans. Alan Bass (Chicago: University of Chicago Press, 1978), pp. 292-293.

[3] Edward W. Said, *Beginnings: Intention and Method* (Baltimore: Johns Hopkins University Press, 1975), p. 342.

[4] Jacques Derrida, *Of Grammatology*, trans. Gayatri Chakravorty Spivak (Baltimore: Johns Hopkins University Press, 1976), "Translator's Perface," p. xix.

> 有始也者，有未始有始也者，有未始有夫未始有始也者。有
> 有也者，有无也者，有未始有无也者……俄而有无矣，而未知有
> 无之果孰有孰无也。今我则已有谓矣，而未知吾所谓之其果有
> 谓乎，其果无谓乎？[1]

如同以上引文所指出的，庄子对语言运用作为一种自我磨灭实践模式的肯定，乃是锚泊于他的本体论观点中；这是一种对于作为辩证式转化（dialectical transformation）的道的模仿。如此一来，庄子的肯定有一个双重性，在于它的论述特定性同时作为陈述与对反陈述，以及它的存在同时作为言说与沉默。正如同事物由此转化为彼，以及陈述与对反陈述意味着并且生产出彼此的存在，言说与沉默乃是相互涉入又可相互替代的。在沉默中有言说，在言说中有沉默。因为在沉默中有言说，所以沉默能够磨灭自身而成为言说。相反地，因为在言说中有沉默，言说也能够磨灭自身而成为沉默。在这个意义之下，庄子论及他的言语乃是"无言"，并且说："言无言，终身言，未尝言；终身不言，未尝不言。"[2]

不过，庄子的语言乃是对于道的一种模仿，它不保证再现的正确性，并且事实上它在面对道时永远是不完整以及不确定的。正是因为道不保持稳定状态，而且没有可定义的长久一致性，语言作为一个

---

[1]《庄子集解》，2: 12-13（英译采自 Watson, *Complete Chuang Tzu*, p. 43，而略作修订）。

[2]《庄子集解》，27: 182；Watson, *Complete Chuang Tzu*, p. 304。我对庄子以及 Derrida 的阅读，稍异于 Michelle Yeh（奚密），她认为庄子的道缺乏"任何本体—神学的（onto-theological）意涵"，并且把庄子和 Derrida 之间的不同视为"一个与其说是本质上的不同，不如说是强调重点的不同"（见其 "The Deconstructivist Way: A Comparative Study of Derrida and Chuang Tzu," *Journal of Chinese Philosophy* 10[2 Jun. 1983]: 114）。不过，我已经讨论过，庄子的道虽然不是"本体—神学"式的道，不过却是本体论的道。因此，我认为庄子和 Derrida 是在两条全然不同的道路上旅行，即使他们的道路能在某些点上交会。

对道的模仿性的再现，在其理想的运用中，永远不能够完整或者确定其意义。庄子说："夫道未始有封，言未始有常。"[1]因此，如果语言将为了使用而被组成，在它被组成的同时，它也必须被解散。庄子把这个类型的语言运用和"筌"与"蹄"比较，如同之前提及的，"筌"与"蹄"对于捕鱼或者捉兔子来说有用，但是它们在鱼或者兔子被捕捉后就该立刻被遗忘。"筌"与"蹄"的隐喻，肯定了语言运用的工具效用价值（instrumental value）。不过，这是一个使其自我否定成为必然的肯定。虽然，庄子的言说有点不同于老子的言说，老子的言说不论及作为终极真实的道的自身，但是庄子的言说也是一个对于一种神秘主义／怀疑论观点的清晰阐述，在这种神秘主义／怀疑论观点之中，道作为辩证性的转化保证了它不可说的特性，并且允许仅仅作为一个自我磨灭活动的语言运用。

　　在维摩诘的语言运用中，异己性原理也普遍流行。不过，这是一种在结构上不同于庄子的异己性，并且表达着以及清晰阐述着一种佛教形式的神秘主义／怀疑论。庄子的异己性使一个双重性成为必然，在这个双重性下，庄子的自我以及众多他者的自我，在他们的共存以及相互生产之中彼此依存，并且作为言说主体乃是可以交换的，而在维摩诘的异己性中，这个双重性设定维摩诘乃是一个言说主体，他被作为言说主体的他者的自我所生产出来，并且是为了他们而被生产出来，但是没有双向互惠的生产出他者的自我。因此，不意外地，维摩诘的这些陈述更常是由作为言说主体的其他众人的要求、说话或者思想所促成的。在这个考量之下，作为一位开悟居士的维摩诘和佛陀非常类似，而佛陀不常说法，除非他被要求说法。

　　一方是庄子，另外一方是维摩诘与佛陀，双方的差异并不意味着维摩诘或者佛陀从未带头开始谈话。事实上维摩诘与佛陀都曾

---

[1]《庄子集解》，2: 13；Watson, *Complete Chuang Tzu*, p. 43。

这么做;《维摩诘所说经》最后一章中佛陀对弥勒的开导,以及维摩诘邀请三十三位菩萨畅谈不二法门,都是他们作为积极的言说者带头开始谈话的例证。不过,佛陀与维摩诘在担任主动的积极言说者时,并不是作为本然自在的言说主体而存在,而是作为言说他者的迷惑众生听法为条件而存在。身为觉悟者,佛陀与维摩诘都不具有一个自我来说与被说;他们是在回应迷惑的言说主体的他者的自我时变得有一个自我,而众多言说主体的他者,虽然困惑,仍然具有自我来说与被说。因此,佛陀与维摩诘说的话不具有一个确定的主体性,而是取决于迷惑中的听众可能说什么的主体性。佛陀与维摩诘的谈话仅只是暂时性的说法,这些说法对于作为具现终极真实的他们自己或者对于他们所具体化的终极真实都不作本体性的指涉,并且他们的谈话随着迷惑的他者的言说消失而自动地消失。因此,佛陀与维摩诘的言说,不像庄子的言说那样是自我磨灭的,而是意图去磨灭他者(other-erasing)。这是为了迷惑的他者的缘故而说,迷惑的他者的言说需要被磨灭,以便迷惑的他者能够从他自我的迷惑中被解救出来,迷惑的自我作为一个言说主体,或是迷惑的自我之为他所言说的主体性。如此一来,佛陀与维摩诘的言说乃是一种"方便"(upaya)[1]的操练,并且和他们所用的幻术没有不同。事实上,佛陀与维摩诘的言说时常伴随着幻术的运用,并且可被认为是他们视觉神通在言语方面的对应。正如佛陀与维摩诘的幻术不产生任何事物,而是令人在脑际浮出"幻觉"(māyā),并且在这个意义下乃是非生产的,佛陀与维摩诘的言说也没有说出任何真实的事,并且是一个可以和沉默相比的虚构的非说(fictitious nonsaying)。因此,佛陀与维摩诘都能够说很多而不违反对说话的禁令(译按:即佛曰:"不可说,不可说")。理论上,只要还有迷惑

---

[1] 见 *Vimalakīrti*,第二章,以及 *Lotus Sūtra*,第二章。

的众生需要被拯救,佛陀与维摩诘就将必须继续说下去。所有迷惑的众生都必须通过作为非说之说(saying as non-saying)而揭开迷障,以便作为言说主体的他们能够全部被磨灭掉。因为这个理由,印度佛教文学经常以一种大量反复的逐项列举为特色。值得一提的是,三十三位菩萨的众多观点逐条列举的清单居于维摩诘的沉默之先,菩萨们一位接着一位地尝试谈论不二法门。这种大量反复地逐项列举可能使一名现代读者的耐心负荷沉重,但是在理论上它是意义丰富的。它同时例示了大乘佛教普世性救赎的理想,以及佛教徒对于作为非说之说乃是一个正当模式的神秘主义/怀疑论的肯定。

164

　　这个言说的正当模式被印度佛教肯定,以及被佛陀与维摩诘的言说所例示,是流行于中国佛教徒之中的一个模范。不过,在中国佛教徒的实际运用中,这个模范在观念与实践上都有些改变。像在僧肇和尚手中,这个模范变成一个简单化的演示,不再由大量反复的逐项列举所充塞阻碍。僧肇在《肇论》中讨论"物不迁"、"不真空"与"般若无知"的三篇文章中,根据中观思想的二谛理论,以及具现于其中的否定逻辑进行论述。因此,他保留了Liebenthal译为"真理"(truth)以及"大众观点"(public view)的"真"与"俗"的区分,[1]而"真"与"俗",用僧肇的话来说则是"胜义谛"(paramārtha-satya)以及"世俗谛"(saṁvṛtiti-satya)。他也遵循中观思想的否定逻辑,以和"大众观点"同样的前提去论证出与"大众观点"完全相反的论点。因此,僧肇说:"以昔物不至今,故曰动而非静,我之所谓静者,亦以昔物不至今。"[2]他也说:"(人之所谓)动而非静,以其不来;(我之所谓)

---

[1]　Walter Liebenthal, *Chao Lun: The Treatises of Seng-chao* (Hong Kong: Hong Kong University, 1968; 后皆引作 *Chao Lun*), p. 47。

[2]　英译采自 Liebenthal, *Chao Lun*, p. 41。至于《肇论》的中文原典,见《大正藏》,第四十五册,no. 1858,页150-161。

静而非动,以其不去。"[1]

不过,尽管僧肇采用中观思想的二谛理论及其否定逻辑,他的论辩风格显然不同于龙树以及提婆。龙树与提婆不孤立地运用二谛理论。毋宁说,他们运用二谛理论联结到"四句",以形塑所谓的"八不",而"八不"是一个层层否定的辩证过程。而"四句"与"八不"的概念显然在僧肇的三篇文章中缺席,不过,僧肇的三篇文章遵循着中观思想的辩证性否定逻辑,而没有变得纠缠在层层否定的冗长序列中。

"四句"与"八不"概念,以及层层否定的操作,全部都是中观思想典型的特色。但是他们建构的这种论辩风格,并不是中观论派所特有的。它是我在上文中曾提及的在印度文学中普遍的"大量反复的逐项列举"的一个例证。的确,龙树和提婆都投身于磨灭迷惑的他者的言说这项持续进行的任务。中观论派所谓的"三论"[2]也都一心一意于拒斥龙树与提婆视为错误的见解,无论所牵涉的这些见解是小乘、大乘,或者是婆罗门教的。在这个方面,僧肇又是不一样的。他没有逐条列举各式各样关于"动"、"真",或者"知"的"大众观点"。取而代之的是,僧肇直截而明确地将这些观点同归为"大众观点",并且接着通过将这些观点倒转方向,或者上下颠倒,进一步达成相反的结论,以建立 Liebenthal 译为正反双方"同时发生"的论旨。[3]就印度佛教对于涅槃与轮回的同一性的洞识而言,这个论旨是寻常而非例外的。但是僧肇运用来建立这论旨的风格是单纯而直接的,作为中介程序并不涉及使用逐项列举式的驳论,或者层层否定。

僧肇的论辩风格单纯而直接,他实践了一种后来变成禅宗特色

---

[1] 英译采自 Liebenthal, *Chao Lun*, p. 48。

[2] 即龙树的《中论》、《十二门论》,以及提婆的《百论》。

[3] Liebenthal, *Chao Lun*, p. 46.

的语言运用。禅宗以它"直指人心"的教义而闻名。这个教义，乃是禅宗视为一种沉默的"以心传心"，以及它"不立文字"论点的一部分。[1]如此一来，"直指"表达了禅宗根本上拒斥使用语言，包括阅读佛经而必不可少的语言运用，要开悟，这种语言运用是不必要的。不过，禅宗祖师们并没有停止说话。禅宗六祖慧能，虽然他的反传统形象乃是一位不识字的、毁弃佛经的樵夫，但他不仅仅在说法时讲述与引用佛经，同时，他在对拣选过的"十位门人"最后一次开示时，叮咛门人"抄录流行，目曰《法宝坛经》"，以便他们"不失本宗"。[2]即使是以棒喝作为教法而闻名的临济（约867年卒），虽然谴责那些钻研佛经文字的人为"瞎屡生"，说他们向"死老汉"（译按：指释迦牟尼）的"枯骨"上觅"汁"，[3]但他也不戒除讲述或者引用他所谓的"古人"的话。[4]

六祖和临济能够这样做而没有矛盾感，就印度佛教非说乃是正当言说的观念而言是可以理解的，六祖与临济都继续肯定这个观念为一种模范。如同佛陀与维摩诘的例子，不论六祖或者临济都不是无条件地拒斥使用语言，而是唯独语言的使用远离创生他者（other-generated）以及磨灭他者（other-erasing）的活动时，他们才拒斥使用语言。因此，对六祖来说，"一切修多罗及诸文字、大小二乘、十二部经，皆因人置。"他说："一切经书，因人说有。缘其人中，有愚有智。愚为小人，智为大人。愚者问于智人，智者为愚人说法，愚人忽然悟解心开。"[5]类似地，对于临济来说，"名句不自名句"，而是建构来

---

[1] 见 Junjirō Takakusu（高楠顺次郎），*The Essentials of Buddhist Philosophy* (Honolulu: Office Appliance Co., 1956), p. 163。

[2] 英译采自 Yampolsky, *The Platform Sutra of the Sixth Patriarch*, p. 173。

[3] 柳田圣山:《临济录》(东京都: 大藏出版株式会社, 1972年), 页158; 见 Irmgard Schloegl trans., *The Zen Teaching of Rinzai* (Berkeley: Shambala, 1976), pp. 53-54。

[4] 例如柳田圣山:《临济录》, 页127、145、175。

[5] 英译采自 Yampolsky, *The Platform Sutra of the Sixth Patriarch*, p. 150-151, 而略作修订。

"接引小儿"的,以便他们的迷惑之"病"[1]能够被治愈。如此一来,他们便不具有一个确定的自我,并且像是"水中月"一样不真实。临济说:

167

> 佛境不能自称我是佛境。还是这个无依道人,乘境出来。若有人出来问我求佛,我即应清净境出。有人问我菩萨,我即应慈悲境出。有人问我菩提,我即应净妙境出。有人问我涅槃,我即应寂静境出。境即万般差别,人即不别。所以应物现形,如水中月。[2]

临济也要求他的追随者们"莫取山僧(译按:指临济自己)说处",因为他所说的话是"无凭据"[3]的,并且说:"山僧无一法与人,只是治病解缚。"[4]

虽然遵行印度的非说之说模范,六祖与临济都没有沉溺于实行逐项列举的驳论以及层层否定。可以确定的是,上述临济的陈述包含了逐项列举的运用。但是,它是一种不同种类的逐项列举,这种逐项列举以范畴为取向,并且没有试图详细列举各式各样关于佛陀与菩萨的特点。和印度的上师们相比,六祖与临济都倾向于聚焦在此时此地,并且倾向于追求一种言语,这种言语作为在个人直接遭遇的亲近性中的他者创生及磨灭活动而存在。因此,如果说禅宗的对话就其为对话式的语录形式在印度佛教中并非没有前例,那么这些对话在直截了当这一点上与印度佛教是截然不同的。它们具现了禅宗

---

[1] 柳田圣山:《临济录》,页167。
[2] 同上书,页119—120。
[3] 同上书,页169—170。
[4] 同上书,页140。

术语所描述的"机锋"。[1]在教义上,这种禅宗的语言运用由六祖提倡为"三十六对",它要求一个人要"出语尽双,皆取对法",以便他的主体性维持在不确定的状态,并且因此不可以等同于肯定或者否定。[2]六祖所提倡的,同样为临济所叮嘱如下:

> 道流,尔欲得如法见解,但莫受人惑。向里向外,逢着便杀。逢佛杀佛、逢祖杀祖、逢罗汉杀罗汉、逢父母杀父母、逢亲眷杀亲眷,始得解脱……如诸方学道流,未有不依物出来底。山僧向此间从头打,手上出来手上打,口里出来口里打,眼里出来眼里打。[3]

168

临济的这番陈述与六祖的"三十六对"都由辩证的否定逻辑所引发,但是他们发扬出这种逻辑运用的一种风格,这种风格像僧肇的一样单纯而直接,并且代表着中国式的、对于印度佛教非说之说的一种朴素化履行的肯定。

相较于僧肇、六祖与临济,智颛(538—579)通过建构一个精心阐述的理论,将非说的模范复杂化,这个理论不再仅止于把佛陀的说法视为一种为了幻惑中的他者而设的创生他者"方便"的运用。毋宁说,根据智颛,佛陀在说法中所说的话,具现了他的"出世本怀",而且是以他在菩提树下经过体验而了悟的真理为基础,这个真理乃是他经过百千万劫修行所达到的顶峰。因此,佛陀的说法在智颛看来,乃是同时由"随他意语"以及"自意语"所组成的。"随他意语"

---

[1] "机锋"的"机"是十字弩的扳机,虽然严格说起来,"锋"指涉的是箭头边缘的锐利性,而不是刀身(见《中文大辞典》〔台北:中国文化大学出版部,1982年,普及本〕,5: 485)。

[2] 见 Yampolsky, *The Platform Sutra of the Sixth Patriarch*, pp. 170-173。

[3] 柳田圣山:《临济录》,页139-140。

以及"自意语"[1]之间的确切关系,是智颛《妙法莲花经玄义》的主要
关怀,智颛在书中就诸如"本"与"迹"、"实"与"权"、"妙"与"麁"
等等一组组成对的范畴分析了这个问题。然后,这些成对的范畴智
颛更进一步地就许多其他成对的范畴加以分析,比如"自行"与"化
他"、"理"与"机"、"随智"与"随情",以及"七种二谛"等等。[2]

169　　　智颛对于"随他意语"与"自意语"的关系所精心阐述的理论,
影响塑造了智颛的"判教"系统,根据智颛的判教论,佛陀分五个时
期宣讲"化法四教":(1)"藏教",佛陀于第二时期所说的法;(2)"通
教",佛陀于第三时期所说的法;(3)"别教",佛陀于第四时期所说的
法;(4)"圆教",佛陀于第一时期教导《华严经》,以及于第五时期教
导《法华经》时宣讲的法。[3]智颛以一个能够追溯到《大般涅槃经》
中"五味"寓言的类比,[4]把藏教比为"乳",把通教比为"酪",把别
教比为"生苏",把《华严经》的圆教比为"熟苏",并把《法华经》的
圆教比为"醍醐"。正如"乳"、"酪"、"生苏"、"熟苏"、"醍醐"形
成了一个在提炼"味"上越来越精致的系列,化法四教中的五种教导
也构成了一个向上提升的阶层体系,在这个阶层体系中"随他意语"
逐渐减少,而"自意语"逐渐增加。这个阶层体系在《法华经》到达
极顶,仅只有"自意语"。如此一来,《法华经》不含有"麁",而是
"绝待妙",并且同时具有均是"妙"的"实"与"权";《法华经》"开权
显实"。[5]

---

[1] 智颛:《妙法莲花经玄义》(后皆引作《法华玄义》),《大正藏》,第三十三册,
　　no. 1716,页704。另见于682、684、770,以及Hurvitz, *Chih I*, p. 333。

[2] 智颛:《法华玄义》,《大正藏》,第三十三册,no. 1716,页683、685、690、696-697、
　　702-704、712-713、764-765、768-770、773、797-800。

[3] 见Hurvitz, *Chih I*, pp. 252-301; Ch'en, *Buddhism in China*, pp. 305-311。

[4] 关于这个寓言的英文翻译,见Hurvitz, *Chih I*, pp. 235-236。

[5] 智颛:《法华玄义》,《大正藏》,第三十三册,no. 1716,页682、688-689、690、696-
　　697、703-704、705、713、714、770。关于智颛对于《法华经》的观点的分析,见
　　Hurvitz, *Chih I*, pp. 223-232。

智颛运用这类诸多成对的范畴,如本 / 迹以及实 / 权,来将佛陀所说的法观念化,听起来相当类似于、但是实际上不同于吉藏(549—623);吉藏也为了他的二谛说与判教实践而运用这些范畴,并且认为《法华经》乃是一个 "开权显实" 的文本。如同唐君毅所指出的,这些范畴构成了吉藏对于佛陀教导的一个观念,而这观念与智颛的观念明显不同。作为佛陀 "开权显实" 的教导,吉藏认为《法华经》是佛陀为了使迷惑的他者皈依所造,通过同时作为 "实" 与 "权" 的佛陀的二谛之智的一个操练而来。因此,对于吉藏来说,虽然佛陀的二谛之智乃是终极地真实,此二谛之智所 "开" 与所 "显" 的《法华经》的教导,不下于为了他者所设的一个教导,也因为这个理由,这个教导仍旧是 "权"。[1]吉藏对佛陀说法的观念,相当合适地含蕴于印度佛教的模式之内,即使它以中国本土的范畴——本 / 迹以及实 / 权来表达。

对智颛来说,情况是不一样的;佛陀不仅仅是为了他者而说法,也是作为 "自意语" 的一种表达。因此智颛把印度的模式重新观念化,并且设定佛陀作为一位具自主地位的言说主体,越来越涉入于他所说的法,直到他所说的《法华经》的圆教纯粹由 "自意语" 所构成。另一方面,虽然智颛设定佛陀作为一位言说主体,但他否认佛陀的言说具有一个终极上可以言说的主体性。在《法华经》的一段诗偈中,佛陀指示舍利弗 "止、止,不须说",并且宣称他的 "法妙难思"。[2]智颛注解这段诗偈说:佛陀的法是 "绝言" 与 "绝思" 的,佛陀的法被称为 "妙",不仅是因为它关乎于那些 "麁" 的部分,而且是因为它 "不可思议"。[3]此外,作为言说的主体性乃是终极上不可言说者,佛陀

---

[1] 唐君毅:《中国哲学原论·原道篇(3)》(香港:新亚书院研究所,1974年;后皆引作《原论:原道(3)》),页 1119-1120。

[2] 见 Leon Hurvitz trans., *Scripture of the Lotus Blossom of the Fine Dharma* (New York: Columbia University Press, 1976), p. 28。

[3] 智颛:《法华玄义》,《大正藏》,第三十三册,no. 1716,页 697。

的"自意"并没有自身语言来说或者被说。"自意语"以借自"随他意语"的语言来言说,并且仅能够通过相关于那些言语的种种范畴而被言说。[1]因此,智颛说:"开迹显本,意在于迹。"[2]正如同"随他意语"可以通过本／迹以及实／权而被言说,"自意语"也可以。根据智颛,不仅有属于"方便"场域的"化他权实",也有属于佛陀智慧的"自行权实"。[3]

171

"自意语"借用"随他意语"的过程必然涉及悖论的运用,这种借用是因言说那不可言说者。"自意语"涉入于、但是可以明显地有别于"随他意语",如同之前所指出,这是因为智颛认为"自意语"与"随他意语"同时具有均是"妙"的"实"与"权"。基于这个理由,这些关乎"随他意语"的范畴,同被智颛肯定又被他否定为"自意语"。因此,尽管智颛以根据作为"自行权实"的"实"与"权"来谈论佛陀的智慧,他也主张佛陀的智慧是"无边"与"非权非实"的。[4]他说:"法性之理,非古非今,非本非迹,非权非实……但以世俗文字有去、来、今。"[5]基于同样的理由,"显本"对智颛来说,不仅需要"开迹",也需要"废迹"。[6]

在神秘主义者们之间,运用悖论是普遍的。不过,他们的种种悖论,在运用上与意义上并不总是相同。在智颛的案例里,他的悖论不同于老子与庄子,是由一个分明是佛教式的神秘主义模式所构成。如同先前所指出的,老子的道以"反"的路径运行,而庄子的道乃是由涉入于事物相互转化的诸多对立面的统一所建立。因此,对于老

---

[1] 智颛:《法华玄义》,《大正藏》,第三十三册,no. 1716,页773。(译按:原书正文失注,今暂补于此。)
[2] 同上。
[3] 同上书,页682-683。
[4] 同上书,页696、715。
[5] 同上书,页770。
[6] 同上书,页773。

子与庄子来说,悖论的运用包含在作为辩证的变化之道的结构中,并且具有一个在此意义下的直接的本体指涉。相较之下,智𫖮的悖论不作直接的本体指涉,并且以一个借用的语言来言说那不可言说者所引生的。对智𫖮来说,终极真实不是内在本质悖论式的,而且既不是悖论,也不是非悖论的。"自意语"能够根据"随他意语"而加以肯定,并不是因为前者可以通过后者而确定,而是因为佛陀的无尽智慧总是能够"照"与"洞达""情""境",因此佛陀所说的话也总能"相称"于此"境"。[1]"自意语"的主体性永远是不可确定的,而且"自意语"根据"随他意语"的肯定,必然伴随着否定。不同于老子与庄子的悖论,智𫖮的悖论并不试图去谈论悖论的终极真实。毋宁说,它是在终极真实的外围讨论,而终极真实作为一个语义圈(semantic enclosure)却很讽刺地,在语义上是未被占用以及不可占用的,因此永远不能够变成语义封闭的。虽然智𫖮的佛陀被设定为一个言说的主体,但这位佛陀说话带有一种主体性,这种主体性要不就是像"随他意语"一样不确定(indeterminate),要不就是像"自意语"一样不能确定(indeterminable)。就这方面而言,智𫖮仍然可以被辨认为是印度佛教的。就像孙悟空一样,他虽然"觔斗云"一翻就能够走十万八千里,却永远跳不出如来佛的手掌心,智𫖮,无论他的理论化如何弯曲缠绕,却从未真正脱离印度佛教先行者的神秘主义／怀疑论的模式,对这些先行者来说,终极真实是不可说的,而且佛陀的言说乃是不确定的非说之说。

佛家式与道家式的神秘主义／怀疑论,对焦竑来说都具有一种吸引力,焦竑在清晰阐述语言不对称于道的观点时,广泛引述源自佛家与道家的例证,并且使用筌、蹄、迹与"马"这类原来是以及涵义是佛家与道家的观念与隐喻。筌、蹄、迹这些词语,全部都源自庄子。

172

---

[1] 智𫖮:《法华玄义》,《大正藏》,第三十三册,no. 1716,页693-694。

173　筌与蹄，如同之前指出的，肯定了语言的工具效用价值，但是强调当
它成功使道显现时，本身必须要变得隐形。"迹"这个字，我翻译为
"痕迹"（traces），而Watson翻译为"途径"（paths）。[1]在字面上，迹的
意思是"足迹"（footprints），用于《庄子》"外篇"的其中一章，在一段
想象中的老子与孔子的对话里，老子把六经比为"迹"，而将道比为
"履"，并且对孔子说："迹"虽然是被"履"造成的，而且合于"履"，
但是不应该被误以为是"履"本身。[2]

　　另一方面，"马"是一个已确立的佛家习用的类比，而有各种的
应用，这些应用虽然不必然相互不一致，但不总是指涉一种行动的语
言运用。例如，它曾被用在一则关于佛陀与一名外道相遇的知名的
禅宗"公案"中，而这则公案出现于许多禅宗文献，比如《景德传灯
录》、《碧岩录》、《无门关》、《五灯会元》，以及《指月录》，在文字上
有些微的不同：[3]

　　　　有外道问佛："不问有言，不问无言。"世尊良久。外道赞叹
云："世尊大慈大悲，开我迷云，令我得入。"外道去后。阿难问
佛："外道有何证而言得入？"佛云："如世良马，见鞭影而行。"

在这则公案里，佛陀称赞外道为一匹"良马"。不过，作为一匹良马
的外道所回应的鞭子或者说是"鞭影"，指涉佛陀的沉默，而非作为
一种语言表演的佛陀说法。

---

[1] Watson, *Complete Chuang Tzu*, pp. 165-166.

[2]《庄子集解》，页95。

[3] 道原：《景德传灯录》（四部丛刊本），27: 13a；圆悟克勤：《碧岩录》，《神学大成》
（台北：中华佛教文化馆，1969年），1: 7: 171；慧开：《无门关》，收于《神学大成》，
2: 16；慧明：《五灯会元》（1906年），1: 6b-7a；瞿汝稷（1590-1650）辑：《指月录》
（台北：真善美出版社，1968年），1: 1: 42b。这个版本采自《碧岩录》。英译采用
Thomas Cleary and J. C. Cleary trans., *The Blue Cliff Record* (Boulder: Shambhala,
1977; 后皆引作 *The Blue Cliff Record*), 2: 412。

"马"类比的第二种用法出现在《杂阿含经》，在经文中，佛陀将人类分成四种具有阶层高低的范畴，并且把他们比为四种不同类型的马匹。根据佛陀在这个场合的说法，马匹对于"鞭"的刺激有不同的反应。最好的马一看到鞭影就立刻开始行动，而其他的马，除非它们真的被严重程度不一的鞭打——从轻触皮毛到彻肤伤骨——否则都不会动。同样的，有些人一旦听"闻"疾病导致死亡，便会尽速采行"正"道，而其他人则不会采行正道，除非他们"见"或者"于自身老、病、死苦，能生厌怖"。[1]在这则例子中，鞭子没有被单独用来当作语言表演的象征物；语言的运用仅仅被包含在"闻"中，而不在于"见"或者"自身"的受苦中。

在《大般涅槃经》中，类似的马匹分类也被用来类比不同种类的人，不过，在经文中作为一个象征物的"鞭"，具有一个严格的语言指涉；它代表佛陀的说法，若不是生、老、病、死四种苦的其中一部分，就是全部。[2]焦竑运用马匹来类比对待各种教义的理想态度，这种用法可以追溯到《大般涅槃经》，这个类比也是个经典源头（*locus classicus*），因为它的运用乃是在中国僧人像是智颤以及禅师圆悟克勤（1063—1135）之间一个广受欢迎的隐喻。智颤把《法华经》的圆教比为"鞭影"，并且说《法华经》在使所有人都能"得入"上，和"鞭影"去刺激一匹"快马"行动一样有效。[3]另一方面，圆悟克勤在他为《碧岩录》第三十八则公案所作的介绍性质的"垂示"中，使用了这个类比，他说："快人一言，快马一鞭。"[4]

虽然筌、蹄与迹的隐喻也被一些中国佛教徒像是僧肇与智颤所

---

[1]《杂阿含经》，《大正藏》，第二册，no. 99，页234。

[2]《大般涅槃经》，《大正藏》，第七册，no. 374，页469。

[3] 智颤：《法华玄义》，《大正藏》，第三十三册，no. 1716，页697。

[4]《碧岩录》，《禅学大成》，1: 4: 110；Cleary, *The Blue Cliff Record*, 2: 279。

使用，[1]但在庄子原来的用法中，它们并不融贯于"马"的类比，"马"的类比清楚地表明佛教徒对于语言运用模式的工具性论断，并且是佛教神秘主义／怀疑论形式的一种表达。对庄子来说，筌、蹄与迹清楚地表述着一种神秘主义／怀疑论，这种神秘主义／怀疑论主张一种再现性质的语言观，并且同时否定又肯定作为一种再现的语言运用。语言要被否定，因为它没有适当的再现道，而语言要被肯定，因为它至少能够造出一个不适当的道的再现。相似性（resemblance），虽然不是相等性（identity），盛行于语言与道之间，其相似程度正像是"迹"与"履"之间的关系。因此，对庄子来说，语言可以合理地具有一个本体性指涉，并且具有一种工具效用价值，这种工具效用价值在于语言乃是一个再现。佛教徒肯定语言作为非说之说时，对工具性有一种不同的意义感受。对佛教徒来说，语言可以被用来当作一样工具，像是"鞭"，不是因为语言与他们所认为的真理有任何相似之处，真理事实上是不可再现的，而是因为语言能够作为医治迷惑之病的药而发挥作用。作为工具性的"鞭"，佛家非说之说不做任何对于真理的本体性指涉，而虽然此真理乃是其论述的一个对象。毋宁说，它在一个仅只有语言的场域中运作，并且只处理说之说，而言说的抹消可以导向获得真理，这个真理由于是不可言说的，必须永远地保持不被言说。

焦竑将佛家与道家的各种隐喻混合起来。在这么做时，焦竑结合两种不同的神秘主义／怀疑论形式，并且建构出一套语言理论，这套理论不能够全然等同于佛家或者是道家，而代之以同时与两者交错相会。如同稍早所指出的，就再现方面而言，焦竑将语言视为既连续又不对称于道，而道是无可言喻并且与命名活动漠不相关的。就

---

[1] 僧肇：《肇论》，《大正藏》，第四十五册，no. 1858，页157；智颛：《妙法莲花经文句》，《大正藏》，第三十四册，no. 1718，页2。

这方面而言,焦竑完全落在道家的架构之中,特别是庄子所清晰阐述的架构。不过,焦竑的语言怀疑论也具有不容有误的佛家面向。老子与庄子都不曾尝试根据一种语言本体论去解释语言与道之间的连续性。老子,虽然他灵敏地感受到语言作为一种再现媒介的种种局限,却没有发展出一种语言的本体论。对老子来说,语言的存在本身并不是一个问题。他论述作为一种形而上学的问题的道的不可言说性,并且就道之于"德"或者道之于事物的悖论式的关系,着手处理作为一个有问题的语言运用。另一方面,庄子有一种语言的本体论,这种本体论虽然下锚停泊在他对于真实乃是辩证性的转化这个愿景中,却关心语言的存在作为一项议题的存在(language's being *qua* being as an issue)。但庄子用他的语言本体论来强调语言与道之间的不对称,而不是去建立它们的连续性。相较之下,焦竑不仅有一套语言的本体论,还用这套理论来解释语言如何能够同时连续于、又不相称于道。焦竑以佛家语汇谈到语言的存在乃是"空",如同之前所指出的,"空"使得他能够把语言同时视为"记号"与"图像"。作为记号的语言并无自性,并且在这个意义下,可以与身为一名觉悟者的佛陀之言说相比。正如同佛陀说话时总是能够"相称"于一个"境",因为佛陀没有自我,而且不以一个确定的主体性说话,同样的,作为"记号"的语言能够连续于所指而表达其意,并且能够将所指纳入成为"图像",因为它全无自性,并且不具有本身具备意义的观念性。不过,作为所指的"图像"的语言,永远不能够完满或者对称地再现事物,因为作为"图像"的起源之为"记号",要求作为"图像"的语言之存在永远从属于所指的事物,这些事物本身也是"空"的,并且没有稳定的自身以被再现。

　　此外,根据焦竑,原来乃是"空"的"记号"的语言,能够同时作为"图像"而被使用,以及发挥作用纯化我们的了解,并且从而恢复作为真理的道。如同之前所指出的,焦竑把语言的运用看成是一个

176

因场合而起的人类活动，因道蒙昧不明，所以这种语言活动必须产生，并且以道的澄清说明与重新领会作为语言活动的功能以及目标。在这层考量之下，焦竑再次不同于老子与庄子，老、庄虽然肯定语言与道之间的连续性，却不相信道的蒙昧不明可以通过语言的运用复还澄清。因此，老子对"结绳"记事的时代怀抱着乡愁，并且提倡复兴这个时代。[1]老子也说："名亦既有，夫亦将知止。"[2]类似地，庄子会接受语言的运用仅仅是一种自我磨灭的活动，并且坚信道在语言上只会蒙昧不明的，他说："道昭而不道。"[3]老子与庄子把语言运用的功能看成是纯化，并且把其目标看成是拯救，焦竑因此不同于老、庄，他类似佛家，对佛家来说，佛陀非说之说企图扫除迷惑，使得一个人与生俱来的觉明佛性能够作为真理重新浮现。因此，不令人惊讶的，焦竑以佛家的语汇把中国圣人，像是孔子与老子看成是拯救者，并且看到圣人们出现在此世间乃是一件具有深刻宗教性的事件，其意义堪与释迦牟尼佛的诞生相比。他说："孔、老、释迦之出，为众生也。"[4]他也说："孔子与老子同出周季，良由黄、虞渐远，故大圣迭起，以振群蒙，非偶然也。"[5]如同这些陈述所显示的，对于焦竑来说，语言的价值同时包含其与作为真理的道的连续性，以及其作为一件使道复还澄清的工具的效验。他使用"马"的类比并非徒劳。对焦竑来说，一个源出自于佛家的类比，其意义依然是佛家的。这在焦竑的语言观中注入一种工具性的意义，而这个工具性意义不能够归属于庄子的筌、蹄与迹的隐喻之下。焦竑合并了语言作为再现的道家观点，以及语言作为治疗的佛家观点，他的语言怀疑论申明一个语言的

177

---

[1]《老子》，第八十章。

[2]同上书，第三十二章。

[3]《庄子集解》，2: 14。

[4]《笔乘续》，2: 171。

[5]同上书，2: 169。

模式,这个语言模式同时具再现性质以及治疗性质,而且因为这个语言模式是再现性质的,所以它能够发挥治疗的功能。因此,焦竑虽然宣称:"我但有除翳药",但是他"无与明药",[1]他也声明:"圣人平日以道体直截示人。"[2]类似地,当一名学生问他,为什么孔子对种种关于"仁"的询问给予不同的回答时,焦竑答复道:这是因为孔子教人乃是"随机指点"。焦竑更进一步解释,虽然"随机指点"可能被视为一种"因病而药",但这句话就其指向而言,能够更好地被了解为"本旨",而这个"本旨"即是仁。根据焦竑,既然仁无处不在以及永远现在,仁就能够以众多不同方式被指出来,而方式则取决于在何时、何处指出。[3]

作为多元主义的神秘主义:焦竑与文本性的问题

不过,即使焦竑的观念与佛、道的观念交错相会,他的语言观并不能够被简单地理解为佛—道综合。因为在焦竑自佛教与道教所挪摄而来的神秘主义／怀疑论的种种要素中,他不只是重申佛—道对于作为终极真理的道或法的不可言说性的理论。毋宁说,焦竑重新部署了这些要素到一个形构里,在这个形构里被肯定的语言运用模式,不再被认为仅是一场将言说消解至于沉默的演出。因此,如同之前所指出的,当焦竑引述《维摩诘所说经》中天女所说的"无离文字,说解脱也"时,他这么做,不是为了提倡非说之说以为一种磨灭他者的实践,而是为了肯定作为"空"的记号的语言的再现力,尽管这个再现力有其局限。同样值得注意的是,在筌与蹄的隐喻使用上,焦竑和庄子有着微妙但是意义重大的不同。庄子申明作为再现的语言的工具性效用价值。不过,庄子的申明是在一个条件下作出的论

[1]《笔乘续》,1: 153。
[2]《澹园集》,48: 11a。
[3] 同上书,47: 1a-b。

断，而这个条件即是语言承担着作为自我磨灭的一项活动。结果是，庄子使用筌、蹄的隐喻，不是为了承认语言与道之间的连续性，更多是为了表达他希望能够和一个人谈话，这个人如同庄子自身一样，以一种自我磨灭的方式使用语言。庄子说："筌者所以在鱼，得鱼而忘筌；蹄者所以在兔，得兔而忘蹄；言者所以在意，得意而忘言。吾安得忘言之人而与之言哉？"[1]另一方面，焦竑使用同样的隐喻同时显示语言与道之间的不对称性以及连续性，并且强调语言作为再现的工具性之必要。焦竑说："未获鱼兔，难废筌蹄。"[2]

虽然焦竑对于种种教义作为终极上不可再现的道的不完美再现抱持诸多不确定，他并没有提倡撤销作为一种成就真理的途径的理性论述。"讲学"形式的理性论述是一种受到明代新儒学者喜爱的教学法。焦竑广泛地使用这种方法，并且，如同之前所指出的，在他担任万历皇帝长子讲官的任内，还把这种方法引介到朝廷中。同样地，焦竑接受只作为一种"方便"来帮助培养"静"的"静坐"，他说，"静"是"见性之门"。[3]强调"静坐"于是被安排为作为一种心境的"静"，而非作为一种神秘经验的觉悟。因此，对焦竑来说，种种教义的超越不只是这些教义的否定的问题。焦竑对于作为不可言喻的真理的道的神秘感，不仅被援引来强调超越种种教义的需要，还有将各式各样教义认为是同等的——虽然是有限定性的——真实有效。这是一种多元主义的基础，这个基础使得焦竑能够穿越作为一名儒者的系统性边界，并且投身于与其他诸多教义进行宗教折衷的对话。

多元主义也在佛教与道教中流行，这一点是真实的。如同上文曾指出的，庄子相信"两行"，并且接受不同的、对角线式相反相抗的种种陈述，而佛教徒投身于一种扩张形式的"判教"实践，这种"判

---

[1]《庄子集解》，26：181；Watson, *Complete Chuang Tzu*, p. 302。

[2]《澹园集》，22：2b。

[3]《笔乘续》，2：184—185。

教"实践调节着佛教徒与非佛教徒教义多种不同程度的地位认可，

并且主张这些教义共存。但是庄子的多元主义强调种种教义作为道之再现的不完备性，而非强调其再现性。这种多元主义假定了哲学上的游牧主义的形式，认为所有陈述乃是可以相互取代的，因为这些陈述在真理的价值上全部都一样有限，所以在这一点上它们是平等的。至于佛教徒，他们认为除了非说之说以外，一切言说都是幻觉的。非说之说是多元的，但是非说之说的多元性，源自于这种言说的听众的多元性，如同这种言说在"判教"实践中所作的那样，其意义仅仅是就它作为治疗的有效性而言，而不是就它所谈的作为真理的真实性而言，而这个真理在语言上乃是不可确定的。虽然庄子或佛教徒像是智颛承认种种教义的多元性，但他们都没有尝试将这多元性的种种教义主题化，主题化是用种种不同的方式清楚表述作为正面语言呈现之真理。即使是在《庄子》最后一章中，全面考察"天下"哲学的庄子后学，他尝试这么做，是用来聚焦于中国晚周时期各式各样思想家的不足，来和老子与关尹子的"博大"以及和庄子的"充实"对照。《天下篇》的作者哀悼"百家"的"道术"支离分裂，并且承认每位思想家"皆有所长，时有所用"，但是他不曾具体指明各家思想的"所长"或者"所用"。反之，他聚焦在各家思想的"不该不遍"上，并且斥退评价各家思想的追随者为"一曲之士"。[1]

焦竑的多元主义是不同的。他的多元主义承认作为再现的种种教义的不完美，但是以这些教义可能透露出什么关于作为真理的道来评估它们的价值，如同之前所指出的，作为真理的道被认为是在结构上统一、但是在表述上多元的。道乃是统一的观念，须要将具有多元性的种种教义，以整体性的观点，视为相互阐释、彼此发明。因此，对于庄子而言，种种教义乃是相互可替代的，对于焦竑来

---

[1]《庄子集解》，33: 215-224，特别是页216、221-222。

说,则是可以相互决定并且唤求综合。不过,综合并不是没有区别性
的混为一谈。身为一名宗教综合者,焦竑关怀每一种教义的文本性
(textuality),他依照每一种教义的个别独立性来评价它们,而这种个
别独立性在于每一种教义作为清楚表述道的分明不同的方法以及一
位作者或者学派"自得"于道的不同表达。焦竑认为,经典是文学的
"终极",因为它们体现了道,并且焦竑公开对于苏氏兄弟的文学的特
定尊崇,因为苏氏兄弟的文学,乃是他们对于经典独特了解的"自得"
所自然而然产生的产物。对照于《庄子》最后一章的作者,其人承
认、但是不觉得有义务去具体指明"百家"的"所长"或者"所用",
焦竑则想要将朱熹所抨击的所有哲学家的意向性(intentionality)当
作主题论述,以便他能够展示这些哲学家"其学之各有宗也"。焦竑
对文本性的关怀,说明了他对文献学以及声韵学的兴趣,这两种学问
能够帮助他在技术上克服语言的多重复杂性,从而在文本作为一个
语言呈现的原始物质性上,重建以及重新领会它。如同之前所指出
的,焦竑相信根据当代声韵撰写当代诗歌以及根据古代声韵阅读古
代诗歌的必要性。

　　出自对文本性同样的关怀,焦竑反对国家组织就经典诠释建
立一套官方认定的权威性的注解。他反对的主要重点直指唐朝
廷而发,朝廷委托孔颖达(574—648)撰写经典的注疏,并且指定
这些注疏为学者们所依循的准则。根据焦竑,这个标准"大为未
当",不仅仅是因为经典中所蕴含的真理不能够就单一学派的解释
而模式化为明确固定的形式,也是因为经典不同于作为文本的注
解。[1]焦竑指出,注疏与经典的紧密关联,原来不是上古的实践情
况。在古代,当人们希望对圣人的教义表达意见时,他们通过撰写
一本自己的著作来表达,而不附属于特定的经典。因此,为了阐明

---

[1]《笔乘续》,3: 202-203。

《易经》中的真理，孔子撰成了"十翼"，他把"十翼"从《易经》中　　　182
分离开来，为一部独立自存的著作。当子思与孟子创作出《中庸》
与《孟子》来进一步发展《论语》的理念时，当庄子撰写《庄子》来
澄清《老子》书中的模糊之处时，他们可说是遵循孔子另著新作。
注疏与经典之间的正式联结，要到汉代毛苌与孔安国（前约156—
前74）不撰写自己的著作，而仅仅写《诗经》以及《书经》的注疏，这
层联结才得以首次建立完成。这层联结之后在三国时代（220—265）
由王弼（226—249）缔造成为更坚定的做法，王弼将"十翼"合并到
《易经》经文中，而没有了解《易经》乃是一部自身完整的、有韵的文
学作品，不应与其他种类的著作相混淆。焦竑进一步指出，王弼也明
显地忘记了，伏羲与文王、周公以及孔子三种版本的《易经》彼此不
同，不能够被混为一谈，并且作为一个彼此一贯的整体来对待。[1]

　　尽管如此，将注疏联结于经典的做法持续进行着，而且随着时间
流逝，发展得更强，如同《春秋》的例子，注疏遮蔽了经典的重要性，
并且成为研读的主要焦点，而经典则有如背景，仅仅作为附属之物。
焦竑哀悼对注疏的过度强调，并且提议学者直接研读经典而不倚赖
注疏作为中介。他指出，孔子作《春秋》，没有预期随之而来的其他
人对《春秋》的撰写注疏，而且他也指出《春秋》作为一部自身独立
的作品，应该是可以容易了解的。[2]此外，这些注疏有时候可能会误
导，或是掩盖了对于读者来说经典原本清楚的真实意义。根据焦竑，
《中庸》的案例就是如此，作为一部孔子的"微言"之作，《中庸》的　　183
重要性并不总是被充分地欣赏认识，因为学者们"不知以《中庸》释
《中庸》也"。[3]

　　不用说，焦竑提议不靠注疏来研读经典，他的目标并不是阻止

---

[1]《笔乘续》，3: 202；4: 214。
[2] 焦竑：《国史经籍志》（长沙：商务印书馆，1939年），2: 25-26。
[3]《笔乘续》，1: 164。

学者们阅读或者写作注疏。焦竑自己熟谙注疏文体，并且从大量的注疏中（包括他自己的注疏在内），编纂了论老子与庄子的两部作品。他也写作了一部论《易经》的注疏，并且在论及《论语》、《孟子》与《中庸》时，敢于冒险进行一项广泛性的论述。但是焦竑对于他所预想的古代的传统仍然保持忠实，焦竑将自己对《论语》、《孟子》以及《中庸》的意见，当作与经文分离的注解，保存在他的作品《焦氏笔乘》中。在焦竑对《易经》、《老子》以及《庄子》的注疏的标题中，也使用了筌与蹄的词语。之前我们已经讨论过"筌"这个词语。"翼"这个词语形塑了孔子对《易经》的注疏的标题的一个部分，如同之前所指出的，焦竑相信"十翼"原本是一部独立的作品。焦竑通过使用这些词语，以及将他的意见保存于自己的作品中，使其注解的本质毫无疑问地如同他自己看待的那样：作为文本，他的注解和注解所评议的作品有关，但是又有分明的区别。

　　因此，焦竑对注解的关心，所涉及的问题并不在于读写注解，而在于注解对文本性所作的宣称。焦竑发现注疏是可以反对的点，并非在于它们被当作经典的导引来阅读或者书写，而是在于被如此阅读或者书写的注疏乃是论述性的注疏，这些论述性的注疏自命为替圣人代言而非为自己说话，并且，在注疏文体的装扮下，其实是提议一套哲学思想。他对照《尔雅》以及王弼附加到《易经》中的注疏，并且说，《尔雅》乃是一部从《诗经》挑出的注解合集，这种《尔雅》与《诗经》的关系，例示了经典与注疏之间真实与理想的联结，如同它存在于古代的那样。[1] 他也说："古之解经者，训其字不解其意，使人深思而自得之。"根据焦竑，这仍然是大部分汉儒的实践情况；而且，后代的注疏从语言分析到哲学阐述的转变，被他归咎于儒家学者

184

---

[1]《笔乘续》，3: 302。

的日渐浅薄。他说："解者益明，读者益略，麁心浮气，不务忱思，譬之遇人于途，见其肥瘠短长，而不知其心术行业也。"[1]焦竑提倡语言复兴的进路，并且提议："他经可以诂解，而诗当以声论。"[2]他自己是这种进路的一名先锋，并且，如同之前曾指出的，他发现古代诗歌的韵尾都是自然的声韵，它们的发音在时间的流逝中已经转变。

我在一部较早刊行的作品中已经指出，焦竑拒斥论述性的注疏为注疏，并且以《尔雅》作为一个历史的模范，重新定义恰当的注疏理应为何，在这么做时，他标志出经学的重新转向，并且预示了清代早期作为一种新研究模式的"考据学"的发展，这种"考据学"则以分明的文献学特性为基调。[3]不过，仍然需要强调的是，"考据学"的驱动力恰恰存在于焦竑对于文本性的这种关怀里，而文本性乃是"考据学"家通过文献学的重新建构所尝试去寻回之物。如同唐君毅曾指出的，清代的"考据学"，虽然以"汉学"作为特色，并且宣称系出汉儒的文献学，但是绝不等同于汉代的原型。汉儒的文献学活动只专注于经典原文而排除其他。它限定于儒家经典中，汉儒相信这些经典乃是道被文本性的具现之处。他们尝试去重新建构这些经典，用以恢复儒家之道。此外，汉儒往往在文本的"家法"之内工作，并且认为他们自己家法的"传统"乃是儒家之道的真实再现。相较之下，清代"考据学"家的文本视域更加开阔。他们的视域同时扩展到儒家经典以及非儒家的哲学家们，比如老子、庄子、墨子、韩非子等人的作品。清代"考据学"公开声明的目标不仅在于恢复儒家之道，还要去整理变化多样的众多文本，以便"以东汉之学还东汉之学，西

185

---

[1]《笔乘》，1: 27-28。

[2]《国史经籍志》，2: 20。

[3]见拙著："Revolt against Ch'eng-Chu," in *The Unfolding of Neo-Confucianism*, pp. 271-276, 292-296。

汉之学还西汉之学……孔孟还孔孟"。[1]

同样值得一提的是,对于文本性的关注——这种文本性将清代考据学以及作为一种文献学志业的汉代经典主义区分开来——同时流行于注疏之学以及另一整套文献之中,其目的乃是建立起一个学派或者思想家的身分认同。明代晚期与清代初期都可见到大量我曾提及的"思想系谱学"产生。例如孙奇逢(1584—1675)的《理学宗传》、汤斌(1627—1687)的《洛学编》、黄宗羲的《明儒学案》与《宋元学案》、江藩(1761—1830)的《汉学师承记》与《宋学渊源记》,以及章学诚(1738—1801)论"浙东学术"的文章等等,这些例子全部都尝试着个体化某一学派或者思想家,或者是历史性地就这一学派或思想家的转变与发展而言,或者是逻辑性地就其思想形构的相关性而言,或是双管齐下。

不过,"思想系谱学家"和"考据学"家如此的关怀文本性,却不必然是宗教折衷者。孙奇逢与汤斌写作《理学宗传》与《洛学编》,乃是基于捍卫他们认为的儒学正统,以对抗佛家侵蚀的渴望所驱动的。孙奇逢将"学术日晦"归因于"儒释未清",[2]而汤斌抱怨"儒佛为一之说",并且强调孙奇逢"严儒佛之辨"[3]的决心。另一方面,黄宗羲与章学诚虽然都确认是儒者,却不直截了当地拒斥佛家。黄宗羲为罗洪先(1504—1564)对佛教与道教的兴趣辩护,说:"盖先生无处非学地,无人非学侣。"[4]他也赋予佛教一定程度的真理价值,并且说:"释氏固未尝无真见",但是他们"更不深造",而结果没有到达极致。[5]类似地,章学诚批评佛教假定一个离于"事物"之道,但是认

---

[1] 唐君毅:《原论·导论》,页223。

[2] 孙奇逢:《理学宗传》(杭州:浙江书局,1880年),孙氏《序》,页3a。

[3] 同上书,汤斌《序》,页2a-b。

[4] 《明儒学案》,页158。

[5] 同上书,页8、336。

为佛教关于"心性理道"的教义,仅仅在"名目"上、而非在"义指"上与"圣人之言"有所不同。他也针对儒家批评者而为佛家的"极乐"与"地狱"理论辩护,并且说,它们不是由佛家"造作诳诬"来"惑世"的,而是代表一种教导的模式,这种模式倚靠"人心营构之象"[1]的运用,也是《易经》的特色。

在"考据学"学者中,戴震(1724—1777)在拒斥非儒家的教义时毫不含糊。如同余英时所指出的,戴震认为儒家经典乃是"载道之书"。1777年,离戴震过世只有几个月前,他在写给段玉裁(1735—1815)的一封书信中说到自己:"仆自十七岁有志闻道,谓非求之六经、孔、孟不得。"[2]相较之下,焦循(1763—1820)批评那些指责佛教与道教为"异端"的人,并且说他们不了解《论语》中的"异端"概念。焦循像焦竑一样,他也字面上地把"异端"诠释为一"端"之教,这个一端"不同己端",而且他并不认为像这样些微的差异是谴责一个教义为"异端"的好理由。他主张,如果一端之教是异端的,除非它被紧紧执持为唯一的一端。因为一个执持一端之教为唯一准绳的人,就他所可能成就之道而言,变得"自小"了。这样一个人是与孔子直接对立的,孔子绝除"意"、"必"、"固"、"我",[3]而且"无可,无不可"。[4]因此,焦循宣称,当孔子说"攻乎异端,斯害也矣"时,他并不提倡一种针对所谓的异端的攻击,以剔除所谓的异端之"害"。毋宁说,他提议一端的跟随者去学习其他多端之教,以便诸多不同端之间彼此反对的伤害将会平息。焦循问道:"夫言岂一端而已?""人各一性,不可强人以同于己,不可强己以同于人。"由于这个理由,"君子"并不具有"一志",而是"通天下之志"。他"由一己之性情,推

---

[1] 章学诚:《文史通义》,收于《章氏遗书》(嘉业堂本,1922年),1: 7b-8a。

[2] 余英时:《论戴震与章学诚》(香港: 龙门书店,1976年),页46、48。

[3] 《论语》,9: 4。

[4] 同上书,18: 8;英译采自 Legge, *Confucian Analects*, p. 217。

极万物之性情"，以便每一个万物都能够"各极其用"。焦循说，这就
是孔子所谈论的，作为"忠恕"的"一贯"之道。[1]

在诸多"思想系谱学者"以及"考据学"学者之间，对待非儒家
教义态度的差异，乃是在晚明以及清初创造性的张力的一个根源。
如同余英时所观察的，章学诚的历史主义者的论题"六经皆史"，并
不是黑暗中的盲目放枪，而是对儒家经典乃是"载道之书"这个戴
震立场的挑战；这是作为一名"哲学家"的章学诚与作为"文献学
家"的戴震长达一生的战斗的一部分。[2]不过，这场战斗所涉及的，
并不是文本性观念的本身，而是关于作为真理的道的文本性之所在
（locus）的问题。章学诚和戴震都相信道被文本性地具现为一个语
言而存在的可能。他们都感受到众多文本的多元性，并且对于一个
文本的意向性（intentionality）感受敏锐，文本这里乃是一名思想家
或者学派正确或者错误地"自得"于道的表现而言。确实，那些拒
斥与接受非儒家教义的人们之间，都盛行强调作为一种价值的"自
得"，以及"自得"用来当作对文本性的测定准据。重要的是，孙奇
逢与汤斌虽然拒斥佛教与儒家不相容，他们这么做，却是就佛、儒的
"宗旨"（或者"宗"）不同而言。他们也提倡绘制儒学内部各式各
样变化的"宗"的图谱，而他们把"宗"比拟为家族的"系"。正如
同一个家族的"系"时常剥落为"大宗"以及"小宗"，一个学派的
"宗"可能分化为多样的派别，这些派别具有某种家族相似性（family
resemblance），但是仍可以就"偏、全"与"深、浅"来加以区分，因为

188

---

[1] 焦循：《论语通释》，收于《木犀轩丛书》（1883-1891年），页2a-7b，特别是4b-7b。
另见焦氏：《论语补疏》，收于《焦氏丛书》（清嘉庆年间本），1: 5a-8a。关于孔子
的"忠恕"的"一贯"的典故，见《论语》，4: 15。
[2] 余英时：《论戴震与章学诚》，页45-53。另见 David Nivison, *The Life and Thought
of Chang Hsüeh-ch'eng* (Stanford: Stanford University Press, 1966; 后皆引作 *Chang
Hsüeh-ch'eng*), pp. 139-162。

它们具现了个人化的"自得"或者"见"(或"识")的诸多差异。[1]

同样值得一提的是,戴震与他公开表示尊敬与赞扬的彭绍升争论,不是因为身为一名宗教折衷者的彭绍升同时在儒家以及非儒家的文献中得到启发。戴震引述孟子说,"君子"有"自得"于道,"资之深"并且"左右逢其源",[2]他陈述道,彭绍升所做的事,在这样一种考量下,单纯地例示了一名"自得"之人能够做的事,无论他是佛家、儒家、道家或者墨家。但是,戴震指出,彭绍升不应该把不属于孔子与孟子的归诸孔子与孟子。[3]类似地,戴震表示他反对"宋儒",他这么做,同时是因为他裁断宋儒受到佛教与道教的影响而错误地诠释儒学,也因为他相信宋儒模糊了儒学与佛、道"指归"的分别。戴震指出,"宋儒"(像是程颢与朱熹)研读佛教与道教在研读儒学之先,并且通过佛教与道教而"自得"。他们最终了解到他们的"错误",并且返回到儒学。但是他们不曾成功地在"根"上把握到儒学的"指归",因为他们已经被佛教与道教所"遮蔽",而"没有自觉"。结果是,他们"以圣贤之言"来谈论他们在佛教与道教中的所"得"。他们像是不曾看过自己"父祖"的"脸"的"儿孙",错误地把其他人的脸拿来当作自己父祖的脸。在这么做时,程颢和朱熹让佛教徒与道教徒有可能假装他们的父亲或者祖父就是"吾宗"的父亲或者祖父。戴震说,就是为了"破"对于儒家先祖身分的错误认同,并且"矫正"儒学智识的"宗",他才撰写了《孟子字义疏证》。[4]

因此,这样关怀作为表达一个学派或者思想家的"自得"的文本性,孙奇逢、汤斌、戴震和焦竑、黄宗羲、章学诚并无不同,但焦、黄与

189

[1] 孙奇逢:《理学宗传》,孙奇逢《序》,页1b、2b;孙氏之《义例》,页1b-2a;汤斌《序》,页1b-2a。

[2]《孟子》,4B: 14; D. C. Lau, *Mencius*, p. 130。

[3] 戴震:《戴东原集》(上海:商务印书馆,1929年),页17-18、24。

[4] 同上书,页18-19;戴震:《孟子字义疏证》(北京:中华书局,1961年),页9、12、15、16、19、23-25。

章不像是孙、汤与戴那样有系统的排他性。我已经指出,对于焦竑来说,宗教综合并不是没有区别性地混为一谈。至于黄宗羲,他相信思想的多样性无可避免,并且认为有必要去区分一个学派或者思想家的"宗旨"。他说:"盈天地皆心也,变化不测,不能不万殊。心无本体,工夫所至,即其本体,故穷理者,穷此心之万殊。"因此,黄宗羲批评他的同门恽日初(1601—1678),因为恽日初提议"议论不容不归一",黄则说:"是则仲升于殊途百虑之学,尚有成局之未化也。"

190　　黄宗羲也贬损周汝登所撰作的《圣学宗传》,因为这本书追溯"圣学"从最早期的圣王们直到王阳明及其弟子罗汝芳的发展,而罗汝芳是周汝登的导师。根据黄宗羲,这部著作由于倾向于将不同学派与思想家混为一谈而有缺陷,就像是"扰金银铜铁为一器"。《圣学宗传》详细阐明周汝登自己的"宗旨",而没有成功地厘清"各家宗旨"。作为周汝登《圣学宗传》的另一选择,黄宗羲编纂了《明儒学案》,这部著作甚至包含了黄宗羲裁断为"一偏之见与相反之论"。黄宗羲察觉到,明代新儒学者们的众多分歧的观点,并不全都是同等的正当有效。一些观点是"深"而"醇"的,而其他观点则是"浅"而"疵"的。但是它们每一个都具现了一个学派或思想家的所得。每个学派或思想家的所得构成了那个学派或思想家的"宗旨",用黄宗羲的话来说,构成了"学者之入门处"。黄宗羲强调,学生应该特别留意众多学派与思想家之间的差异。他们不应该尝试从诸多种类相同、如同他们自己所拥有的思想或教义中寻找认可。黄宗羲说,"学"不能够成为"以水济水"。[1]

　　就像黄宗羲一样,章学诚也认为思想的多样性乃是令人向往而且无法避免的。如同Nivison所观察到的,章学诚谴责"党同伐异"与"自私",但是肯定"自我表现"。他提倡作家与学者的个性化,并

---

[1]《明儒学案》,黄宗羲《序》,页1,以及黄宗羲的《凡例》,页1。

且提议重新复苏"家"或者"家学"的观念，作为作家与学者分类的一个范畴，以便一名作家或者学者能够免于"无个性"，并且因其独一无二而被认定为一个特殊"学派"中的"专家"。[1]他也认为朱熹与陆象山的差异，乃是一个"千古不可和之同异"，并且"千古不可无之同异也"。因此他同时看轻朱熹与陆象山跟随者的"口角"，并以类似的"调和"尝试为"多事"。[2]"为学之道"必然是分歧的。他们反映出人类"个性"的复杂度，并且具现了每一个个人能够宣称为他们的"独得"之处。[3]章学诚说："道，公也；学，私也"；以及"夫言根于心，其不同也如面"。[4]

如同之前所提及的，焦竑的多元论的文本性观念，这种文本性作为一个学派或者思想家"自得"的主题化的表达，涉及某种语言怀疑论，而这种语言怀疑论虽然与佛家以及道家的多样性交错相会，但在它并不只是为了去除语言而提倡使用语言这点上，却又与佛、道不同。这种语言怀疑论陈述了语言与道的不对称，这种不对称不仅是作为道的不可言说性的论旨，也提醒了语言内在本质上是无意义，以及语言不可以被允许成为一个自足自存的自我指涉的意义系统。这意味着，在写作时，语言只能够作为道的一"乘"而被合法地使用，而且，在阅读时，一个人必须超越他所阅读的语言，以便在个人经验之中重演其中所具现之道。根据焦竑，有问题的并不是作为符号系统的语言本身，而是语言被人使用时，这个人在终极上要对语言能否发挥功能再现作为真理的道负责，并且要保证作为语言性存在的道在此情况下仍能残存生还。因此他拒绝把儒家之道的衰微归因于秦始皇（前221—前208年在位）的焚书，并且主张不是秦始皇而是学

［1］Nivison, *Chang Hsüeh-ch'eng*, pp. 69-76, 171-176.
［2］章学诚：《文史通义》，2: 25b。
［3］章学诚：《文集》，收于《章氏遗书》，22: 37b。
［4］章学诚：《文史通义》，4: 19a、32a-b；Nivison, *Chang Hsüeh-ch'eng*, pp. 176, 178。

者本身应该为了书籍的散失承担指责。焦竑指出，在秦始皇之前以及之后，都有大量的书籍佚失，他说："秦人焚书而书存，汉儒穷经而经绝。"[1]

因此，焦竑的语言怀疑论的重点所在，与其说是将言说化约为沉默，不如说是强调需要超越语言，以便在实践中了解作为真理的道，而作为经验的道的真实，提供语言以作为再现的意义。这种语言怀疑论也流行于"思想系谱学家"以及"考据学"学者之间，而他们对自得作为一种理想的评价，意味着他们相信有必要通过经验性的实现以超越语言来领会道。因此，汤斌警告不要把孙奇逢的《理学宗传》"徒作书观也"。他说，孙奇逢在书中所描述的，应该被"实实体验"，以"使此心浑然天理"，"而大本达道在我矣"。[2]黄宗羲也陈述道，在《明儒学案》中所呈现的诸多教义，并不意味着一个"戒慎功夫"的替代品，并且不应该被"徒增见解"地阅读。黄宗羲说，学问不会是"真实的"，除非它能够对"自己受用"。[3]类似地，章学诚谴责他那时代的学者从事"考据学"乃是一件"趋风气"的事，却不理会"心得"。他说："学贵心得"，这必然涉及于"自知"。一个人必须选择"心性之所安"。[4]即使是戴震，一位清代"考据学"世界顶尖的人物，并且宣称"故训明则古经明，古经明则贤人圣人之理义明"，也不认为"闻道"单纯是一件精通语言的事。毋宁说，他说一个人"必空"自己对语言的"依傍"，必且"体会"作为文本的经典。他把阅读比拟为饮食，并且说，一个人应该读书以"益吾之智勇"，就如同一个人吃喝以"增长吾血气"。戴震宣称："书不克尽言，言不克尽

---

[1]《笔乘续》，3: 197。

[2] 孙奇逢：《理学宗传》，汤斌《序》，页3a-b。"大本"与"达道"是《中庸》的典故（见 Wing-tsit Chan, *Source Book*, p. 98）。

[3]《明儒学案》，《凡例》，页1、2。

[4] 章学诚：《文史通义》，9: 34b-39b，特别是页35a-b、39a。

意",因此"学者深思自得",以"使道在人不在言"。[1]

焦竑通过源自佛教与道教的概念所仔细阐述、但却是"自得"观念的一个重要组成部分的这种语言怀疑论,对于晚明以及清初的思想家来说并不独特。事实上,它可以理解成典型新儒思想式的重构,这重构是经由对孔、孟、荀所倡述之古典儒家语言理论的经验性自我实现。如同之前所提及的,他们虽然对于语言再现道的力量有信心,不过偏好做胜于说,并且提倡沉默作为超越言语的行动。早在宋代新儒学者之中,"自得"便是一个被珍视的理想,[2]并且包含一种语言同时连续于道、又不对称于道的工具性的语言观。这种语言观使得他们控诉纯粹在文字与书面上的追寻乃是与修道无关、甚至是对立的。对他们来说,修道关乎于超越语言之外的体验,而对于晚明清初的同道来说也是如此。因此,讨论到《诗经》的时候,程颢"不下一字训诂","优游玩味,吟哦上下,便使人有得处"。[3]程颐,对"文辞"与"训诂"[4]最为谴责的人,也拒斥训解字义(literal explanation)而爱好"玩味"。他说:"《论语》、《孟子》只剩读着,便自意足,学者须是玩味,若以言语解着,意便不足,某始作此二书文字,既而思之又似剩,只有些先儒错会处,却待与整理过。"[5]他也说:"读《论语》者,但将诸弟子问处,便作己问,将圣人答处,便作今日耳闻,自然有得。若能于《论》、《孟》中深求玩味,将来涵养成甚生气质。"[6]类似地,朱熹认为阅读是"体察"之事,并且提议一个人所读的书要与他的心相"印证"。他说:"读六经时,只如未有六经,只就自家身上讨道理,

193

[1] 戴震:《戴东原集》,2: 31-32、33、51。"……书不克尽言,言不克尽意"这段陈述源自《易经》(见 *Chou I*, 7: 10a)。

[2] 唐君毅:《原论:导论》,页221-222。

[3] Wing-tsit Chan, *Reflections*, pp. 105-106.

[4] 同上书,pp. 63-65。

[5] 同上书,p. 104。

[6] 同上书,p. 103。

其理便易晓。"[1]

194　　　因此,晚明清初的语言怀疑论被视为古典儒家语言理论的一个新儒思想式的重构,不过,它仍然不同于宋代的。两者的不同,关系到作为一个观念的自我的结构的差别,并且是持续进行的程朱与陆王之争的一部分,而程朱与陆王作为两个主要的新儒思想派别,涉及宇宙的形上学、人的本体论,以及读者与被读者之间的认识论关系中互为主体性(intersubjectivity)的问题。

---

[1]《朱子语类》,11: 12a。

第五章
一套综合的新儒思想之为重构的新儒思想

天、性与道

如同中国历史上许多其他的思想家一样,焦竑倡议人与天地万物为一体的理念。他既以物理学也以形上学的语汇来构想人与宇宙的合一性。物理上,"天、地、人、物,靡非一气"。[1]人因此就以气为原始构成物质而言,与天地万物没有不同,并且都受到规约自然宇宙的阴、阳以及"五行"等种种宇宙力量的统制。[2]以形上学来讲,人被赋予性,性自身之中统一了天地万物。因此焦竑说:"其在上则名天,其在下则名地,其中处则名万物,皆我之性也。"[3]这个对人性的观点,设定了人作为一个生物,在存在上与天地万物不可区分,并且只有在他实现了内在与宇宙的合一性的时候,才能够被认为真诚或者是完满。

根据焦竑,人被赋予这样的"性",乃是关乎"天命"(Heavenly Destiny),这个名词有时候也被翻译为Mandate of Heaven,并且在西方乃是一个为人所熟知的中国政治哲学的观念。不过,在新儒思想

---

[1] 焦竑:《阴符经解》,收于〔明〕陈继儒编:《宝颜堂秘籍》(上海:文明书局,1922年),页1b。

[2] 见焦竑对刘向《五行传》的辩护,收于《笔乘》,1:10。

[3]《笔乘续》,1:165。

中，"天命"的意义远远超过政治观念。"天命"，首先，是一个牟宗三称之为"道德的形上学"[1]的观念，并且对于下列两者具有广泛的意涵：不仅仅之于人作为社会与政治的动物，同时也之于人作为一个"灵"性的存有（中文所谓万物之灵的灵），天生能够超越作为个人存在的切近性（immediacy），并且进一步与世界作为一个宇宙的存有的整全性合而为一。

焦竑所谓的"天"有两个相关但是可以清楚区分开来的意思，这两者我将分别称之为"heaven"以及"Heaven"。"天"作为"heaven"纯粹指涉物理的天空，并且被用在像是焦竑将天与人、地并排为"三才"[2]的脉络里。它是一个由"气"构成、具有特定形式的物质存在。不过，它并不是眼睛所能看到的"苍苍"蓝天。根据焦竑，天空看起来是蓝的，只是因为人与天空之间的巨大距离以及"气"的关系。他指出，当《庄子》中的鹏鸟从九万里之上向下看的时候，大地是蓝色的，并且说，从远方并且穿透"气"来看万物总像是蓝色的。[3]

焦竑所想象的"天"（heaven）并非肉眼所能看见的"苍苍"蓝天，而是一个巨大的领域，其间包含了大地以及二十八星宿。以"浑天说"[4]为基础，并且依据像是《周髀算经》[5]这样文本的计算，焦竑认定这个天的圆周是三百六十五又四分之一度、半径为十九万三千五百里。另一方面，大地的直径据说为三万里，并且在天的中心随着四季上下变动。从春分开始，大地停留在天的正中心，以便天的中心与地的中心重合。不过，从春分到夏至，大地逐渐下降

197

---

[1]牟宗三：《心体与性体》，1: 115-189，特别是页135-136。

[2]《阴符经解》，页1b。

[3]《笔乘续》，3: 209。关于鹏鸟，见 Watson, *Complete Chuang Tzu*, p. 29。

[4]见 de Bary et al., eds., *Sources of Chinese Tradition*, 1: 193-194；Joseph Needham, *Science and Civilization in China* (Cambridge: Cambridge University Press, 1958), 3: 216-219。

[5]关于《周髀算经》及其天文学理论，见 Needham, *Science and Civilization in China*, 3: 19-24, 210-216。

一万五千里,以便地的上缘在夏至的时候与天的中心同高。之后,地球开始上升,直到秋分,天的中心与地的中心再度重合。由秋天到冬天,地球继续上升直到冬至,那时地的下缘触及天的中心,因此完成了升降的循环。这个循环的完整过程涵盖了三万里的距离,这个数字也碰巧正是地球之"厚"。[1]

所以"天"(heaven)在它的中心包含了上下升降的地,这个天不仅仅"包"和"照"了大地上的万物,[2]并且通过"气"的"流行"以及地的合作,天也"运动"了万物。[3]不过,在这样做的时候,天,或者在这件事情上,地也如此,它们并未变得与万物疏离或者寻求去支配万物。反之,天参与了万物的存有,并且与万物产生了一种相互倚靠与互动的关系。因此,焦竑说:"天、地分人、物之有,物分人之有,人分物之有。"[4]焦竑依循着《阴符经》的术语,将这个相互倚靠与互动的关系描绘为"盗",并且说天、地、人与万物可以被视为"相窃",因为它们"分"彼此的存有。[5]"盗"与"相窃"是相当极端的隐喻,它们暗示着某种暴力,乃是《阴符经》中习用的典型语言。不过,对焦竑来说,它们描述了宇宙中"易"的创造性机制,他说宇宙乃是"生生而不穷,用之而益有"。[6]

由在"相窃"的创造性关系中的天、地、人与万物所构成的整体,乃是焦竑所谓的"天"(Heaven),这个天,焦竑从各方面定义为"万物之总名"以及"宇宙造化"。[7]换句话说,天(Heaven)指涉宇宙的全体既是一个存在的状态,也是一个"易"的过程。它隐含了天

198

---

[1]《笔乘续》,3: 208-209。

[2]《笔乘》,3: 58。

[3]《庄子翼》,5: 41b。

[4]《阴符经解》,页1b。

[5]同上。

[6]同上。

[7]《澹园集》,4: 5b-6b。

(heaven)，但是就它指"形而上"的存在、并且超出任何感官认知之上这点而言，它与天（heaven）不同。用焦竑的话来说，它是"无声无臭"，[1]并且与人的"性"等同。焦竑说："天即清净本然之性。"[2]

　　焦竑所赖以建立天（Heaven）与性之间等同的观念基础源自于《中庸》的"天命"观念。[3]《中庸》开宗明义说："天命之谓性。"[4]这个陈述句对焦竑来说提示了人性不仅在根源上、同时也在性质上是属天的观点，因为"天命之谓性"的天，所专注的不仅仅是一个为人立性的动作。天将祂自己给了人，并且在人之中具体化为性。这个天命的观念包含了某种在天与人性之间的造物者—造物的关系。不过，这并不隐含着天与人性构成一个二元对立，因为天在为人创造出性的时候，也重新创造了自身成为在人之中的性。人的性因此与天合一，并且在它自身之中统一了天地万物，就如同天一样。此外，像是"诚"、"公"、"仁"以及"生生"这些德行，都构成了天以及人的特点；[5]并且人"择善而固执之"，[6]只是在"择"跟"执此天道"，这个天道是跟"人道"没有分别的。[7]

　　就焦竑视人性为天所赋予、并且以"诚"与"仁"等天德来描述性而言，他仍旧是新儒思想式的。就这方面而言，他只是遵循一个从周敦颐与张载开始、并进一步由二程兄弟与朱熹申说的标准新儒思想教义。[8]另一方面，焦竑并不只是将他的性之概念与新儒思想的天画上等号。他也认为他的性之为天与道为一，而他所理解的道，不

199

----

[1]《澹园集》，47: 6b。

[2]《笔乘续》，1: 167。

[3] 同上书，1: 164-165；4: 213；《澹园集》，47: 6b。

[4]《中庸》，1: 1。

[5]《笔乘》，4: 106；《笔乘续》，1: 164；4: 213；《澹园集》，4: 6b。

[6] 一个《中庸》20: 18的典故。

[7]《澹园集》，47: 6b-7a。

[8] 唐君毅：《原论·导论》，页583-589。另见其《中国哲学原论·原性篇》（香港：新亚书院研究所，1974年；后皆引作《原论·原性》），页321-411。

仅仅是就新儒学者所谓注入了"诚"与"仁"等的那个天道,同时也是佛、道所谓的"空"与"无"。

　　焦竑说:"性道一耳",[1]它们只是名称不同,但指的是相同的"本体",这个本体"干净",并且"无一毫拖泥带水"。[2]焦竑曾经引用孟子的一段话,将本体描述为"皜皜乎不可尚已",仿佛"江汉以濯之",并且"秋阳以曝之"。[3]作为这样的"本体",没有固定的名号,并且根据焦竑的看法,在古代中国是以各式各样意思都是"这个"(译按:"此"、"是"或"斯"等)的语汇为人所知。在尧舜的时代,它被称为"时",譬如说在《尚书》里的这段话"畴咨若时登庸",以及"敕天之命,惟时惟几"。[4]在这些例子里,"时"这个字其实是它的同义字"是"的"古语"。而所指的不是别的,正是焦竑主张的在《易经》中常说是"此",而孔子弟子说成是"斯"的那个"本体"。根据焦竑,当漆雕开对孔子说"吾斯之未能信",他正是这样子使用"斯"这个字。[5]不过,在稍后的时代里,由于"道"作为一个隐喻的提示价值,这个隐喻象征"本体"乃是一条无所不至、无所不能穿透之道路,"道"这个语汇逐渐被用来取代古老的称谓"是"、"此"与"斯"。[6]

　　"道"这个语汇作为"本体"的隐喻,兴起了一个具体的形象,因此被焦竑认为比不上"是"、"此"与"斯",后面这三者"不滞于言意",职是之故,最为适合后世所知为"无形体"并且"非言意所能名"的道。道没有形体,也不占据任何空间,或者如同焦竑所说的

---

[1]《笔乘续》,1: 152。

[2]《澹园集》,47: 17a。

[3] 同上。典故出自《孟子》,3A: 4: 13(译文采自 D. C. Lau, *Mencius*, p. 103)。

[4] 英译见 James Legge trans., *The Book of Historical Documents*, in *The Chinese Classics*, 3: 23, 89。不过,我的翻译建基于焦竑的诠释,他的诠释在《笔乘续》,5: 248-249。

[5]《论语》,5: 5。

[6]《笔乘续》,1: 158; 5: 248-249; 1: 156。

"无方"。它既不在前也不在后，无法用"大小"或"多少"[1]来加以衡量。它超越了思想与感官认知，并且就这个意义而言，被焦竑认为是"寂"与"虚"。[2]就道德上而言，焦竑看待道如同王阳明看待良知"本体"一样。王阳明的"四句"，特别是就王畿所诠释的"四句"而言，设定了良知的"本体"既是作为寻常善性的来源，也是作为无善无恶的超越存有。[3]追随在王阳明与王畿之后的焦竑主张，作为道德善性之源的道，本身是"无是非"或者"无善无不善"。[4]焦竑在谈到性这个词的时候（他将性与道等同），他说："彼为善者，虽异于恶，而离性则一"。[5]

这个道作为全无道德与物理属性者，并不是一个事物或存有物，而被焦竑认为是道家语汇所说的"无"。[6]此外，道作为"无"，也被视为是"无自性"，并因此进一步以像"空"这样的佛教语汇被言说，这个"空"，焦竑理解为正是"佛性"、"真如"与"圆觉"。[7]不过，作为"无"与"空"的道，如实体般存在，且是永恒而无先决条件。用焦竑的话来说，道"不知何所从来"并且"无始终"。它就是"自然"，除了它自身之外，没有任何其他理由使它变得如此"然"。[8]

道因此是永恒的自我存在着，它也是创造性的，在道德与宇宙论两方面都是。我已经指出，焦竑否认老子与庄子的"无"是道德上的虚无主义，并且宣称老、庄的"无"乃是"社会与道德教诲所赖以建

[1]《笔乘续》，1: 149、156，以及 5: 249；《老子翼》，5: 37a。

[2]《澹园集》，23: 15a-b。

[3] Chü-i Tang(唐君毅), "The Development of the Concept of Moral Mind from Wang Yang-ming to Wang Chi"（后皆引作 "Moral Mind"）, in *Self and Society*, pp. 108-116.

[4]《笔乘续》，1: 153。

[5]《老子翼》，2: 29a。

[6] 同上书，2: 33b-34a；4: 13b。

[7] 同上书，2: 33b-34a；《笔乘续》，2: 174-175。

[8]《老子翼》，2: 39b-40a；《笔乘续》，1: 156。

立”的基础。[1]焦竑的道作为“无”，因此是超乎道德，而非无关乎道
德的。虽然焦竑说道其本身是“无善无恶”，不过他认为道乃是道德
善性的来源。他说：“善自性也”，[2]以及“善，性之用也”。[3]就宇宙
论而言，作为“无”与“空”的道生有，然后有生天地，天地轮流互动
而生万物。[4]焦竑跟随着《老子》[5]而说：“天下之物生于有，所谓有
名万物之母是已。有生于无，所谓无名天地之始是已”。[6]“无”与
“空”因此成为所有事物的“根”，[7]并且焦竑认为必然如此。因为
焦竑说：“无必生有”，[8]以及“载道必以器”。[9]如果这点可以成立，
“有”与“器”的现象世界，正是作为“无”与“空”的道的必然创生
性的显示。

　　就道作为必然具有创生性的真实的存在而言，它是先于而且超
越于它所创造的现象世界的限制。用焦竑的话来说，道“天地不能
为之囿”或者“阴阳不能为之灾”，并且“昭昭然进乎象矣！”[10]即使
道是具有超越性的，它并不“在有物之上”，[11]而是内在于事物。焦
竑以佛教的语汇将道说成是“离一切相，即一切法”。[12]因此，虽然
道不是一个具有可界定“大小”的东西，无法被“大小”或“多少”加
以衡量，但道“括万象”并且“涉群数”。[13]类似的道理，虽然道据

201

---

[1] 见本书第三章。

[2] 《澹园集》，48：12b。

[3] 《笔乘续》，4：214。

[4] 《阴符经解》，页3a。

[5] 《老子》第一章及第四十章。

[6] 《老子翼》，4：13b。

[7] 《笔乘》，1：2。

[8] 《老子翼》，4：13b。

[9] 《笔乘续》，1：153。

[10] 《阴符经解》，页3a。“昭昭然进乎象”的表达方式似乎源自于《阴符经》(结
　　 论句)。

[11] 《老子翼》，2：40a。

[12] 同上。

[13] 《阴符经解》，页3a。

说是"没有所在"，既不在"前"也不在"后"，它也可说成是既不在"左"也不在"右"。[1]它是无所不在，而又充满一切。没有任何东西可以"须臾"离开它；[2]并且"举足下足，无非道场"。[3]焦竑说："百姓之日用者即道也。"[4]因此，在一次"讲学"中，当一位学生抱怨焦竑从事的只是"寻常闲话"而从不提到道，焦竑回答，"寻常闲话"所关心的正是道。[5]

202

　　道在创生它所拥抱并且弥漫的现象世界时，是根据阴、阳盈亏而运作，焦竑所了解的阴阳乃是作为彼此相生相续的传统中国语汇。他说："阴复生阳，阳复生阴，阴阳相推，变化自顺。所谓物以顺而生也。"[6]阴阳交替因此乃是道的创生活动的机制，而道的创生活动只是创生，而不占有它的创生物。焦竑引用《老子》，描述这个活动为"生而不有，为而不恃，长而不宰"。[7]焦竑也依循老子，将之称为"无为"或者"无动"，并且因此将它与一般意义下作为"静"的相反的动区别开来。根据焦竑，道的动与静并不是相互排斥的。它们彼此共存，并且衍生到彼此之中。动从静中生长出来，并且总是回到静中。就这个意义而言，动乃是受静所"治"，并且以静为"君"。不过，另一方面，静也导向于动，并且乃"所以动也"。静是"无静而静"，如果想从动之外寻求静，静将永不可得。[8]

　　道的静不是静，而是导向动，这点乃是作为无的道创生出天地万物之所以然，焦竑说，天地万物"皆从虚静而生"。[9]不过，"成"道作

---

[1]《老子翼》，3: 31a。

[2]《笔乘续》，1: 154；《澹园集》，22: 16b。

[3]《澹园集》，48: 6b。

[4]《阴符经解》，页2b。

[5]《澹园集》，47: 6a。

[6]《阴符经解》，页3a。

[7]《老子》，第十章。英译采自 D. C. Lau, *Lao Tzu*, p. 66。另见于《老子翼》，1: 33a-b。

[8]《老子翼》，3: 26b；《阴符经解》，页1a-b、3a。

[9]《庄子翼》，4: 4a。

为创生者的职责,道必须复归于静。所以焦竑在附和老子将"道之动"描述为"反者"[1]时,他说:"道以逆而成也。"[2]动与静因此乃是一个循环的两个阶段,凭借着这个循环作为创生性的道,达成了它作为一个创生性过程的自我实现。在这个过程之中,当道从静到动前进的时候,有生于无。反过来,当道从动到静的时候,有被转换为无。因此,就像动与静,有与无亦非彼此排斥,而是形成一个连续体,并且彼此可以相互转换。无可以成为有,而有也可以成为无。无变成有以及有再度变成无的过程,根据焦竑,正是万物"皆作于"以及"皆归于"道。[3]

就终极的意义上讲,动与静、有与无被焦竑认为是同一的。基于这个理由,焦竑对于那些尝试去守静但是无法肯认到动与静同的人们有所批判,他说,这些人的静缺乏老子所谓的"笃"。[4]类似地,他批评颜子之所以不够成为圣人,是因为颜子只将有了解为"若"无,而并没有将有视为无。[5]这个将动与静、有与无的同一化,蕴含着一个存在主义者的观点,根据这个观点,道作为造物者、现象界作为受造者,两者仅仅是存在形态的不同,但是在本体论上是无法分割的。因此,焦竑引用《易经》说:"'形而上者谓之道,形而下者谓之器',非二物也。"[6]明确地说,这个造物者与受造者同一的存在主义观点,意味着道作为无(Nothingness)/空(Emptiness),具体化在作为无(nothingness)与空(emptiness)的"器"的现象世界之中。这个现象世界只是看起来似乎有着"有"与"动",但实际上,它没有"有"与"动"。焦竑曾以佛教的语汇说:"一切诸法,本性非有",它们"无有

---

[1]《老子》,第四十章。

[2]《阴符经解》,页3a。

[3] 同上书,页1b;《老子翼》,3:27a。

[4]《老子翼》,2:15a-b;典出《老子》,第十六章。

[5]《笔乘》,1:2;典出《论语》,8:5。

[6]《笔乘续》,1:155;典出《易经·系辞上》第十二章(见《周易》,7:10b)。

自相"，并且应该被认为是"空"。[1]他也说："试观万物，方其并作，若动且实，而实无纤毫动与实者。"[2]

因此，对焦竑来说，道作为一个创生的过程，也是道自我创生的过程。这个过程所涉及的，是从一个无／空的世界创生出来而又回返的生的过程，这个世界只有表面的存在，但是事实上乃是无／空。这样的一种道的观念，可以被妥适地描述为佛、道式的。它设定了一个道家式的创生过程，特别是老子所倡议的那种，老子想象道作为造物者，专注于一个始于无中生有、终于有归于无的循环运动。[3]不过，焦竑的道作为一个道家式的创生过程，也有一个分明的佛教面向，由于它的形成受到佛教"空"的观念的影响。因此，他的道作为无，没有"形体"，超乎言语和思考，乃是"空"与"无自性"。此外，佛教的空作为一个概念，不仅仅像道家的无那样，是终极实体（the Ultimate Reality）或者绝对界（the Absolute）的一个称号；它也指所有法的真性，以及现象世界存有的基础。因此，从佛教的观点来看，绝对界与现象界都是"空"，并且两者在本体论上是同一的。涅槃即生死，生死即涅槃。这个由空的观念所必然包含的、在绝对界与现象

----

[1]《笔乘续》，2: 176。

[2]《老子翼》，2: 15b。

[3] 在这一点上，我对《老子》的理解遵循较为传统的（如唐君毅所建立的）诠释观点（见唐君毅：《原论·导论》，页352-353、378-393、397-398）。因为三个理由，我决定不采用D. C. Lau修正式的论点，亦即老子没有提出一个"循环的"变化理论（见D. C. Lau, "The Treatment of Opposites in Lao Tzu," *Bulletin of the School of Oriental and African Studies* 21[1959]: 344-360）：（一）"循环"运动的观念在《老子》中并不欠缺，例如，在《老子》中，道被说是"周行而不殆"（第二十五章）；（二）我无法忽视在D. C. Lau的术语里所使用的"衍生"（generation）一词，因而将老子"有无相生"（第二章）的陈述简单解释成（像D. C. Lau所作的）是一个只具"逻辑性"并"与史学甚或形上学概念式的生成（production）无关"的陈述（D. C. Lau, "The Treatment of Opposites in Lao Tzu," p. 347）；以及（三）"循环"变化的观念不必如同D. C. Lau所推想的那样，不相容于老子对"柔"的评价，因为虽然兴与衰的"循环"过程在终极上是不可避免的，这个过程的跨距却不是前定的，而且假如一个人守"柔"的话，这个过程能够得以延长。

界之间的本体论同一性,在老子的宇宙观中并不盛行。老子认为,
"德"是"道之寓于物者",以及"物之所得于道"。[1]不过,他并没
有进一步去说"德"是"道",或者存有的现象世界终极上是和无的
绝对世界一样。事实上,如同之前所指出的,老子区别开、并且对比
"道"与"德",将存有的诸多领域与无,视为彼此连续但并不同一。
不过,焦竑将道家的无与佛教的空等同起来,这个等同迫使他去扩展
老子对现象界的观点。对焦竑来说,"观复"不仅仅是一件集中注意
力于万物将复归于无之根这个观念的事情而已,如同"观复"对于老
子的意义。[2]"观复"也关乎达成对于有与无的本体同一性的神秘洞
见,这里的有与无都既是"空",也无"自性"。[3]

　　因此,就焦竑以道为空的观点,以及他接着将有与无等同这两点
而言,他超越了老子许多。不过,就看待道为造物者,而佛教的空并
非造物者这点而言,焦竑仍然维持着对老子的真诚。如同稍后将会
显示的,空并不是现象世界的直接产生原因,并且就这方面而言相当
不同于无。借着保持道家无的创生面向,并且将之与佛教的空联结,
焦竑发展出了一种道的观念,这个观念无法被完全吸纳入佛家或道
家,而必须要被了解为佛、道两家的一个综合。

　　不过,焦竑的道的观念作为一个佛、道的综合,并不排除佛、道之
外的其他。它包含了许多元素,大多数新儒学者,包含了程朱正统派
的儒者,都不会拒斥这些元素必然为非儒家的。例如,焦竑关于阴阳
交替建构了道的创造性机制的观念,在新儒学者之间是标准的说法,
并且是从周敦颐《太极图说》与《通书》[4]以来,新儒思想宇宙论必
然包含的成分。此外,他将动与静视为同一的存在主义式立场,乃是

205

---

[1] Bodde trans., *A History of Chinese Philosophy*, 1: 180.

[2]《老子》,第十六章;见唐君毅:《原论·导论》,页370-376。

[3]《老子翼》,2: 15a-b、33b-34a。

[4] 关于这两篇文章的英文翻译,见 Wing-tsit Chan, *Source Book*, pp. 463-480。

王阳明强烈倡议的观点。[1]这个观点有点不同于朱熹对这问题的理解。朱熹从未推论到将动与静视为本体论上的合一与同体这么远的程度。他只是认为太极或理乃是动与静的共同来源，以及太极或理同时牵涉到动与静。因此，他说："动则此理行，此动中之太极也；静则此理存，此静中之太极也。"[2]然而，朱熹并不认为动与静是彼此互相对立的，而是将动与静视为具有一个相互涵蕴的关系，他会毫不迟疑地认可焦竑认为动、静彼此并存、并且相互衍生的立场。[3]朱熹以及其他的新儒学者，对于接受焦竑认为终极真实既是超越又是内在的观点，将不会有任何困难，即使他们可能会争议焦竑将道描绘为无与空。事实上，下面这段朱熹讨论太极的引文，可能轻易地出自焦竑之口：

> 周子所以谓之无极，正以其无方所、无形状，以为在无物之前，而未尝不立于有物之后。以为在阴阳之外，而未尝不行乎阴阳之中，以为通贯全体、无乎不在，则又初无声臭影响之可言也。[4]

可以确定的是，这些焦竑与其他新儒学者共享的要素，并不是儒家独有的。因此它们并不必然暗示焦竑的道的观念仍然是儒家式的。当然，终极真实既超越又内在的理论，跨越了三教的系统性疆界，虽然三教对于绝对界与现象界的准确关系为何有歧见，但三教都主张绝对界超越并且弥漫于现象界。阴阳的观念对《老

---

[1] Julia Ching, *To Acquire Wisdom*, pp. 112-140.

[2]《朱子语类》，94: 7a-b。

[3] 关于朱熹在这一点上的讨论，见《原论·导论》，页451-458。

[4]〔宋〕朱熹：《朱文公文集》（四部丛刊本），36: 10a-b。译文收于 Julia Ching, *To Acquire Wisdom*, p. 12。

子》并不特别重要，书中只出现过一次，而且那一次并不确定是不是被用来作为宇宙论的观念。[1]不过，在《庄子》书中，阴阳被使用过若干次，而且毫无疑问地带有宇宙论的意义。《庄子》书中如此说：

> 至阴肃肃，至阳赫赫；肃肃出乎天，赫赫出乎地；两者交通成和而物生焉。或为之纪，而莫见其形。[2]

可以进一步指出的是，动与静是有机的联结或是本体论上的同一这个观点，也可以被说成是佛教式的，因为这个观点，僧肇曾经雄辩滔滔地说明过，虽然原来僧肇是从一个逻辑与知识论的观点而论。[3]

207

不过，焦竑的道的观念有一个真实不假的儒家面向。这个面向来自于焦竑将作为无与空的道，视为与天或者性同一，而天或性在标准的新儒语汇中被理解为"诚"、"公"、"仁"以及"生生"，因此，焦竑的道作为创生性，不仅仅是道德意义上的创生，而且能创生出具有儒家特色的道德。这个将儒家的道德转嫁于佛、道的道，对于许多新儒学者，特别是程朱正统学派的儒者，将会是无法想象的。不过，焦竑一点都不感到矛盾，对他来说，儒家的道德能够自然而然、并且奔放地从道"流"衍而出，正因为道是无与空。而且，作为无与空的道，不会被"情累"以及"群疑"所"遮蔽"。[4]

---

[1] 见 D. C. Lau, *Lao Tzu*, pp. 44, 47。

[2] 英译采自 Watson, *Complete Chuang Tzu*, p. 225；另见 pp. 114, 118, 120, 144, 267, 291, 294-295。

[3] 见 僧肇：《肇论》，《大正藏》，第四十五册，no. 1858。另见 Liebenthal, *Chao Lun*, pp. 46-145, 以 及 Richard H. Robinson, *Early Mādhyamika in India and China* (Madison: University of Wisconsin Press, 1967), pp. 123-155。

[4]《澹园集》，48: 4a-b。

　　焦竑除了说过"诚"是"现现成成"（existential）、[1]"诚"即是道或天性[2]以外，并未特别详尽地说明"诚"的意义。至于"公"的观念，焦竑将它等同于"仁"，而"仁"则具不同的定义：为"觉"、[3]为"彻内外"、[4]为"仁者之心也……自立自达"，[5]而最重要的定义是"生生"。[6]"生生"的理念可以追溯到《易经》。[7]不过，将它与"仁"视而为一，是一个新儒思想特有的发明。[8]作为这样一种发明的"生生"观念，不仅仅将"仁"从先前儒家认为是人的本体论上的德行，提升为宇宙性的生命力量，并且将新儒思想式的创生与佛、道的创生区别开来。如同唐君毅在讨论《老子》的时候所指出，道家的道之为创造性，是以一系列重复循环的方式运作，而不是一个成长的过程。它并不包含创新或进步，与新儒学者的道之为创造性根本不同，后者是一个致力于"日新"的"生生"的过程。[9]就这方面而言，焦竑仍然是新儒学者，因为他保留了"生生"的观念，并且将像是阴阳、动静、有无交替的种种循环运动纳入于"生生"观念之中，这些循环交替运动是一个涉及持续汰旧换新的螺旋状过程。因此，对焦竑来说，"性本日新"。[10]它不断地超越它自身，并且在内在本质上具有自我超越性。

208

----

[1]《澹园集》，49: 6b。

[2]《笔乘续》，1: 164。

[3]《澹园集》，47: 1b。

[4]《笔乘续》，1: 155。

[5]同上书，1: 163。

[6]《笔乘》，4: 106。

[7]见 Legge, *The I Ching*, p. 356。

[8]见 Wing-tsit Chan, "The Evolution of the Confucian Concept of *Jen*," *Philosophy East and West* 4.4: 311-316。

[9]见唐君毅：《原论・导论》，页397-398。"日新"（原文：daily renovation, 在正文已提及）的观念来自于《易经》（见 Legge, *The I Ching*, p. 356）以及《大学》（见 Legge, *The Great Learning*, in *The Confucian Classics*, 1: 361）。

[10]《笔乘续》，1: 152。

　　"生生"的观念在佛教中也缺席，佛教的创造性观念是完全不同种类的。在佛教中，创造性是"缘起"的结果，而不是作为空的道的内在能力。[1]用牟宗三的语汇来讲，佛教的道作为空，并不像新儒思想的道一样是现象世界的"直接生因"。[2]新儒思想的道不论是认定为"理"、"天"或"性"，都既包含了"体"，也包含"用"。"体"是作为道之存有的本体论的存在，产生了作为道之动在现象界中的"用"。"体"与"用"因此形成了一对个体发生学上的并生关联物（ontogenetically conjoined correlates），构成新儒思想之道的必然内容，"体"与"用"也因此让这个新儒思想的道与佛教的空在观念上得以区分。

　　"空"这个词，就其基本的意义而言，乃是"缘起"。"空"作为"缘起"，并不是一个形上学的观念，而只是对缘起的一个描述，并且无法以体用范畴来加以分析。如果我们将这个用法中的"空"说成是缘起的"体"，或者将缘起说成是空的"用"，都无意义可言。体用分析对于作为缘起的空就是用不上。不过，另一方面，当空通过"八不"以及神秘观想而实现为"毕竟空"的时候，空可以成为一个形上学的观念。如此实现的毕竟空被称为"正理"，相等于"法界"、"真如"、"法身"，或者任何其他可以或已经被体用分析过的语汇。[3]我们可以以宋代僧人承迁为例。在承迁对法藏（643—712）《金师子章》的注解中，他以"金师子"的"金"为法界之体，以"师子"为法界之用。[4]类似地，《大乘起信论》也说到"法身"为真如之体，而"化身"与"报身"为真如之用。根据《大乘起信论》，作为真如之体

---

[1]　唐君毅：《原论·原道》卷三，页1379-1401。
[2]　牟宗三：《心体与性体》，1: 612。这个讨论受惠于牟宗三对于佛教的体与用的分析（见上注，页571-657）。
[3]　见 Wing-tsit Chan, *Source Book*, pp. 357, 436-437, 444。
[4]　承迁：《注金师子章》，特别是页75b-76a。

的法身,乃是"无分别",并且"离一切相",但是"满足无有所少",而"化身"与"报身"作为真如之用,能够"除灭无明,见本法身"。[1]

因此,事实上,体用分析在佛教以及新儒形上学中一直被使用着。不过,这个用法上的相似性只是表面上的,而非实际上的,因为在新儒思想的道德观念中所隐含的体用关系,在种类上完全不同于佛教真如与法界观念中所出现的体用关系。如同牟宗三所指出的,作为真如之体的"法身",自己并不会产生出"化身"与"报身",以便作为真如之用。只有在对菩萨、声闻、辟支以及有情众生的回应之中,"法身"才会以"化身"或"报身"明白显示出来。因此,虽然"化身"与"报身"是"法身"的显现,法身并不是它们的"直接生因",而对"化身"与"报身"之出现负直接责任的乃是菩萨、声闻、缘觉以及有情众生。[2]同样的道理也可以用来说承迁《金师子章》注解中所表明的"金"与"师子"的关系。"金"作为法界之体,对于"师子"的存在具有确定的必要性。但是"师子"作为法界之用,并不是"金"的必然产物,因为"金"在没有熟练金匠的条件之下,并不会自己转化成为"师子"。因此,如同在佛的三身中的体用关系一样,并不是作为体的黄金,而是金匠的手艺提供了师子生成为法界之用的"直接生因"。[3]

当我们将注意力转向新儒思想的时候,"体"跟"用"的关系就非常不同。在新儒思想的道的观念之中,"体"不仅仅作为道之有而存在,同时也必然创生出"用"来作为道之动。新儒思想的"体"因此既是存有的基础,也是新儒思想式的"用"的"直接生因"。下面这点是对的: 新儒思想的"体"在没有"气"作为第三者的媒介之

---

[1] 英译见Hakeda, *The Awakening of Faith: Attributed to Aśvaghosha*, pp. 65, 68, 69-70; 关于中文原典,见《大正藏》,第三十二册,no. 1666,页579。

[2] 牟宗三:《心体与性体》,1: 607-616。

[3] 承迁:《注金师子章》,页75b-76a。

下，是不会物质化实现为"用"。"气"因此发挥了一种功能，这个功能可能看起来相当于像是菩萨、声闻、辟支以及有情众生在"法身"之显像中所预设为"化身"的那个东西。不过，这个在功能上的相似性是表面的。"气"不像是菩萨等等，它们是"化身"与"报身"的"直接生因"，"气"并不引发任何种类的"用"。在新儒思想的参考架构之中，"体"仍然是唯一的创生性介体（agent），负责"用"的创生，而"气"只是"体"所赖以物质实现为"用"的媒介。此外，"气"虽然只是媒介，仍然是必然且真实的，而菩萨、声闻、辟支以及有情众生都只是条件性与虚幻性的。这种种差异隐含着，在佛家与新儒学者的"用"的观念之中，有一个本质性的区别。因为新儒学者的用都是由必然而真实的"体"通过同样必然而真实的"气"所创造出来，这个"用"也不可能不同样是必然而真实的。相对而言，佛家的"用"是条件性与虚幻性的，因为它的"直接生因"乃是那些只是条件性和虚幻性的存在。再其次，根据佛教，条件性与虚幻性的存在必须成为必然而真实的。例如，"化身"与"报身"最终会被吸纳入"法身"之中，正如同菩萨、声闻、辟支以及有情众生最终会被转化成为明通的佛。因此，虽然新儒思想的"体"通过永无止境的"生生"过程产生"用"，佛教的"体"则通过将"用"转化进入成为唯一真实而必然存在的"体"而吸纳"用"。

211

如同之前所指出的，正统新儒学者常常将他们作为理的道与佛教的空相对比，而后者是他们拒斥为虚无主义的。这样的作法，使得他们被焦竑指控为"陷于名而不查实"。[1]焦竑的指控有某种可信度，因为，如同傅伟勋所指出的，在大乘佛教里，特别像是天台、华严与禅宗这些大乘佛教在中国的进一步发展中，有所谓的"内在之中的超越"（transcendence-in-immanence），并且"龙树对于由人所建

---

[1]见本书第三章。

构的心、真理真实在知识论上的二元性，以及涅槃／轮回，绝对／相对等在本体论上的不可分辨性所作的否定性的逻辑本体分析，最终都转化成为一种对现象界与日常生活真实性的直接、积极与动态的肯定。"[1]

　　不过，即使焦竑的指控听来可信，他仍然没有说到重点。他忽略了正统新儒学者拒斥佛教的空为虚无主义的脉络。就结构上来说，这个议题所涉及的并不是内在 V.S 超越，或者此世性 V.S 他世性的问题。毋宁说，在正统新儒思想对佛教的辟斥之中，内在 V.S 超越，或者此世性 V.S 他世性的议题，构成了 Michel Foucault 所说的论述"对象"。[2] 作为一个论述对象，这个议题有某种意义的特定性，而且只有就它在正统新儒思想之为一个"论述形构"[3]的脉络之中的部署位置，它才能够成为可理解的，而这个"论述形构"在形而上的层面是由道作为现象界的"直接生因"这一观念所建构。就佛教的空包含了一个自己不能够创生出"用"的"体"而言，佛教的空并不是一个"创生实体"，[4]并且可以被新儒学者持之成理地拒斥为虚无主义式的。

　　以纯粹抽象的语汇来说，这个拒斥并不是无可争辩的，因为佛教事实上肯定了一个不是新儒思想的那种"体"。不过，空作为新儒思想的道的反命题之陈述，这点是成立的。作为新儒思想的道的反命题，空清晰地表达了一个典型的佛教宇宙，即使连禅宗都不能例外于这个宇宙。禅宗经常被宣称为"佛教的超越主义（transcendentalism）

---

［1］ Charles Fu（傅伟勋）, "Morality or Beyond: The Neo-Confucian Confrontation with Mahāyāna Buddhism," *Philosophy East and West* 23.3 (Jul. 1973): 390-391.

［2］ Foucault, *The Archaeology of Knowledge*, pp. 40-49.

［3］ 同上书，页31-39。

［4］ 这个语汇我得自于牟宗三（见其《心体与性体》，1: 33-42）。

和道家的自然主义（naturalism）的幸福结合"，[1]而"中国人对生命的感受已经被吸纳在这个结合之中"。[2]但是就禅宗所主张的体用关系而言，禅宗仍然可以被认定是佛教式的。若要举例，我可以举大珠慧海，他是一位8世纪的禅师、马祖道一（709—788）的弟子。大珠慧海在许多场合运用体用分析来澄清终极真实所明显具有的悖论性质，这个终极真实，如同《维摩诘所说经》中一样，不同地称呼为"绝对界"、法身、般若与净。在这些场合，终极真实被说成具有一个"体"，这个体并不"分衍"；它是"无形"、"无状"以及"无垢"，并且就这个意义上被认为是"空"。同时，作为"体"的终极真实，也被大珠慧海描述为"不空"，因为终极真实的"体"，"中具恒沙妙用"，"应翠竹以成形"以及"对黄花而显相"，并且以维摩诘（Vimalakīrti，意译为"净名"）的"诘"（kīrti，梵文原意为"名"）作为他的功能性显示，而这个功能性显示是"从根本本体所进一步前进发展的"（译按："但会净名两字便得。净者本体也。名者迹用也。从本体起迹用。"）不过，意义上很重要的，大珠慧海将他的"体"的功能描绘为"应用"，应用的出现是回应于"境"以及"应物现形，如水中月"。[3]因此，就如同《大乘起信论》以及承迁对法藏《金师子章》的注解这两个例子，大珠慧海的"体"仍然不是"用"的"直接生因"；而所谓禅乃是"对现象世界以及日常生活的真实性的动态与自然主义式的重新强调"，事实上仍然在一个常态性的佛教架构之中运作，并且受到一种特定形态的体用关系支配，这种体用关系虽然在他自己的语　213

[1] Charles Fu, "Morality or Beyond: The Neo-Confucian Confrontation with Mahāyāna Buddhism," p. 391.

[2] Heinrich Dumoulin, *A History of Zen Buddhism* (New York: McGraw-Hill, 1965), p. 104.

[3] 慧海：《顿悟入道要门论》以及《诸方门人参问语录》，《大日本续藏经》，第一辑，第二篇，第十五套，第五册，页425b、429a、429b-430a；John Blofeld, *The Zen Teaching of Hui Hai* (London: Rider, 1969), pp. 77, 104, 111。

汇上肯定真实,但在新儒思想的意义上仍然是虚无主义式的。

不过,虽然焦竑对于正统新儒学者拒斥空的反拒斥没有说到重点,但这个反拒斥仍然值得被认真考虑。如同稍后所会显示的,这个反拒斥是以特定语汇所表达的,这些特定语汇在本体的层次上暗示了对物理界与形上界两者同一的一元论式的肯定。这样的一个反拒斥,乃是表达焦竑对程朱正统之为本体论上理气二元哲学的不满,其形成过程受到焦竑作为一位多元主义者之批判立场的影响,也受到焦竑的哲学构想的影响,这个构想Irene Bloom称之为"气一元论"(monism of *Ch'i*),[1]它是一种新儒思想的重构形式,其中必然包含着新儒思想对佛教思想系统的认知的变化。因此,虽然焦竑对于绝对界与现象界的存在主义式的认定合一,乃是以佛教语汇阐明,但这点并不使他有义务去接受佛教的体用逻辑。焦竑的道仍然保有内在且必然的创生性,这个创生性正是新儒思想意义下的"生生"。他认定"体"与"用",或者是体用的种种等同范畴,像是"一"与"多"以及"本"与"末",都是终极上的同一,[2]以及个体发生学上的并生。他说到性之为"体",以及情之为"用",并且说"情生于性"。[3]

心与情

焦竑使用心这个语汇有两种相互对照的意义。一方面,他称心为"本心"、[4]"真心"、[5]"正心"[6]以及"净妙明心"。[7]另一方面,当

---

[1] Bloom, "On the Abstraction of Ming Thought: Some Concrete Evidence from the Philosophy of Lo Ch'in-shun," in *Principle and Practicality*, pp. 69-125,特别是 pp. 76-91。

[2]《笔乘续》,1: 148、150、160、162、166。

[3] 同上书,1: 166;《澹园集》,48: 2a。

[4]《澹园集》,48: 5b-6a;《老子翼》,卷首: 3a。

[5]《澹园集》,48: 2b、2b-3a。

[6] 同上书,48: 2b、10b。

[7]《笔乘续》,2: 175。

提到心的第二意义时,他以孟子的语汇称之为"放心",[1]以庄子的语汇称之为"成心",[2]而以佛教的语汇称之为"分别心",[3]或者是"攀缘心"。[4]

以"本心"为第一个意义的心,就是性或道,并且"心、性原无分别"。[5]正如同性或道,本心"无体无方",而"实非有可指、可执之物也"。[6]它又"无声无臭",因此超乎感官知觉以及"智解"。[7]也像是无所不在、并且存在于外在世界的性与道一样,本心"盈天地间"、[8]"无外",[9]以及"无古今"。[10]它是"遍照"[11]以及每一个人都具有的。[12]它"不为(圣王)尧存"也"不为(暴君)桀亡"。[13]

本心被焦竑视作性或道,而性与道是通过意识、知解、感受这些心理语汇来加以理解的。因此焦竑说:"人心即道……世以其无不觉也,名曰心。"[14]这样理解的本心,乃是"自神自明"的。它"不虑而知、不学而能",[15]基于这个理由,他被描述为"自知"与"见"。[16]不过,在本心知解与感受的时候,它并不分别知解与所知,或者感受者与所感受者。它就像是一个新生婴儿的心,还"块然纯朴",而且这

[1]《澹园集》,48: 4b-5a;典出《孟子》,6A: 11。
[2]《庄子集解》,2: 8-9。
[3]《澹园集》,48: 11b。
[4] 同上书,48: 12b;《笔乘续》,2: 175。
[5]《澹园集》,49: 3a。
[6]《笔乘续》,1: 156。
[7] 同上书,1: 150、156。
[8]《澹园集》,48: 2b。
[9]《笔乘续》,4: 213。
[10] 同上书,1: 156。
[11] 同上书,2: 177。
[12] 同上书,1: 136。
[13]《澹园集》,48: 3a。尧与桀的相关材料,是《荀子》的一个典故(见《荀子集解》,17: 205)。
[14]《笔乘续》,1: 156。
[15] 同上书,1: 159。
[16] 同上书,1: 167;《庄子翼》,1: 63a。

个婴儿不知道自我与他者的区分,因为他"识未生也"。[1]就这个意义而言,本心的知解与感受完全与被知以及被感受的对象为同一。

不过,另一方面,本心也分离并超越于它所知解与感受的对象。如同在《楞严经》中波斯匿王论见恒河性一样,当王的身体随着思想而时刻变化时,[2]恒河却维持不变,本心乃是"不灭"、也不随着本心所知解与感受的事物的转变而转变。[3]因此,一个具有本心的人,当看跟听的时候,可能"满眼见色",并且"满耳闻声"。不过,这个有本心的人却"与盲等",无视于"色",并且把"声"当成好像只是"响"一样;也就是说,他并不"随色声之门"。[4]就这个意义上而言,本心的知解与感受并不"倚"靠任何地方,[5]或者"寄"居于任何事物之中。[6]本心这样的知解与感受是"虚玄"的,并且被焦竑称之为"无知"与"无见"。[7]

"无知"与"无见"的基础在于本心的本体论,而这个本心就像性与道一样,被焦竑认为是空与无,[8]并且常被他说成是"无心"。[9]本心了解:作为知解者与感受者的心的本身以及心所知解与感受的那些事物都是"空"的,并且没有自性。[10]本心"内无我,外无物"。[11]因此它对于事物或者观点既不"住"、也不"执"。[12]就好像"乘桴

[1]《笔乘续》,1: 167。

[2]《首楞严经》,页110; Luk, *The Śūraṅgama Sūtra*, p. 26。

[3]《澹园集》,49: 7a。

[4]《笔乘续》,2: 180。"盲"与"响"的意象出于《维摩经》,页540;另见 Luk, *Vimalakīrti*, p. 23。

[5]《澹园集》,47: 17a。

[6]《笔乘续》,1: 150;《庄子翼》,4: 48a。

[7]《庄子翼》,4: 48a;《澹园集》,47: 17a。

[8]《笔乘续》,2: 175;《澹园集》,47: 10a 以及 48: 12a。

[9]例如《澹园集》,48: 2b;《老子翼》,2: 24a。

[10]《笔乘续》,2: 180、184。

[11]同上书,2: 173。

[12]《老子翼》,6: 42a。

浮于海",[1]它"无系"[2]而又"无栖泊"。[3]它"见素抱朴,则少私寡欲"。[4]它也不"取",而其结果是不"畔援"。更好的说法是,它与天地万物为一体,并且不会犯"举一而废百"的错误。[5]基于这个理由,它被说成是"吾心之理,种种具足,用之不尽"。[6]不过,由于它维持着不被随着事物来去而兴灭的"念念迁变"[7]所打扰,因此没有事物能够"碍心之虚"。[8]它"住于无念法中",[9]并且"无动摇"以及"无窒碍"。[10]

本心不附着、不依赖,它"无偏倚",并且被焦竑描述成处在"中"(译按:英译为centrality〔中心〕,或equilibrium〔平衡〕)的状态。[11]本心"无动摇"并且无"念念迁变",被说成是"静"或者"寂"。[12]不过,就像性或道的静一样,本心之静并不悖反于动,而是动的基础。因此,除了能够知解与感受之外,本心也能够为事物所"感",并且在本心"通"万物的时候,以"情"回应万物。[13]根据焦竑,"情"乃是"静之动",[14]而"寂然不动,感而遂通"。[15]本心在静的状态将导致动,并且以"情"受感,这个发展乃是必然的。因此,虽然"情"是受外在事物刺激而起,却仍然内在于本心或"性"。焦竑说:

216

---

[1]　典出《论语》,5: 6。

[2]　《笔乘续》,1: 156。

[3]　《老子翼》,2: 29a。

[4]　同上书,2: 23b-24a。这个陈述引用自《老子》第十九章;英译采自 D. C. Lau, *Lao Tzu*, p. 75。

[5]　《澹园集》,48: 9a。

[6]　同上书,48: 4b。

[7]　《笔乘续》,2: 173-174。

[8]　《澹园集》,47: 13b。

[9]　《笔乘续》,2: 177。

[10]　《澹园集》,48: 6a。

[11]　同上书,48: 3b;典出《中庸》第一章。

[12]　《澹园集》,6: 4a; 47: 10b。

[13]　同上书,6: 4a;《笔乘续》,2: 172。

[14]　《庄子翼》,2: 58a。

[15]　《笔乘续》,2: 172;典出《易经》(见 Legge, *The I Ching*, p. 370)。

"心不离情","性之静,非离情以为静也"。[1]焦竑也将情与本心或性的关系比喻成一个孩子与其母亲,或者一段分枝与它的根本的关系,暗示说,情乃是本心或性的直接有机产物。[2]作为这样的情,被焦竑视为在本体论上与本心或性同一。他说:"忧、患、忿、懥、爱、恶、哀、矜,皆心也",以及"喜、怒、哀、乐,皆性也"。[3]他进一步使用熟悉的水／波作类比,本心与性是水,情是波,他说:"波未尝不水也。"[4]他因此对李翱(772—836)为了"复性"的目的而提倡"灭情"有所批判,并且说李翱这么做,偏离了"即情以论性"以及主张"乃若其情,则可以为善矣"的孟子。[5]

　　情作为本心的活动,不仅仅源自于静,并且从未与静分开。事实上,本心的动与静,就其相互贯穿、弥漫以及存在上的同一而言,正像是性或道的动静一样。因此,焦竑在谈到动情状态的心作为性之动的时候,他说:"静谓之性,心在其中矣;动谓之心,性在其中矣。"[6]因为静涵蕴了动,心必然是动态的。相反地,因为动涵蕴了静,心在动之后总是停下来。这个停,并不因为某种外在的力量而发生,而是从自己停止的心的内部发展出来,乃是"自止"。[7]焦竑依循了一个在宋代新儒学者中已经成熟建立的传统,而这个传统也持续在像是黄绾(约1477—约1551)、王畿[8]这些明代的新儒学者中流行,他们都依据艮卦来谈心的"自止"。在艮卦注解:"艮其背,不获其身;行其庭,不见其人"[9]的基础上,焦竑将本心比为人身体的背部,他说:"用

[1]《笔乘续》,1: 165;2: 172。
[2]《澹园集》,4: 1a。
[3] 同上书,6: 4a;《笔乘续》,1: 166。
[4]《笔乘续》,1: 165。
[5]《笔乘》,1: 15。典出《孟子》,6A: 6。英译立基于焦竑的诠释。
[6]《笔乘续》,2: 173。
[7] 同上书,1: 149,2: 172;《庄子翼》,2: 9a。
[8] 见 Berling, *The Syncretic Religion of Lin Chao-en*, pp. 116-137。
[9] 英译采自 Legge, *The I Ching*, pp. 175-176。

而常止者,惟背为然。"[1]

因此,对焦竑来说,本心同时既是动又是静。它会"思",但是它的思考总是"止其所",并且"不出其位"。[2]它也会动情,但它的情既不"过"也无"不及",并且总是"节"与"和"。[3]不过,这个"节"并不涉及压抑,而只是本心的"止"。[4]本心在一份情感经历了完整的过程并且圆成之后,会自然的收息。根据焦竑,这正是子游说"丧致乎哀而止"的意义。[5]因此,在焦竑的观点中,本心的情感是针对外在刺激而加以适切等比的回应。它们"随顺"于它们所自然而然回"应"的事物或者情况。[6]但它们从不变得依附于事物或情况,并且不被主观的欲望所困扰。[7]它们无"意"、"必"、"固"、"我"。[8]产生这种情的本心,"如鸟游空,如影涉水",它在情况召唤的时候表达情感,但不被情感纠缠。在情感表达之后,不留下任何情感的痕迹,因此并无情感的纠结。[9]它"有喜非喜,有怒非怒,有哀乐非哀乐"。[10]

相对于与性同一并且觉察万物的本心而言,迷失的心(译按:"成心"或"放心")乃是"离于性",[11]并且"迷而不觉"的。[12]"放心"没有那份自我觉识,意识到心是自然而然地理解、认知,以及在

218

---

[1]《笔乘续》,1: 149。

[2] 同上。"止其所"与"不出其位"的观念源自于《易经》(见 Legge, *The I Ching*, pp. 256, 332)。

[3]《澹园集》,47: 14a-b。"过"与"不及"的概念源自于《论语》,11: 15,以及《中庸》第四章。"节"与"和"则是出于《中庸》第一章的观念。

[4]《笔乘续》,1: 165。

[5] 同上书,1: 156。典出《论语》,9: 14。

[6]《笔乘续》,1: 167。

[7] 同上书,2: 178。

[8]《澹园集》,48: 10a。孔子据说不受制于这四种心理特性(见《论语》,9: 4)。

[9]《澹园集》,6: 4a。

[10]《笔乘续》,1: 167-168。

[11]《笔乘》,2: 29。

[12]《澹园集》,48: 4b。

万物之中完足。结果是，它缺乏自信，被疑惑所萦绕，并且放弃自己，沦为通过感官来追求理解与认知。[1]它好像一个人虽然夜半坐在烛火之前，却无法找到火来重新点燃他已冷的厨灶，因此必须要挨饿，因为他不明白蜡烛中的火焰是火。[2]它也像是一个专注于沉思水的人的心。从他自家池塘的水开始观察，但是发现不够像水。于是他在全世界搜寻，在溪水、河流甚至海洋中寻找比较好的水，而没有了解到他自己的眼泪和唾液也是水。[3]

在这样放弃了它本来的自我，转而通过感官来寻求知识，"放心"追逐着事物与情境，[4]并且无法了解"其进乎象"。[5]"放心"极度亢奋，"忘了"归静，[6]并且受到无止境的"念"之流的折磨。[7]固执于事物而又四处嬉游，迷失的心就好像"猢狲失却树"，永不休息、局促不安。[8]它也失去了自发性，变得无法以适当平衡的情感主动回应事物与情况。结果是，它的情感不再自我调节，而完全被外在的事物与情况所"主"。[9]不过，吊诡的是，"放心"动情的状态下，虽然为外在的事物与情况所"主"，却有着强烈的主观欲望，并且着迷于这些欲望。"放心"有分别性与排他性，它"顺"某些事，但"逆"其他的。[10]它"有所恐惧，有所好乐"，不特别顾念客观的情势。[11]

---

[1]《澹园集》，47: 8a; 48: 4a-b、5a; 49: 6b;《笔乘续》，1: 162; 2: 171-172、176;《庄子翼》，1: 62b-63a。

[2]《笔乘续》，1: 159。

[3] 同上书，2: 171-172。

[4] 同上书，2: 172。

[5]《阴符经解》，页 3a。

[6] 同上书，页 1a。

[7]《笔乘续》，2: 178。

[8]《澹园集》，48: 12b。

[9] 同上书，48: 3b-4a。

[10] 同上书，48: 11b。

[11] 同上书，48: 2b。

就思想上来讲，"放心"受"习见"所"阻"，[1]充满了老子所说的"前识"。[2]因此，它无法见到事物如其所然。它"谓东为西"，[3]并且将像是"高"、"坚"以及"位置"（即字面上所说的"前后"）这些特征，赋予本身应该是不具备这些特征的道。[4]不过，虽然犯了这些错，放心依然"第执其意见"以"与天下争"。[5]总的来说，"放心"陷溺在"嗜欲"与"意见"之中，焦竑认为后者比前者更难去除，因此更为致命。[6]"放心"虽然已经放弃了自己，不过却"自恋"。[7]它是没有自我的自我中心，它与世界疏离，因为它疏离了自己。焦竑将它描述为"盖歧于己，则天下外矣"的一颗心。[8]

焦竑对本心与放心之间所作的区分，令人想起心作为"人心"与"道心"的双重观念，[9]二程兄弟曾经提倡这个观念，朱熹也持续关切。朱熹对于"人心"与"道心"问题的观点，一生转变过好几次。[10]开始时，他认为"人心""桎于形体之私"，而"道心"则"得于天地之正"。[11]因此在他的《观心说》中，他说："夫谓人心之危者，人欲之萌也；道心之微者，天理之奥也。"[12]朱熹在这篇文章中的立场，大致上与二程兄弟相同。譬如，程颢曾说："人心惟危，人欲也；道心惟微，

---

[1]《澹园集》，47: 17b。

[2]《笔乘续》，1: 149。见《老子》第三十八章："前识者，道之华，而愚之始。"

[3]《笔乘续》，2: 174。

[4] 同上书，1: 149。

[5]《老子翼》，6: 42a。

[6]《澹园集》，47: 13a。

[7]《笔乘续》，2: 172。

[8] 同上书，1: 152。

[9] "人心"与"道心"的概念原出于《书经》（见 Legge, *The Book of Historical Documents*, p. 61）。

[10] 见唐君毅：《原论·原性》，页401-403。

[11]《朱子全书》，36: 23b。

[12]《朱文公文集》，67: 20b。

天理也。"[1]程颐也已说过:"人心,私欲也;道心,正心也。"[2]因此,像二程兄弟一样,朱熹开始的时候将"人心"放置在与"道心"对立相反的位置,并且将"人心"与私欲等同。

220　　　不过,朱熹对这个问题的观点在他晚年的时候有所转变。在接近生命终点的时候,朱熹缓和了早期的立场,并且达成了一个不再将"人心"与私欲等同,而是将"人心"设定为处在"道心"与私欲之间位置的看法。因此,在也许可以被称为晚年定论的看法里,朱熹将心分为三途:道心、人心,以及私欲之心。"道心"位于一端,乃是纯粹善,完全无恶。它是那个完全展示、并且实现天理或道的心。在中间的是"人心","人心"是心具有所有的冲动与本能的自然状态。就其自身而言,"人心"在道德价值上是中立的。在另一个极端的是私欲之心,邪恶并且相反于天理或道。[3]

不过,朱熹的三分法,虽然作为概念架构与他早期的二元对立看法有所不同,但并不意味着他否定了早期的看法。如同唐君毅所指出的,[4]在这三分法中的"人心"事实上不可能单独存在或者保持中立。它必定是:要不遵从"道心"的命令,并且因而被转变为"道心";要不就沦落到私欲的层次,并且与种种之为邪恶的私欲区分不开。因此,朱熹说:

　　　人只有个天理人欲,此胜则彼退,彼胜则此退,无中立不进退之理。凡人不进便退也。譬如刘、项相拒于荥阳、成皋间,彼进得一步,则此退一步,此进一步,则彼退一步。[5]

---

[1]《河南程氏遗书》,11: 139。

[2]同上书,19: 280。

[3]唐君毅:《原论·原性》,页402-403。另见Chü-i Tang, "Moral Mind," pp. 94-95。

[4]唐君毅:《原论·原性》,页407。

[5]《朱子语类》,13: 3a。

因此,归根结底,朱熹晚年三重心的观念可以被化约成他早期的双重心的观念,这个双重心的观念二程兄弟已经提倡过,并且可以被认为是焦竑本心与放心之分别在新儒思想中的前例。

不过,在朱熹的双重观念与焦竑的双重观念之间有种种重大差异。朱熹基于"气",将"人心"从"道心"分支出来,"气"是张载新儒思想的中心观念。依张载的构想,"气"乃是宇宙的潜在真实。"气"弥漫在所有的存在与现象之中。在它的原始状态里,"气"未分化且无形象,而被张载称为"太虚",而张载又转而将"太虚"与"太极"视而为一。作为这样的"气","涵摄"[1]天、地、万物,而天、地、万物不过就是"气"的特殊化(particularization),这个特殊化乃是"气"的浓缩或散布,或者收缩与伸张的结果。"气"作为未分化的"太虚",乃是至善。不过,在"气"分化成为个别事物的过程中,"气"经常展示出片面性或不平衡,而这两者导致了敌对与由此而来的邪恶。[2]因此,对张载来说,"气"虽然不是必然或内在的邪恶,却仍然是邪恶的来源,因为,如同陈荣捷所说:气提供了"恶的场合"。[3]

张载的"气"的观念为朱熹所承继。不过,这是一个以程颐为中介的继承,而程颐并不单纯地跟随张载,认为"气"是恶的来源,而是进一步将"气"与"理"加以对比。[4]因此,对于"气质"这个观念(这个观念乃是作为"恶之源"的气的观念的逻辑必然并生物),朱熹同时归功于张载与程颐。

221

---

[1] 我遵循唐君毅,将中文词语"涵摄"翻译为"prehend";见 Tang, "Chang Tsai's Theory of Mind and Its Metaphysical Basis," *Philosophy East and West* 4.2 (Jul. 1956): 124-125。

[2] 关于张载的气论,同上书,页113-136。

[3] Wing-tsit Chan, *Source Book*, p. 511. 另见 Wing-tsit Chan, "The Neo-Confucian Solution of the Problem of Evil," *Bulletin of the Institute of History and Philosophy, Academia Sinica* 28 (1959): 773-791。

[4] 唐君毅:《原论·导论》,页428-432。

> 气质之说始于何人？曰：此起于张、程。某以为极有功于
> 圣门，有补于后学。读之，使人深有感于张、程。前此未曾有人
> 说到此。[1]

就义理上来说，朱熹拒绝了张载将"气"与"太极"视而为一的
看法。朱熹比较像程颐，宁可将"气"与"理"相对照，而理则转而被
等同于"太极"。[2]不过，朱熹以及程颐，仍然衍生来自张载将"气"
作为恶之源的观念。朱熹比二程兄弟赋予"气"更多的重视，这点也
显示了他有所得于张载。"气"在朱熹体系中的重要性，在他的心的
理论之中特别明显，而和二程兄弟的理论有所不同。二程兄弟只是
就"体"与"用"、"静"与"动"，以及"未发"与"已发"来区分心与
性，未从本体论上区分。二程兄弟视心为性的用、动和已发，而性是
体、静和未发。

不过，朱熹视心为"气之精爽"，并且认定它兼具"体"与"用"、
"静"与"动"、"已发"与"未发"。作为这样的心，朱熹的心在本体
论上与性、与情有所不同。就这方面而言，朱熹是类似主张"心统性
情"的张载。[3]稍后将会细察朱熹关于心的看法：一方面与性或理有
关系，另一方面与情或气有关系。这里需要被强调的是，他采用了张
载的"气"作为恶之源的观念，并且将它用来构成区分"人心"与"道
心"的基础。因此，在代表朱熹晚年定论的《中庸章句序》中，他说：

---

[1]《朱子全书》，43: 5b-6a；《朱子语类》，4: 15a。英译采自 Wing-tsit Chan, *Source Book*, p. 511。

[2] Wing-tsit Chan, "Chu Hsi's Completion of Neo-Confucianism," *Etudes Song*, ser. 2, no. 1, pp. 65-69.

[3] 唐君毅：《原论·导论》，页478-482、493-495；《原论·原性》，页379-384。另见 Graham, *Two Chinese Philosophers*, pp. 65-66。关于朱熹视心为"气之精爽"，见《朱子语类》，5: 3b。关于张载论"心统性情"，见《张子全书》，页290。

> 以为有人心、道心之异者，则以其或生于形气之私，或原于
> 性命之正，而所以为知觉者不同，是以或危殆而不安，或微妙而
> 难见耳……必使道心常为一身之主，而人心每听命焉。[1]

焦竑不同于朱熹的地方在于，他并不使用"气"的观念作为区分
本心与放心的基础，及他主张的"气"的观念在物质性上与朱熹有所
不同。焦竑在与一位询问孟子"养气"[2]说的学生的对话中说到，孟
子所谓的"气"乃是其他圣人所谓的心或性，并且就像心或性一样，
气"塞乎天地之间"、"至大至刚"。焦竑也称赞孟子使用"气"这个
字，焦竑说，"气"是一个"最妙"的字；"气"指的是那个不包含一丁
点过度的情或分别意识，并且是"虚而应物者也"。[3]根据焦竑，正
是因为"气"的这些美妙特质，所以老子提倡"专气致柔"、《阴符经》
推荐"以气制心"。同时焦竑宣称，同样那些美好的"气"的特质，乃
是庄子陈述："无听之以耳，而听之以心；无听之以心，而听之以气"
的原因。[4]

因此，对焦竑来说，"气"并不是恶之源，而是与心或性同义。因
此，不同于朱熹，焦竑不能够而且也没有以"气"为基础而将本心与
放心区别开来。取而代之的，焦竑转而诉诸像是"迷"与"觉"，或者
"无明"与"智慧"这些佛教观念，来区别本心与放心。[5]对焦竑来
说，这意味着心不论是本心或放心都与"气"无关，有关的是心是否
能够保持对"空"或者"无我"之真理的自我觉识。根据焦竑，被理

223

---

[1] 朱熹：《四书集注》，《中庸章句序》，1：1a-b。

[2] 见《孟子》，2A：2。

[3]《澹园集》，48：8b。

[4] 同上书；《老子翼》，1：32b；《阴符经解》，页2b。典出《老子》，第十章；Watson,
Complete Chuang Tzu, pp. 57-58；《阴符经》，收于《阴符经解》，页2a。

[5] 例如，见《澹园集》，48：4b-5a，以及《笔乘续》，2：177。

解为佛教意义之ātman的"我",正是无明存在的原因;[1]"前识"能够存在,只因为"我之未竭"。[2]不过,无论心有没有保持对"空"之真理的自我觉识,心作为一个整体,要不是"迷",要不就是"觉"。因此,焦竑说:"无明不起即是智慧。"[3]就这个意义而言,焦竑的心总是一而不分;他对本心与放心的区分,并不是肩并肩同时存在的两种心的分别,而是一个同样的心在两种互斥状态的分别。

224　　　就这点而言,焦竑相当不同于朱熹,如同之前指出的,朱熹以"气"作为恶之源的基础,将人心从道心区别开来。朱熹的"气"虽然从不与"理"或性分开,不过仍在本体论与存在上有别。"气"与"理"或性结合,以便形成个别存有与物件,但它并不会与"理"或性混同。因此,朱熹说:"虽其(性,朱熹将其等同于理或者道)方在气中,然气自是气,性自是性,亦不相夹杂。……又不论气之精粗,莫不有是理。"[4]对朱熹而言,这个"理"与"气"二元性,意味着在"理"与"气"之间的心可以是,但并不总是一而不分——就像焦竑所认为的那样。根据朱熹,人心可以上升而符合于道心的指挥,并且因而被转化成为道心。当这个转化发生的时候,只有一心存在。基于这个理由,朱熹有时候将心说成是一而不分化的,例如,当他在《中庸章句序》开始的时候说:"心之虚灵知觉,一而已矣。"[5]又,当被问到陆象山的心的观念是不分人心与道心的时候,朱熹说:"此说亦不妨。"[6]另一方面,当人心沦丧并且浸没于物欲的时候,道心并不会与人心一起沉沦,或者同样浸没于物欲之中。道心会保持与"理"合一并且与现在已经堕落的人心并存。就这个意义而言,朱熹对人心与

---

[1]《笔乘续》,2: 179。

[2] 同上书,1: 149。

[3] 同上书,2: 177。

[4] 英译采自 Wing-tsit Chan, *Source Book*, p. 618。括弧中的文字是我的解释性注解。

[5] 朱熹:《四书集注》,《中庸章句序》,1: 1a。

[6]《朱子语类》,78: 3b。

道心的分别所预设的并不是同一颗心的两个互斥状态,而是被作为恶之源的"气"所彼此区分开来的两种心。

在两重心的观念上,焦竑与朱熹的差异不应该被完全解释成为佛、道影响的结果,[1]虽然佛、道的影响很明显。这个差异所反应的,是一个在心的观念上的根本的质性的差别:即朱熹作为宋代新儒思想的集大成者,与焦竑作为晚明新儒思想陆王学派的成员的差别。如同之前指出的,朱熹认为心矗立在"理"(或性)以及"气"(或情)之间。作为这样的心,是被朱熹以二者同时界定的。因此,朱熹说:

225

> 心比性,则微有迹;比气,则自然又灵。[2]

他也说:

> 性是未动,情是已动,心包得已动、未动。盖心之未动则为性,已动则为情,所谓"心统性情"也。[3]

朱熹的心,因此是就性与情来界定,不过,它并不与两者中的任何一个完全等同。它不仅在概念上,同时在存在上有它自己的身分。因此,朱熹说:"心统摄性情,非儱侗与性、情为一物,而不分别也。"[4]

焦竑就像朱熹,也主张心、性与情之间有逻辑上的分别。因此,如同上面所指出的,他认为在本心状态的心,就是以特定心理状态而言的性或道。他也认定情是性或本心的产物,并将性或本心比为水,而情则为水中的波纹。不过,焦竑不像朱熹的地方在于,他借由

[1] 见唐君毅:《原论·原性》,页422。
[2]《朱子语类》,5: 5b。
[3] 同上书,5: 12a。
[4] 同上。

视心、性与情为本体上的同一,而终究泯除了这些分别。因此,当朱熹将"仁"、"义"、"礼"、"智"从"七情"中分化出来,并且将这四种人的本体德行搭配天的"元"、"亨"、"利"、"贞"[1]时,焦竑则如同之前指出的,仍然采取"忧、患、愤、懥、爱、恶、哀、矜,皆心也"以及
226
"喜、怒、哀、乐,皆性也"的立场。这么一来,焦竑不仅仅预告了刘宗周(1578—1645)——刘氏将性的四种本体德行与喜、怒、哀、乐四情配对;[2]焦竑也与陆象山及王阳明所建构的新儒思想传统充分同调。

如同众所周知的,陆象山认为心与性或理同一,并且大体上不想将心、性、才与情加以区别。因此,当被问到"性、才、心、情如何分别"的时候,陆象山回答:"如吾友此言,又是枝叶……且如情、性、心、才,都只是一般物事。"[3]陆象山也拒绝人心与道心的区分,以及天理与人欲的对比,他说:

> 谓人心,人伪也;道心,天理也,非是。"人心"只是说……谓人欲、天理,非是。人亦有善有恶,天亦有善有恶,岂可以善皆归之天,恶皆归之人?[4]

他又说:

> 天理人欲之言,亦自不是至论。若天是理,人是欲,则是天、人不同矣。此其原盖出于老氏……《书》云:"人心惟危,道心惟

---

[1] 唐君毅:《原论·原性》,页388-389。关于元、亨、利、贞,见Legge, *The I Ching*, p. 57。

[2] 关于刘宗周这点,见唐君毅:《原论·原性》,页388、475。

[3] 《陆象山全集》,35: 288。

[4] 同上书,35: 302。英译采自Siu-chi Huang(黄秀玑), *Lu Hsiang-shan: A Twelfth-Century Chinese Idealist Philosopher* (New Haven: American Oriental Society, 1944; 后皆引作 *Lu Hsiang-shan*), p. 54。

微。"解者多指人心为人欲,道心为天理。此说非是。心一也,
人安有二心?[1]

因此,对陆象山来说,如同对焦竑来说一样,心是与性、与情为一的。它也是一而不分;心作为一个整体,要不作为本心而存在,要不就浸没于物欲与自我中心的观念中。没有这两种心的状态能肩并肩并存的机会,如同它们在朱熹那里那样。[2]至于王阳明,虽然他接受人心与道心的概念分别,并且承认就心理学而言,心、性、才与情有所差别,不过,他仍然认定这四者全部都是"存在上的同一以及本体论上的一体"。[3]

　　如同上面分析所显示的,焦竑完全切合陆王传统。不过,焦竑虽身处在陆王传统之中,但他既不同于陆、也不同于王,而部分原因就是佛、道影响的结果。例如,虽然陆象山将心等同于性或理,并且通常不以"气"言心,他仍然认为"气"乃是恶与个别不平等的来源。因此,他说:

> 人生天地间,气有清浊,心有智愚,行有贤不肖……贤者心必智,气必清;不肖者心必愚,气必浊。[4]
>
> 凡民之生,均有是极,但其气禀有清浊,智识有开塞。天之生斯民也,使先知觉后知,先觉觉后觉。古先圣贤与民同类,所谓"天民"之先觉者也。[5]
>
> 学者之病,随其气质千种万般,何可胜穷?[6]

227

---

[1]《陆象山全集》,34: 252。英译采自 Huang, *Lu Hsiang-shan*, p. 38。

[2] 唐君毅:《原论·原性》,页421。另见其 "Moral Mind," pp. 97-100。

[3] Chü-i Tang, "Moral Mind," pp. 107-108.

[4]《陆象山全集》,6: 52。

[5] 同上书,23: 181。"天民"典出《孟子》,7A: 19。

[6]《陆象山全集》,5: 40。

228   因此,对陆来说,"气"仍然是一个负面的观念,如同"气"对于朱熹以及其他宋代新儒学者一样。"气"的本身,对于完全平等主义式的人观,外加了限制。就这方面而言,焦竑与陆象山有根本的不同。因为对焦竑来说,人并不是因为出生时就被赋予不同种类的"气"而天生不平等。人只有在其后的发展(作为人们能否实现其"有恒"、"本一"的天生之性的结果)上,才变得不同。根据焦竑,这点乃是孔子说"性相近,习相远"的意思。[1]

    焦竑在气的观念上很明显地受到了道家的影响,如同稍早所指出的,他的气的观念是从像《老子》、《庄子》与《阴符经》这样的道家文本所衍生而来。不过,另一方面,他具有正面性的气的观念,也许不能完全视为道家影响的结果。不仅因为他也引用《孟子》作为他的权威,更因为他在这方面的思想乃是一个广泛流行的气的观点的典型代表,这个观点在晚明、特别是在王阳明心学左派之中相当常见。这个焦竑为其成员之一的学派,用de Bary的话来讲,提倡一个"乐观而自由通达(liberal)"的人观,这个人观的特点是强调气,并且"肯认个人所具备的热情与嗜欲的本性"。[2]同时也可以注意的是,这个晚明朝向正面评价气,以及因而正面评价情与人欲的趋势,事实上,在明代中叶王阳明、王廷相(1474—1544)与罗钦顺(1465—1547)就已经开始了。如同山下龙二所指出的,这三位学者都倡议理与气的合一;而王阳明与罗钦顺特别更进一步地提出情作为人性的一个内在部分的正面观点。[3]因此,关于气的观念,虽然焦竑与陆象山有根本的不同,但这个差别所代表的,是在宋代与明代新儒思想之

---

[1]《笔乘续》,1: 147;《庄子翼》,1: 16b-17a。典出《论语》,17: 2。

[2] de Bary, "Introduction," in *Self and Society*, p. 23.

[3] Yamashita Ryuji(山下龙二):《阳明学の研究》(东京都: 现代情报社,1971年),2: 3-4、80-96。关于罗钦顺,见Bloom, "On the Abstraction of Ming Thought: Some Concrete Evidence from the Philosophy of Lo Ch'in-shun," in *Principle and Practicality*, pp. 69-125.

间在思想大旨上的一个一般性差异。

另外，一个陆象山与焦竑之间的显著差异，在于焦竑更大程度的强调知作为心的官能（knowing as a faculty of the mind）。焦竑对知所赋予的重大强调，反映在下面这个事实之中，亦即：他借着"智慧"与"无明"而将本心与放心区分开来，这点在他对知的观念中也明显可见。他认为知既是复性的关键，也是像"仁"或"礼"这样的德行能够实行的先决条件。[1]就这方面而言，焦竑再一次地近于王阳明而非陆象山。如同徐复观所观察到的，[2]王阳明比陆象山更强调知；王阳明不同于陆象山，他将心指定为"良知"，并且认为"知是心之本体"，而仁、义、礼、智四个主要德行只是"表德"。[3]不过，虽然王阳明与焦竑都强调知的重要性，他们对于知作为一种活动的了解有所不同。王阳明的知首先关心的是，心的意志性观念作为心的直接对象。[4]它并不必然包含去知道作为无或空的事物或情境。虽然王阳明描述心或"良知"为"虚"与"无"，[5]但这样的描述只应用到心或良知作为知的主体，而不应用于事物或情境作为要去被知道的客体。因此他说：

> 目无体，以万物之色为体；耳无体，以万物之声为体；鼻无体，以万物之臭为体；口无体，以万物之味为体；心无体，以天地万物感应之是非为体。[6]

因此，对王阳明来说，"虚"与"无"是新儒思想神秘主义语言的一部

---

[1] 见《笔乘续》，1: 155。另见本章稍后的讨论。

[2] 徐复观：《中国思想史论集》（台中：东海大学，1959年），页46-50。

[3] 《王阳明全集》，1: 4、10。另见 Wing-tsit Chan, *Instructions*, p. 15(#8)以及34(#38)。

[4] 见 Chü-i Tang, "Moral Mind," pp. 103-104。

[5] 见 Julia Ching, *To Acquire Wisdom*, p. 139。

[6] 《王阳明全集》，3: 70; Wing-tsit Chan, *Instructions*, p. 223(#277)。

分。它们构成了典型的新儒思想"无心"的理论,如同de Bary所指出的,这个理论需要心清空他自私自利的自我,并且同时装满了天地之心。[1]

230 　　相较之下,焦竑的知不仅仅是王阳明新儒思想"无心"的一个机能而已,它也是佛教意义下的知(也就是认知空的真理),这样的知作为一个概念所描述的不仅仅是心的本体真实,也是整个宇宙的形上存在。因此,对焦竑来说,知涉及的是心去认知作为无的事物或情境。他关于本心"无住"的观念,所指涉的既是那个"无住"的心,也指那些没有持久持续的同一性或自性的事物或情境(因此,心无处可住)。[2]因此,在焦竑以知为心之官能的观念中,有一个显著的佛教面向。不过,这个佛教面向的意义,虽然不该被否认,但也不可以被夸大。就像焦竑的气的观念一样,这个气的观念受道家影响,但也是明代新儒思想一般趋势的典型代表。他的知的观念的佛教面向,也应该被放进新儒思想心的理论的广泛架构中加以评价。事实上,佛家空的观念,只是焦竑在他分析心的时候所使用的许多概念之一。佛教空的观念是以一个巨大宝库的添加物进行操作,这个宝库是由像"中"、"和"、"止"、"动"、"静"、"情"、"感"、"应"这些典型的新儒思想概念范畴所构成,而这些概念都可以被追溯回到像是《孟子》、《中庸》以及《易经》这样的儒家经典作品上。

学与圣人

　　"学"对焦竑来说是一个目标导向的过程,它必须稳固地聚焦于"见心"与"知性",如同我们已经看到的,这两者构成了"学"的目的,失去了这个目的,在学习上所费的努力极有可能是"徒劳"的。

---

[1] de Bary, "Cultivation and Enlightenment," in *The Unfolding of Neo-Confucianism*, p. 165.
[2] 本章稍早已讨论过。

对焦竑来说,求学始于"立必为圣人之志"。[1]圣内在于人人皆具之性,性"无舜跖,无古今,一也"。[2]不过,圣人之性的实现端赖于学,因为人性(圣人之性内在其中)虽然"自明也"、"自足也",但如果当事人不学的话,就无法保持自明自足;因为"明也而妄以为昏也,足也而妄以为歉也",结果是"性真"迷失在"妄"之中。[3]学习成圣因此就是"冥其妄"而"性斯复矣"。[4]它所涉及的不外乎在意识中实现一个人本然的道德之性,并且单纯是"自觉"的问题。[5]作为这样的学,被焦竑视为一件"易"事,不需要"着力"。[6]一个人"只是休歇贪求",并将他的心或性"回光返照"于自身;那么突然之间他就回复他的本性、他的"家乡"之中。[7]

不过,另一方面,"学"也被焦竑认为是"难"的,并且吊诡地说,它的困难正在于它是"易"事;它不需要努力的这个事实,也意味着"无着力处"。[8]此外,虽然复性会突然发生,但它必须有一个修养的过程作为先导。因此,焦竑说:"理须顿悟,事则渐修;顿悟易,渐修难。"[9]在事上渐修也可能是一个相当漫长的过程,它需要持续的"工夫",这个"工夫"要在日常活动之中保持,并且即使在"造次"以及"颠沛"时也不可以轻忽。[10]它也涉及"知",单靠这个"知"可以建立一个人复原"放"心所必须要的那种"自信"。缺乏"自信"被焦竑认为是一个人放弃自我而向外寻求真理的根本原因。[11]基于这

---

[1]《澹园集》,49: 4a。
[2]同上书,4: 1a。
[3]同上。
[4]同上。
[5]同上书,47: 14a。
[6]《笔乘续》,2: 185。
[7]《澹园集》,47: 1b; 48: 6b-7a; 49: 6b。
[8]《笔乘续》,2: 185。
[9]《澹园集》,47: 4a。
[10]同上书,49: 2a-b。"造次"与"颠沛"的典故出自《论语》,4: 5: 3。
[11]《澹园集》,47: 9a。

个理由,焦竑主张"学"只有在有自信的时候才能进行,并且自信为
"道之母"。[1]虽然自信之于求学不可或缺,但它并不是虚假的骄傲,
并且不能够仅仅被当作信条而加以宣称。它乃是作为知性或知道的
结果而自然而然发展出来的。[2]因此,对焦竑来说,如果一个人不是
自信的,一定是因为这个人的知不完美。[3]一旦他达成知性或知道
并且因此"开眼",他将能够视他自己同等于尧、舜与文王。知性者
或知道者也将像"陋巷窭人子耳",但是能够宣称"舜何人也? 予何
人也? 有为者亦若是"的颜回一样。[4]

　　上述所指称的"知"被构想为一个去制约化(deconditioning)的
过程。根据焦竑,它存在于"知非",[5]而且是孔子及其弟子蘧伯玉所
力行的那种"知"。为人所熟知的,孔子十有五而志于学,并且以五
个阶段来描述之后的进程。所以,《论语》中说他"三十而立,四十而
不惑,五十而知天命,六十而耳顺,七十而从心所欲不逾矩"。[6]这个
进程被焦竑标举为"退"而不是"进"。它是孔子能够转变("化")
的结果——随着年龄增长,之前孔子认为是对的,后来认识到并且
拒斥为是错的。[7]蘧伯玉跟随他师父的脚步,随着年纪增长,也跟着
转变("化"),在五十岁的时候,将他四十九岁认为是对的视为是错
的。[8]就典型意义上来讲,"化"被焦竑理解为错误的"消融"。就此
而言,它与"知非"无法加以区别。以医生的语言为隐喻,焦竑说:

[1]《笔乘续》,1: 151。
[2] 同上书,1: 151-152。
[3]《澹园集》,49: 2b。
[4] 同上书,49: 1b-2a。关于颜回的典故,见《论语》,6: 9,与《孟子》,3A: 1。
[5]《澹园集》,47: 5a。
[6]《论语》,2: 4。
[7]《笔乘续》,1: 149。
[8]《澹园集》,47: 5a。关于蘧伯玉的参考材料, 见 Watson, *Complete Chuang Tzu*,
　　 p. 288,以及《淮南子》(《四部备要》本),1: 9a。

一个人"惟其病病,是以不病"。[1]因此,对焦竑来说,"知"不仅仅是认知性的,也是治疗性的。它自身之中带有自我矫正的机制,亦即王阳明合知、行为一的"良知"之"知"。

焦竑借着将"知"与他从各种经典挪摄而来的许多专技性观念 233 加以等同,来进一步说明这个观念。例如,他说到"知"作为"心斋"(这是《庄子》中的重要概念),[2]以及作为"涤除"与"日损"(这则来自《老子》)。[3]他也通过《剥》与《复》两卦来讨论他的"知"。[4]根据焦竑,《复》卦在《易经》中紧接着《剥》卦这个事实并不是偶然的,因为如果没有《剥》所要求的剥离,就不可能达成《复》所想尝试的恢复。"剥"的中心意象是"床"。根据焦竑,《易经》用"床"作为"情欲"与"意见"的象征,因为"床"暗示了性欲,而性欲是最容易受影响而放纵的。正如同"剥"卦中的"床",在"硕果不食"能终于被显示之前,必须要剥除它的"足"、"辨"与"肤",同样地,复性——此乃是"复"卦的目的——除非"情欲"与"意见"被完全革除,否则也无法达成。"不剥",焦竑问:"焉能复?"[5]

焦竑的"知"所必须要知道和矫正的,是"情欲"与"意见"这两种放心所典型拥有的"疵病"。在这两者之中,至少是就性欲形式的"情欲"而言,可能更容易放纵耽溺。不过,"意见"的害处比较大,因为,如同我们已经看到的,"意见"比较难去除,特别是当它们刚好是学者们所倾向于去掌握并且固守的那种"玄"、"妙"意见。它们被焦竑比成进入眼睛的"金屑";它们阻碍了视线,但仍然被苦主认为有价值,

---

[1]《澹园集》,47: 5a-b。
[2]《庄子翼》,2: 8b-9a;《澹园集》,49: 7a-b。 另见 Watson, *Complete Chuang Tzu*, pp. 57-58。
[3]《老子翼》,1: 32b-33a;《澹园集》,47: 5a, 13: 2a-b。 另见《老子》第十章与第四十八章。
[4]《易经》第23-24卦。见 Wilhelm and Baynes, *The I Ching: Or Book of Changes*, 1: 99-106, 2: 140-149。
[5]《澹园集》,48: 7b。

而犹豫不去移除它们。[1]不过,终极上,这两种疵病其实是同一种,它们都是"意"的展现。焦竑说:"意亡,而必、固、我皆无所傅。""意"也
234 是一个人"情之饶,性之离"的原因。就此而言,如果想要复性的话,这样的"意"必定是要被"伐"的。[2]

根据焦竑,"伐其意"的努力,也就是"圣人以此'洗心退藏于密'"。[3]不过,圣人在追求这种学问时,并不会变得与世隔绝;因为"退藏于密"也包含了"吉凶与民同患"。[4]圣人也从不会变得无情;他的心可能"精纯自注",但是它"不离情",[5]情总是内在于本心。圣人只会"忘情","忘情"意指他的情不再"根"[6]于"意见"。结果是,他在情感上能够回应事物或情境,但在圣人的情感里,其情从不被事物或情境牵引过头。[7]这个圣人的心灵状态,要靠内在的心灵修养来达成,不过,这个内在的心灵修养并不剥夺心与外在世界的接触。"智者",焦竑说:"除心不除事"。[8]涤除心的"意见",以及连带的心的"妄情"与"欲念",根据焦竑,乃是孟子所提倡的"尽心","尽心"通常被读为 fulfilling the mind,但是被焦竑诠释为"无其心"(voiding the mind)。[9]不过,这个"无"也是性的实现。[10]因为,就如同矫正错误是与知错之"知"同时发生,性的实现也与"无其心"同时发生。焦竑再一次运用医生的语言说:"我但有除翳药,无

---

[1]《老子翼》,1: 32b-33a。

[2]《笔乘续》,1: 151。

[3] 同上。圣人之学为"洗心退藏于密"的观念,源自于《易经·系辞上传》第十一章(见 Wilhelm and Baynes, *I Ching: Or Book of Changes*, 1: 340)。

[4]《笔乘续》,2: 172-173。圣人"吉凶与民同患"的观念,源自于《易经·系辞上传》第十一章(见 Wilhelm and Baynes, *I Ching: Or Book of Changes*, 1: 340)。

[5]《笔乘续》,2: 172-173。

[6] 同上书,1: 164、167-168。

[7] 同上书,2: 178-179。

[8]《老子翼》,1: 33a。

[9]《笔乘》,1: 26。典出《孟子》,7A: 1。

[10]《澹园集》,49: 3a。

与明药。"[1]对焦竑来说,心是本然的自我灵明。因此,心绝无可能从外界获取灵明。问题只可能是如何移除障翳,以便心能够以它的本然灵明再度发光。为学不过就是去学着知道一个人犯错之处。

在焦竑以学和知为一个去制约化的观念中,他明显地受到道家的影响,特别是老子与庄子的道家,如同上面所指出的,老庄提供了焦竑像是"涤除"、"日损",以及"心斋"等核心观念。相较而言,佛教在这方面对他的影响似乎较不明显。不过,佛教的影响一定也同等真实而重要,如果我们考虑到焦竑研习佛教甚深的事实的话,而佛教,尤其是禅宗,也"要求一个彻底的思想破坏与文化去制约化的过程"。[2]

不过,基于许多理由,这个佛、道的影响并不必然将焦竑排除于好的儒者之列。首先,学作为去制约化的观念,并不为佛、道所排他性地独有。如同焦竑所做的,这个观念可以被回溯到《易经》,并且在陆王学派的跟随者之中相当普遍。事实上,陆象山与王阳明都提倡的正是这样一种学习观点。例如,陆象山说:"知非,则本心即复。"[3]他也说:"老夫无所能,只是识病。"[4]他批评同辈学者"只务添人底"学问,并且说:"自家只是减他底,此所以不同。"[5]王阳明也将"学圣人"界定为一件"去人欲而存天理"的事;他说:"犹炼金而求其足色。"[6]

其次,就实际的践履而言,焦竑的学并不包含像是道家中经常见到的退隐山林,也不以佛教的寺院修持为必要。我已经讨论过焦竑的"僧伽"观念,他认为"僧伽"之不同于世俗世界,只在于它是一

[1]《笔乘续》,1: 153。
[2] de Bary, "Individualism and Humanitarianism," in *Self and Society*, p. 196.
[3]《陆象山全集》,35: 296。
[4] 同上书,35: 290。
[5] 同上书,34: 256。
[6]《传习录》,收于《王阳明全集》,页19; Wing-tsit Chan, *Instructions*, p. 61。

个志业团体（vocational community），而不是作为一个为达到开悟所必须经历的特殊修养途径。作为一个规则，焦竑的学是一个终其一生持续努力的过程。这样的学，要在寻常社会脉络中追求——像是"出入"、"起居"与"饮食"这些日常活动，即使在"疾病"时，或者攸关"生死"之时，学都不可以中断。[1]基于这个理由，焦竑倡议厉行"随在体验"。[2]基于同样的理由，他批评子游，因为子游贬抑子夏的学生不明白学之"本"，因为他们只被教导像是"洒扫"、"应对"与"进退"的"末"。[3]他说："本末之一也……不当离末而求本。则君子之教人，可舍事而谈理哉？"[4]

焦竑强调寻常日用存在作为学习的脉络，这可以从他对社会共识的关切并将其视作真理基础中得到例证。对焦竑来说，如同对王阳明一样，[5]真理从不是私人的，而必然是公共的。真理必须在个人及经验上被实现；用焦竑的语汇来说，它必须被"参合于心"。[6]但是，个人实现的真理，必须在公共对话中得到肯认，无论是正式通过"讲学"——如同我们已经看到的，焦竑非常赞许——的建制，或者非正式的开放给他人观看批评。主体性必须被转化成相互主体性；一个人独自握有一个观点，而不能够使这个观点在他人之间盛行的这个事实，乃是一个人还未能克"己"[7]的确实迹象。

因此，对焦竑来说，学不可能是一段孤独的追求。它是一个在老师和朋友的陪伴下所展开的旅程。而师友在焦竑的学的观念中，都扮演必要的角色。老师提供了一个人顿悟真理时，可能发挥工具作

---

[1]《笔乘》，1: 1。

[2]《澹园集》，49: 6a。

[3] 典出《论语》，19: 12。

[4]《笔乘续》，1: 148。

[5] 见 de Bary, "Individualism and Humanitarianism," in *Self and Society*, pp. 155-156。

[6]《笔乘续》，1: 163。

[7]《澹园集》，48: 2b；另见《老子翼》，1: 32b-33a。

用的指引。[1]朋友对一个人的学习是必要的,正如同"辅"对于古代
马车一样,如果没有了"辅"的支持,马车移动必然翻覆。[2]根据焦
竑,这正是曾子陈述的理由:"君子……以友辅仁。"[3]因此,当一个学
生坦白说,当他在讲会上朋友环绕的时候,就不会有"妄念",但一旦
他离开了讲会,"妄念"就会经常回来困扰他。焦竑回答:"谁叫汝离
却?"然后,焦竑引用了据传是Matteo Ricci(利玛窦,1552—1610)的
话,他说:"'友者,乃第二我也。'其言甚奇,亦甚当。"[4]可以确定的
是,单单对师友的强调,并不必然是儒家式的。在佛教寺庙中的和尚
同样看重他们的上师与僧侣。不过,焦竑对师友的看重不同于佛教。
在焦竑的参考架构中,老师并不行使像是禅师那样大的权威。他并
不对学生在学习上的所得加以"印可"。此外,他与学生的关系,虽
然是高度个人性的,但可能是、也可能不是正式的。事实上,根据焦
竑,老师不需要是任何特定的人,而可以是任何地方的任何人。焦竑
说:"途之人皆师也。"[5]这样的老师观念,包含了强烈的平等主义元
素,这种平等主义在王阳明心学,特别是在泰州学派焦竑的学侣之
中,已经一直在成长发展。[6]这个观念也可以回溯到孔子,如同韩愈
所说:孔子"无常师",[7]并且在《论语·述而》第二十二章中宣称:
"三人行,必有我师焉。"至于朋友,他们在佛家开悟修养中的功能,
看起来似乎并未被清楚界定。而在儒家,朋友的功能早在曾子的时

237

---

[1]《澹园集》,47: 1b。

[2]典出《诗经》。见James Legge trans., *The Book of Poetry*, in *The Chinese Classics*,
4: 318-319。

[3]《论语》,12: 24。

[4]《澹园集》,48: 9b。提及Ricci为"西域利君"。Ricci的说法可能源自于他的第一
本中文著作《交友论》(*Treatise on Making Friends*)(见Goodrich and Fang〔房兆
楹〕, *Dictionary of Ming Biography*, 2: 1139)。

[5]《澹园集》,49: 7b-8a。

[6]关于这种平等主义,见de Bary, "Individualism and Humanitarianism," in *Self and
Society*, pp. 145-247,特别是pp. 154-160, 171-178。

[7]见韩愈:《师说》,收于de Bary et al., eds.,: *Sources of Chinese Tradition*, 1: 375。

代就被明白论说。这点或许并不令人惊讶,因为朋友乃是五伦之一,而五伦就教义而言,一直是儒家的先在关注。焦竑强调朋友在学习中的角色,具现了传统儒家对友道的关怀,以及友道在泰州学派中被强化的重要性。[1]

　　焦竑的学的观念仍然必须被认定是儒家式的第三个原因,在于他肯定"思"的必要性。对他来说,虽然性作为终极真实,就其本身而言是"无思",但没有"思"的话,性不可能被通透了解。[2]因此,焦竑引用《书经》的一段话,话中说到:"思曰睿"、"睿作圣",[3]焦竑说:"思为作圣之路",以及"吾人契悟,无不由此入"。[4]"思"也提供了"顿悟"发生的脉络,而"顿悟",根据焦竑,只会在一个漫长的"思"与"重思"并且涉及"窘迫"与"困"的过程之后才会发生。[5]在这个过程之中,一个人会觉得好像被四面壁立、无一罅可入的厚墙所包围。然而,突然之间,高墙轶裂、崩解,而人开悟。[6]联系于学的"困",因此被认为是"大智量人"的标记,而不是作为"下民"的特征。一个人被认为是"下",只有当他在遭遇"困"之后就放弃努力,这样的人在学习上失败,并且与那些根本不去学的人无所分别。根据焦竑,这点正是孔子评论"困而不学,民斯为下矣"的意义。[7]对焦竑来说,一名追求学问的学生,必须专注投身于"思"与"重思",并且经历跟随这种艰难之"思"而来的心理困苦。要不然,焦竑说:

---

[1] 见 de Bary, "Individualism and Humanitarianism," in *Self and Society*, pp. 178-179, 185-186;另见 Ronald Dimberg, *The Sage and Society: The Life and Thought of Ho Hsin-yin*, pp. 85-118。

[2]《澹园集》,4: 1b。

[3] 英译采自 Legge, *The Book of Historical Documents*, p. 327。

[4]《澹园集》,47: 12b-13a。

[5] 同上书,47: 3b;《笔乘续》,1: 155。

[6]《澹园集》,47: 3b。

[7] 同上。典出《论语》,16: 10。

"即善启发如圣人,亦无如之何矣。"[1]

　　将焦竑的学的观念视为儒家式的第四,亦即最后一个理由,乃是对学术与文化价值所赋予的重视。他将"道问学"中的"道"诠解为"由",并且因此主张:"君子尊德性,而由问学。"[2]"德性"与"问学"两个范畴,因此被焦竑认定构成了一个统一的过程,在这个过程中,"问学"之于"德性"具有必然的关系,并且乃是德行的构成部分。他说:"问学所以尊德性也,非问学之外,别有尊德性之功。"[3]具体地说,"问学"涉及"博文"以及"多闻多见"[4]的修养,没有"多闻多见"的话,一个人无法希望达成"同一"(oneness),或作为理想的"约"礼。[5]

　　这个对学术与文化的高度关注,可能会使得焦竑像是一个宋学传统中"博学"的拥护者。不过,这样的观点并不符合焦竑对自己的意象。如同我们已经看到的,他批评程颐与朱熹误解"格物"与"致知",并且主张他们要为不顾心的修养而向外求理的作法负责。他也谴责朱熹的跟随者被"俗学"迷住,因为,他说:他们只追求"博文"与"问学",但对"约"礼以及"尊德性"毫不关心。[6]

　　这些对程朱学派的批评,在陆王的跟随者之中是标准而常见的。这些批评可能有一点太极端,当然不适用于朱熹本人。朱熹很明显地意识到有一些他的跟随者的"一边",并且关心"问学"与"尊德性"之间的平衡。因此,鹅湖会后在一封给项安世的信中,他说:"子静所说,专是尊德性事,而熹平日所论,却是问学上多了。……今当

239

---

[1]《笔乘续》,1: 155。
[2]《笔乘》,4: 108-109。
[3] 同上。
[4]《澹园集》,48: 11b-12a、12b。
[5]《笔乘续》,1: 154。
[6]《笔乘》,4: 109。

反身用力,去短集长,庶几不堕一边耳。"[1]

　　另一方面,焦竑的"博文"与"问学",是意味着在一个与朱熹
显著不同的学或修养的概念架构中履行的。如同唐君毅所指出的,
朱熹区分开"已发"之心与"未发"之心,两者需要两种相互补充、
但又质性不同的修养方式。对于"未发"之心,"涵养"或"存养"的
方式是其处方;而对于"已发"之心,修养就包含了像是"省察"与
"穷理"等等形式。[2]此外,朱熹并未明白地认定修养为心"体"之
"用"。事实上,因为他倾向于就与理不同的"气之灵明"来谈论心。
朱熹也倾向于视修养为后天努力的事情。[3]相较之下,焦竑并不区
分两种修养方式,而是肯认只有一种,也就是去制约化。因此,他说
"存养"并无不同于"无其心",而所涉及的不外乎一直"无其心"。[4]
同时他也不认为修养是后天的努力,而是心体的自我功用发挥,而心
之体,他说,"原自惺惺"。[5]因此,当一个学生问他,"戒慎恐惧"是否
构成性命修养的适当做法时,他说:"戒慎恐惧即是性命生跃然。"[6]
他将修养与心体之自我功用发挥视而为一,乃是他修养无须努力这
个论旨成立的脉络的一部分。[7]就这些方面而言,焦竑正像是陆象
山与王阳明,他们视朱熹不同种类的修养方式只是作为"人之自觉
的不同形态或时刻",或作为"良知本体之发用中的不同表现"。[8]

---

[1]《朱文公文集》,54: 6a。

[2] Chü-i Tang, "Moral Mind," pp. 94-97.

[3] 唐君毅:《原论·原性》,页629-630。

[4]《澹园集》,49: 3a-b。

[5] 同上书,48: 10a。

[6] 同上书,48: 5b。"戒慎恐惧"典出《中庸》第一章。

[7]《笔乘续》,1: 165; 2: 179。

[8] Chü-i Tang, "Moral Mind," pp. 100, 107.

第六章
新儒思想的重构

　　这本书从头到尾，我已经明确地指出焦竑思想中的佛、道成分，
但是仍然强调需要将他认定为一位新儒学者。我这样做的目的，并
不是要去缩减佛、道影响焦竑的真实性，而是要去强调他的宗教折衷
的新儒思想驱力。值得指出的是，焦竑思想中的佛、道观念之存现
（presence），并未扰乱他作为一位新儒学者的视野。他持续以生机论
（vitalistic）的方式，将宇宙形而上的实在视为一个具有内在创造性的
"日新"过程，并且肯定"思"作为开悟之先决条件的必要性。他也
倡议一种语言的怀疑论，这种怀疑论与其说是将言说化约为静默，不
如说是语言在道之为经验的"自得"中得到超越。

　　焦竑从佛、道中所衍生而来的种种观念被一致性的部署，以便去
建立形而下与形而上、用与体、心与性、修养与开悟等等的同一性，而
这几对观念，焦竑认为不仅仅是在发生学上的并联，而且也是存在与
本体论上的同一。我们已经看到，焦竑对佛家"空"的观念的运用就
是这么一回事，"空"（Emptiness）之为一个形上学的原则，它创生了
作为创生过程与结果的存有的现象世界，但不与存有的现象世界构
成二元对立，因为，当"空"创造存有的现象世界时，它在作为"空"
（emptiness）的存有现象世界中重新创造了它自己。焦竑也使用了佛
家的"无明"观念以及道家的"前识"与"成心"的概念，去强调恶的
经验真实性以及修养的必要，以便他能够去除作为恶的来源的"气"

的观念,并且将心视为是一个不可分割的整体,能够通过心体的自我作用来纠正它自己。就形上学以及心和修养的概念而言,焦竑上述处理佛、道观念的方式,在他的语言学理论中也存在着平行类似的方式,在他的语言理论中,佛家与道家的象征符号是被用来建构语言作为记号与图像,以及再现与治疗(representation and therapy)的合一体的观点。就好像焦竑的"空"作为真实的原则,乃是一个具有内在创生性的自我创生过程,以及就像是他的不可分割的心乃是天生能够自我纠正,他的语言在下列两方面都具有本然的效力:一是再现作为图像之道(因为语言起源时乃是作为记号);二是语言提供了为道救赎的治疗(由于语言之为图像的再现性)。(译按:关于记号与图像,请参见第四章第一小节)

由此可见,焦竑对佛、道观念的运用乃是受到一个系统性的支配,这个系统性与焦竑思想作为一个整体性的一元论形构所具有的论述规律性是一致的(governed by a systematicity which coheres with the discursive regularity of his thought as a holistically monistic formation)。这是一个准确镶嵌进陆王架构的形构,并且由于它坦率的反对程朱,它乃是自我觉识的偏向陆王。作为这样的形构,它乃是明代新儒思想中程朱与陆王学派持续辩论的一部分,并且例示了我所谓的"气一元论"(这个理论盛行于晚明与清初,试图去重构作为宋代程朱遗产的理气二元论式的新儒思想)。"气一元论"之为新儒思想的一种新形式,其形上与本体的意涵已经相当著名;这些意涵一直是许多晚近中国哲学论著的焦点。因此,我将讨论限制在"气一元论"之于"明代陆王学派的新儒思想"与"清代的考据汉学"两者之间关系的意义,着眼于新儒学者对佛教以及知识理论的种种看法。

我已经详细检验过焦竑对正统宋代新儒学者辟佛的拒斥。这些拒斥就某个意义而言不是要点,但仍然有意义,因为它们具现了一

243

个一元论的逻辑,这个逻辑是与焦竑作为气一元论者的取向并存而随之出现的。对焦竑来说,像程颢那样指控佛教"于敬以直内则有之矣,义以方外则未之有也"是无效的,因为"内"与"外"不能够被分化为二元对立,而且承认佛教徒的"内"有"敬",就必然包含了承认佛教徒的"外"有"义"。焦竑根据一元论逻辑拒斥正统宋代新儒学者的辟佛,他不仅是作为一位宗教折衷论者,也代表了一整群晚明以及清代初期的新儒学者发言。他们并不总是像焦竑那样对佛教抱持同情,但是他们对佛教的论述见证了一个观点上的变迁。而这个变迁,是对应于从"程朱理气二元论哲学"到"重构的气一元论"的新儒思想基础结构的变迁。在这点上,黄宗羲就是一个例子,他拒绝正统宋代新儒学者的辟佛,视之为"迹"。他在《明儒学案》的《凡例》说:

> 尝谓有明文章事功皆不及前代,独于理学,前代之所不及也。牛毛茧丝,无不辨晰,真能发先儒之所未发。程朱之辟释氏,其说虽繁,总是只在迹上,其弥近理而乱真者,终是指他不出。明儒于毫厘之际,使无遁影。[1]

黄宗羲在这段文字中,并没有确切地说明正统宋代新儒学者的辟佛是如何被认定为肤浅的,不过,我们可从《明儒学案》中得到线索。黄宗羲在《学案》里批评了许多明代新儒学者的反佛言论,而那些言论在宋代正统新儒学者之间是标准的。例如,他否认佛家必然是虚无的指控。[2]他指出,佛家以"真空即妙有",[3]并且不真正想要否定种种事物与诸多情感。"佛氏以喜怒哀乐、天地万物皆是空中起

244

---

[1]《明儒学案》,《凡例》,页1。

[2]同上书,页151。

[3]同上书,页8、371。

灭,不碍吾流行,何所用销?"[1]他也主张佛教不能够与儒家分别开来,并且不能够只因为其教理质性被描述为"出世"、"自私"或"自利",只关心"内"或"心"而不关心"外"或"性"的,就被拒斥为非儒家的。[2]这些正统宋代风格式的批评,错失了真正问题的关键,而根据黄宗羲,真正问题的关键在于佛家的"作用见性"。用黄宗羲的语汇来说,这意味着佛家只看到"流行之体",因此他们只认知到变化,而不是在变化之中的恒常。[3]

依照黄宗羲的构想,宇宙有两个面向:动与静。在动的一面,宇宙出现作为"大化流行,不舍昼夜"。宇宙的这一面是"变",不过,"变"不是随机,而是在它自身之中包含某种规律性。因此,黄宗羲说:

> 春之后必夏,秋之后必冬。人不转而为物,物不转而为人。草不移而为木,木不移而为草。[4]

245　　这个次序代表了宇宙静的一面。它"万古如斯",并且被黄宗羲指涉称为"真常"。物理性宇宙的动、静这两个面向,也在人的生命中盛行。在人那里,动以及因之而生的"变"的面向,展现它自身成为"已发"与"未发"两种状态之间的情感循环运动。人的"真常",存在于作为孟子善之四"端"(亦即恻隐、羞恶、辞让、是非四种根本的感受)而一直变化的种种情感状态之中。[5]

根据黄宗羲,儒者在人与宇宙中都看到"变"与"常",而佛家看

---

[1]《明儒学案》,页261。

[2] 同上书,页216-217、336、486。

[3] 同上书,页7-8;另见页101-102、229、311、352、357。

[4] 同上书,页8。

[5] 同上书,页8、126。

到"变",并且以"不生不灭"这样绝对的方式看待"变"。就这个意义而言,佛家所确实见到的并不真的错;它只是缺了终极真理,因为佛家没有挖掘到足以看到"变"中的"不变"的深度。由于缺乏可以倚靠的"真常",佛家只能够随世事流转飘移,而无法对善恶或是非维持定见。基于同样的理由,佛家必须接受"逆"境,并且"安之若命"。另一方面,儒家则只认定"义"。他们不关心自身的"生死"或者"顺逆"。他们"义当生自生,义当死自死"。[1]

儒家所察知,但为佛家所错失的"真常",被黄宗羲认定为理,[2]就像二程兄弟与朱熹,黄氏认为理同于性。他说:"在天为理者,在人为性。"[3]此外,理之于气的关系,同类于性之于心的关系。[4]不过,不同于程颐与朱熹,黄宗羲认为这个关系是一个同一的关系。他说,理与气或性与心只是人类创造来描述同一件事情的两个不同面向的"名"。由变观之,宇宙称之为气。但同样的宇宙也可以被称为理,因为它作为气之变,符应于一个"则"的模式。理与气或性与心因此而是"一物而两名"。它们并不意指"两物而一体"。[5]从这个观点来看,气或心指涉的不仅仅是变,也指涉带有内在之"则"的变,而理或性指的也不仅仅是"则",也是作为变的气或性的内在之"则"。

246

因为黄宗羲将理与气或性与心认定为同一,所以他否认"气必待驭于理",并且说,这样的说法是将气视为"死物"。[6]基于同样的理由,他也否认理能生气,[7]以及理必须附着于气才能够在现象世界中流行。[8]他因此批评薛瑄,因为薛瑄借着"日光"与"飞鸟"的直

---

[1]《明儒学案》,页8、132、336、607。
[2]同上书,页8。
[3]同上书,页485。
[4]同上书,页8。
[5]同上书,页466。
[6]同上。
[7]同上书,页524。
[8]同上书,页485-486。

喻,暗示:"理乘气机而动,如日光载鸟背而飞。"[1]黄宗羲坚持,理与气都要被视为既动且静。在它们动的一面,两者都是"日新"。它们都经历了"聚散"的持续性过程;来自过去的理与气,都不会是未来的理或气。不过,就它们静的一面而言,理与气都是"无穷尽",并且无"聚散"。[2]同样地,黄宗羲否认性高于心,他主张性不能够只被等同于"未发"的静的状态,心也不能够只被等同于"已发"的动的状态。他认定这种对心与性的分别,是宋代新儒学者,特别是朱熹的谬误,他虽然认为心"统性情",但事实上从未克服心性二元的观点。[3]

247　　与黄宗羲对他所认为是理气与心性的二元论批评紧密相关的,是他对宋代新儒学者典型的"气"或"气质"之为恶的根源看法的谴责。他说,气或气质从不邪恶,张载所谓的"气质之性"不是别的,就是性,而性是内在地且恒常地善。黄宗羲允许在变化的过程中不规则的情况(irregularities)或恶,以或过或不及的形式发生。不过,这些不规则的情况与气无关,它们会发生,只是因为气失去了它的"本然"。但是失其"本然"的气不再是真正的气。真正的气,与理为同一,乃是具有内在的规律性,并且绝不可能成为恶的来源。[4]黄宗羲指出,孟子只说到恶之为心"陷溺"的结果,但从未将这"陷溺"归因于气或气质作为恶的来源。[5]因此,对黄宗羲来说,气无不"灵",因为气即是理。[6]同样地,心无不是"自有主宰",因为心即是性。[7]气

[1]《明儒学案》,页44。
[2]同上。
[3]同上书,页486。
[4]同上书,页285;另见页372-373、428。
[5]同上书,页399。
[6]同上书,页52;另见页15、182。
[7]同上书,页448。

之所以为气，与心之所以为心，正是气或心在自身之中包含理或性的规序原则。[1]

黄宗羲对理、气关系的一元论式概念构想，成为他拒绝宋代风格批评佛教教义只关心心、不关心性的基础。根据黄宗羲，这个宋式立场之不成立，是由于它预设了一个心性二元论的观点，并且认为性或理是外在于心的。因此，与其批评佛教只关心心，黄宗羲主张，佛家既不了解心、也不了解性，而他们之所以不了解性正是因为他们不了解心。[2]无视于这个问题，正是犯了佛家所犯的同样谬误。黄宗羲观察到，虽然宋代风格的新儒学者认为，理或性必须要与心加以结合（而佛家认为理乃是明心的"障碍"），但宋代新儒学者与佛家在主张二元论的观点以及视性为外在于心这两点上，是相同的。[3]

我们下面将不论及黄宗羲的批评是否成立的问题。强调的重点是，他对佛家的批评完全与他对宋代风格新儒学者的拒斥一致，以及这两者都具现了一个主张理气一元论的、重构过的新儒思想观点。随着新儒思想作为一个符意系统（a system of signification）的转变，它对佛教的观点也跟着转变，以便去表达一个更动过的新儒思想愿景。虽然黄宗羲不是"三教合一"的倡议者，但他对作为非儒家教义的佛教有某种同情，并且不同于戴震，戴震作为一位正统宋代学派的新儒学者，乃是毫无妥协余地的辟佛者。不过，值得注目的是，戴震与焦竑和黄宗羲在拒绝宋代风格式的辟佛程度一样强烈，并且依循的是同样的逻辑。他批驳程颐所作的对比——吾儒"本天"，释氏"本心"。[4]根据戴震，这个对照显示了二程兄弟与朱熹具有的某种意识，亦即：佛家以某种方式在"指归"上不同于儒家。但是，二

248

---

[1]《明儒学案》，页289。
[2]同上书，页486。
[3]同上书，页192、448。
[4]《河南程氏遗书》，21A: 300。

程与朱熹由于被他们早年学佛及其所"得"所"蒙蔽",他们并未真的了解儒、佛差异何在。因此,他们错误地将这个差异定性为"天"与"心"之间的差异,而戴震将"天"与"心"视为是不可分割的。戴震问:"夫人物,何者非本之天乎? 岂得谓心必与天隔乎?"[1]对戴震来说,如同对黄宗羲一样,佛家与儒学的差异完全在别的地方;佛家(就此而言,道家亦然)无法在"变"之中察见"大常"。戴震说:

> 《易》曰:"精气为物,游魂为变,是故知鬼神之情状。"[2]精气为物者,气之精而凝,品物流形之常也。游魂为变者,魂之游而存其形,敝而精气未遽散也,变则不可穷诘矣。老、庄、释氏见于游魂为变之一端,而昧其大常。见于精气之集,而判为二本。[3]

即使焦竑、黄宗羲与戴震对于佛教教义之真理值的判断有所不同,但他们都根据同样的逻辑拒斥宋代风格的辟佛,并且由同一的观点看待佛教,这点是值得注意的,但并不令人惊讶;他们都是气一元论的倡议者。如成中英对《原善》的研究所显示,[4]戴震如同焦竑与黄宗羲一样,坚定于将程朱理气二元论式系统中的理去实体化(desubstantializing)与去神圣化(desacralizing),并且将理重新构想为气的理(*li* as the *li* of *ch'i*)。戴震否认理是"具于心"的外在禀赋,并且说,心有"于事情不爽失"的内在能力,因为心是本然"明"的,而

---

[1]《戴东原集》,2: 8: 9;另见《孟子字义疏证》,页19。

[2]《易经·系辞上》,第四章。英译采自 Wing-tsit Chan, *Source Book* (p. 265),根据戴震的诠释(见《孟子字义疏证》,页17)。

[3]《戴东原集》,2: 21。

[4] Chung-ying Cheng (成 中 英), *Tai Chen's Inquiry into Goodness* (Honolulu: East-West Center Press, 1971), pp. 17-53,特别是 pp. 17-30。

心之"明"并非由外"得"然后"具"于内。[1]戴震也批驳朱熹下列这组描述：将阴与阳两种力量定性为关乎"形而下"领域的气，以及将"气化"之中阴、阳交替之"所以"定性为关乎"形而上"领域的理或道，戴震说：理与气的分别，在六经、孔、孟中都找不到，而以理气分别所去讲明论说的道，并不符合《易经》中所讲明的道。他指出："之谓"与"谓之"这两种表达方式，在古代中文里的意义与用法不同。每当"之谓"在古代中文的述句（statement）中被使用的时候，跟在"之谓"之后的，也就是文法上的述部（predicate），乃是这个述句的主题或者知识论上的主体，而在"之谓"前面的、文法上的主词，其功能是作为一个评论或者是知识论上的述部，凭借着这个知识论的述部，那个文法上的述部得以"解"为知识上的主体。因此，当《中庸》在首章中说："天命之谓性，率性之谓道，修道之谓教"时，《中庸》在这三个述句中所关心的主题乃是"性"、"道"与"教"，而"之谓"的表达方式，是将这三者明确地叙述为知识论上的主体。根据戴震，说"天命之谓性"，就等同于说"性也者，天命之谓也"。

250

对比而言，当"谓之"这个表达方式在古代中文中被使用的时候，文法上的主词等同于知识论上的主体，以及就其"实"而言，这样的表达是以一个既是文法上，也是知识论上的述部而可以被"辨"别出来的。因此，当《中庸》在第二十一章说："自诚明，谓之性；自明诚，谓之教"，这两个述句的主题乃是"自诚明"与"自明诚"，而不是"性"与"教"，"性"与"教"在这里的功能乃是作为既是文法上，也是知识论上的述部，去提供两个文法上的主词的"实"，以便两个文法上的主词作为知识论上的主体，可以被彼此"区别"开来。

类似地，在《易经·系辞》第五章中说"一阴一阳之谓道"，它是在提出一个陈述，讨论道作为"一阴一阳"。不过，当《易经·系辞》

---

[1]《孟子字义疏证》，页7-8。

第十二章中说："形而上者谓之道,形而下者谓之器",这个陈述就不该被理解成意指只有道可以被认定是"形而上"者,而阴阳之气就不行。因为,在《易经·系辞》第十二章的陈述中,《易经》提出的是一个讨论"形而上"者与"形而下"的陈述,而不是讨论道与"器",道与"器"在《易经》的这个场合中是被征用来作为述部,去分"辨"作为"气化"中两个阶段的"形而上"者与"形而下"者;"形而上"者指的是当"气"还未成形的阶段,"形而下"者指的是"气"已经成形的阶段。但是,不论是"形而上"者或"形而下"者,这都是同一个气在变化。这两者的分别并不隐含一个比另外一个优先或优异,且这个分别也不是一个将"气"从"理"或"道"中分岔开来的好理由,而"理"或"道",根据戴震,就是"气"的运转,"气"的运转具有内在本然的创造性,而"气"作为"一阴一阳"的交替,"流行不已"。[1]

　　明代"气"一元论作为一种思想模式并不局限于陆王学派,因为,如同上文所指出的,它在明代中期最早的支持者之一乃是罗钦顺。罗钦顺虽然因为程颐与朱熹将"理"与"气"视为二元对立而对之有所批评,但仍然是程朱学派的忠诚成员,并且认为自己的工作正是想尝试继续程颐与朱熹的思想学程,去"合"程、朱所未"合"的部分。他说:

　　　　自昔有志于道学者,罔不尊信程、朱。近时以道学鸣者,则泰然自处于程、朱之上矣!然考其所得,乃程、朱早尝学焉,而竟弃之者也。夫勤一生以求道,乃拾先贤所弃以自珍,反从而议其后,不亦误耶!……愚尝遍取程、朱之书,潜玩精思,反复不置,惟于伯子之说,了无所疑。叔子与朱子论著、答问不为不多,往往穷深极微,两端皆竭,所可疑者,独未见其定于一尔……夫因

---

[1]《孟子字义疏证》注,页21-22。

其言而求其所未一，非笃于尊信者不能。此愚所以尽心焉，而不敢忽也。[1]

另一方面，气一元论虽然并非陆王学派所独有，但它在晚明的流行，主要还是在或多或少信奉王阳明良知理论的思想家之间[2]，或者，如同焦竑的例子所显示，流行于那些宣示同时忠诚于陆象山与王阳明的人之中。可以确定的是，陆象山本人从未将"理"说成是"气之理"。事实上，他谈"理"不多，他少数谈"理"的陈述暗示他与朱熹共享"气"为恶之源的观点。不过，陆象山并未将"气"与"理"对立。因此，他对"气"所抱持的负面观念，并不必然使他如同朱熹那样接受宇宙论上的二元论。如陆象山与朱熹对周敦颐的《太极图说》交换意见所证实的，陆象山的宇宙论毫无疑义的是一元论式的；它将物理的与形上的合而为一，并且在本体论上并不分太极与阴阳。[3]

此外，陆象山将"理"与心等同，并且倡议一种人论，根据这种理论，人的存在是一元论式的，不仅仅因为人的存在无法被区分开来，成为心与性、天理与人欲、人心与道心等等朱熹的二元对立范畴，也因为人作为认知主体，无法与被认知的客体区分开来。陆象山所认知的知识是动态的，作为认知之心的存在活动，认知之心与所认知者具有一种反思性的关系，不仅仅因为心从不认错它所认知者，同时也因为如同上面指出的，心就其作为"理"的存在，具有纠正认知错误的内在本然能力。他说：

---

[1] 罗钦顺：《困知记》，1622年。英译采自 Irene Bloom 而稍作修正；见 Bloom, "Notes on Knowledge Painfully Acquired: A Translation and Analysis of the *K'un-chih Chi* by Lo Ch'in-shun (1465-1547)," (Ph.D. dissertation, Columbia University, 1976; 后引皆作 *Notes on Knowledge*), pp. 43-46, 181-183。

[2] Bloom, *Notes on Knowledge*, p. 30；山下龙二：《阳明学の研究》，2: 115-125。

[3] 见 Siu-chi Huang, *Lu Hsiang-shan*, pp. 79-86。

> 苟此心之存，则此理自明，当恻隐处自恻隐……是非在前，
> 自能辨之……所谓"溥博渊泉，而时出之"。[1]

253   他又说：

> 女耳自聪，目自明。事父自能孝，事兄自能弟。本无欠阙，
> 不必他求。在自立而已。[2]

就这些方面而言，陆象山不同于朱熹，而与王阳明一致，并且的确能够言之成理地被焦竑及其同道宣称（与王阳明一起）作为明确申说气一元论的象征资源，即使陆象山自己的一元论视野是通过"理"的观念所建立，而不是通过"气"的观念，并且这个视野构成了山下龙二所谓的"理一元论"的一种。[3]

陆象山将心与理等同（王阳明亦然）这点，是朱、陆争论中的核心，而朱、陆争论部分的焦点在于"书本之学"，或者更字面地说是"读书"的问题。朱熹一再重复地批评陆象山忽略"书本之学"，并且在这方面视陆象山为偏离"圣人之道"以及"坏"学生心智的"异端"。朱熹说：

> 金溪只要自得。若自得底是，固善；若自得底非，却如何？
> 不若且虚心读书。[4]

---

[1]《陆象山全集》，34: 252。结论的陈述引自《中庸》第三十一章。

[2]《陆象山全集》，34: 254。英译采自 Wing-tsit Chan, *Source Book*, p. 582而稍作修正。

[3] 山下龙二：《阳明学の研究》，1: 138。

[4]《朱子语类》，120: 32b。

朱熹又说:

> 若陆氏之学,只是要寻这一条索,却不知道都无可得穿。且其为说,吃紧是不肯教人读书,只恁地摸索悟处。譬如前面有一个关,才跳得过这一个关便是了。此煞坏学者。某老矣,日月无多,方待不说破来,又恐后人错以某之学亦与他相似,今不奈何苦口说破。某道他断然是异端,断然是曲学,断然非圣人之道。[1]

朱熹这里所谈到的"一条索"(this one piece of thread),指的是《论语·里仁》十五章中,[2]陈荣捷译为"one thread"的"一贯",在该章中孔子对曾子说:"吾道一以贯之。"曾子回答:"唯。"根据朱熹,孔子看到曾子已经了解到种种事物中的个别之理,但是担心曾子不知道所有这些事物的个别之理会形成作为"理一"的统一体。因此,孔子说,他之所言乃是对能够应声同意孔子的曾子的提醒,因为曾子在修身上已经有所成就,并且具备了解孔子之道为一体的"能力"。陆象山和他的跟随者由于忽略"书本之学",错失了许多过去圣人们所经验并且记录在书本中的"众理"。[3]他们因此并不具有曾子的"能力",对"一"所该"贯"者为何毫无概念。朱熹将夫子之道的"一"比为"一条索",并且将曾子在种种事物中所认知之理比为中心有一个洞的传统中国钱币,他说:"譬如聚得散钱已多,将一条索来一串穿了。"[4]

---

[1]《朱子语类》,27: 15a-b。

[2] Wing-tsit Chan, *Source Book*, p. 27.

[3] 关于朱熹的书本观念,亦即书本作为圣人对万事万物中"许多道理"的经验的记录,见《朱子语类》,10: 1a中朱熹的陈述。

[4] 同上书,27: 15a;另见27: 1b、4b-5a。

在上面的引用陈述中，朱熹拒斥陆象山为"异端"，但他并未仔细分说他所谓"异端"的意思。不过，他最有可能心里想的是佛、道。因为，在他谈到"一贯"问题的另一个场合里，他做了一个陈述，表明他对陆象山为禅的著名谴责乃是与他对陆象山是一位反对"书本之学"的人的认知是密切相关的。他说："不愁不理会得'一'，只愁不理会得'贯'。理会'贯'不得便言'一'时，天资高者流为佛老，低者只成一团鹘突物事在这里。"[1]

这些朱熹对陆象山的指控使人相信陆象山是一位"反智论者"，他"并未完全摒弃'道问学'"，但他认定"通过'道问学'所累积的知识，再好都只能说是道德上不相干的"。[2]不过，很有意思的，这些指控稍后都被陆象山本人以及王阳明所否认。陆象山说："人谓某不教人读书。如敏求前日来问某下手处，某教他读《旅獒》、《太甲》、《告子》"牛山之木"以下，何尝不读书来？只是比他人读得别些子。"[3]王阳明说："今观象山文集所载，未尝不教其徒读书穷理。"[4]的确，陆象山不能被说成是忽视"书本之学"，不论"书本之学"是作为一个价值，或者是作为一份事业。虽然陆象山珍惜独立自主的精神，并且倡议"自立"与"自重"，以至于他的学生"不可随人脚跟"或者"不倚师友载籍"，[5]但陆象山依然是一位投入的读者，并且认定他自己的成就乃是他"勤"于"考究"以及阅读的结果。他曾经对学生说到自己：

---

[1]《朱子语类》，27: 5a。

[2] Ying-shih Yü, "Ch'ing Confucian Intellectualism," *Tsing-hua Journal of Chinese Studies* 11.1, p. 108.

[3]《陆象山全集》，35: 289。

[4]《王阳明全集》，21: 394；另见 Julia Ching, *The Philosophical Letters of Wang Yang-ming* (Columbia: University of South Carolina Press, 1972), p. 73。

[5]《陆象山全集》，35: 294、301。

某皆是逐事逐物考究练磨，积日累月以至如今，不是自会，　256
亦不是别有一窍子……某从来勤理会。长兄每四更一点起时，
只见某在看书，或检书，或默坐，常说与子侄，以为勤他人莫及。
今人却言某懒，不曾去理会，好笑。[1]

此外，陆象山谴责那些"束书不观"者为"游谈无根"，[2]并且说
一个人不仅应该"博观前言往行"，还应该"详考古今兴亡治乱、是非
得失"。[3]陆象山对"书本之学"的强调有很强的道德意味这点是真
的。他不认为没有"尊德性"的"道问学"是可能的。[4]他也非常关
心道德上辨"志"的培养，根据他的弟子傅梦泉（1175年进士），这个
"志"乃是陆象山教人之"先"：

傅子渊（傅梦泉）自此归其家，陈正己（陈刚）问之曰："陆先
生教人何先？"对曰："辨志。"正己复问曰："何辨？"对曰："义利
之辨。"若子渊之对，可谓切要。[5]

不过，即使陆象山有给予"道德信念"高于"问学"[6]的名声，他并不
认为"志"的培养是一个纯粹道德方面的事。他认为"志"的培养
的成功取决于"智识"。陆象山引用孔子的陈述："吾十有五而志于
学"（《论语·为政第四》），他说："今千百年无一人有志，也是怪他不
得。志个甚底，须是有智识，然后有志愿。"[7]陆象山进一步说："人要　257
有大志，常人汩没于声色富贵间，良心善性都蒙蔽了。今人如何便解

---

[1]《陆象山全集》，35: 302。
[2]同上书，34: 269。
[3]同上书，12: 103。
[4]同上书，34: 255。
[5]同上书，34: 254。Siu-chi Huang trans., *Lu Hsiang-shan*, p. 61。
[6] Ying-shih Yü, "Ch'ing Confucian Intellectualism," *Tsing-hua Journal of Chinese Studies* 11.1, p. 108.
[7]《陆象山全集》，35: 293。

有志，须先有智识始得。"[1]陆象山批评他的一个学生，因为学生死守
"为其所当为"的修养功夫，说："(《中庸》中说)博学、审问、慎思、明
辨、笃行，[2]博学在先，力行在后。吾友学未博，焉为知所行者是当为是
不当为。"[3]

可以被进一步指出的是，陆象山谈了很多关于如何读书。根据
陆象山，读书应该主动"求"得"血脉"。读书不该"只理会文义"或
者"只是解字"。试着"只是解字"，用陆象山的话说是"无志"。[4]
为了要找到"血脉"，读者必须要有一颗"净洁"的心或"志"。要不
然，他不仅仅在追求"书本之学"上缺乏决心，而且会被他所读的东
西所斫伤。陆象山说：

> 学者须是打叠田地净洁，然后令他奋发植立。若田地不净
> 洁，则奋发植立不得。古人为学，即读书，然后为学可见。然田
> 地不净洁，亦读书不得；若读书，则是假寇兵，资盗粮。[5]

除了一颗纯净的心，"求"血脉也需要读者自我的全身投入、亲
自体验。陆象山说："文字"不允许只停留为"文字自文字"。[6]这意
味着一个人不该为了谈论书而读书。人读书是在人"日用"[7]的脉络
中，所以人可以"切身"地"致思"这些书。[8]特别是，人要以"愈疾"
的观点读书。一个人不需要读太多书，或读内容"奇异"的书，但必

------

[1]《陆象山全集》，35: 293。

[2]《中庸》第二十章；Wing-tsit Chan, *Source Book*, p. 107。(译按：原书正文失注，今
暂补于此。)

[3]《陆象山全集》，35: 287。

[4] 同上书，35: 279、288。

[5] 同上书，35: 302。"假寇兵，资盗粮"这一段引文典出《史记·李斯列传》(《四部
备要》本)，87: 4b。

[6]《陆象山全集》，35: 287。

[7] 同上书，11: 91。

[8] 同上书，34: 261。

须与他的"疾"有关。陆象山说：

> 圣哲之言，布在方册，何所不备。传注之家汗牛充栋，譬之药笼方书，搜求储蓄殆无遗类。良医所用不必奇异，唯足以愈疾而已。[1]

方书的类比暗示着，对陆象山来说，读书并不是被动接纳的行为，而必然包含着批判性判断的主动运用。正如同一位"良医"必须从整套药方集成中挑选出一个适当的处方，同样地，作者必须为他自己"断"定他所读的书的真理价值。陆象山说：

> 盖书可得而伪为也，理不可得而伪为也。使书之所言者理耶，吾固可以理揆之；使书之所言者事耶，则事未始无其理也。观昔人之书而断于理，则真伪将焉逃哉？[2]

陆象山推荐的对书的理想态度，乃是既不"不信"，也不"必信"。[3]

　　不过，虽然读者要如此全面地全身投入、亲自体验，但是他也不可以变得求之过深。根据陆象山，真正的理解乃是一个"精熟"过程的自然产物，在过程中读者以一种"优而柔之，厌而饫之"[4]的方式反复思索他所读的东西。如果他遭遇到不可晓处，他不该诉诸"苦思"或者"强探力索"，这两者只会使方寸"自乱"。取而代之，他应该将不解处放在一边，并且将焦点放在他所能理解的。因为，根据陆象山，作者有所不能了解的这件事实，意味着他的心"未充未明"。

259

---

[1]《陆象山全集》,7: 60。
[2]同上书,32: 242。
[3]同上。
[4]同上书,14: 119; 35: 279。

借着集中注意力在"已通晓者"，他的心将会"日充日明"，结果是他
终究将了解他所不了解的东西。要不然，读者将会在他所读之书中
"失己"，并且"固滞于言语之间"。[1]陆象山说，在读书中，一个人
"毋忽其为易晓，毋恃其为已晓"。[2]

鉴于上述陆象山对"书本之学"的论述，朱熹对陆象山其人反
对"书本之学"的指控似乎相当令人困惑，特别是因为朱熹在许多他
自己对"书本之学"所说的话上听起来非常像陆象山。尽管朱熹作
为一位学者和注释家，博学并且非常活跃，他仍然认为书本之学只
是"第二义"，因为就像陆象山一样，他相信通过学问修养所得知的
理是完全具体化于人的自我之中。他说："学问就自家身己上切要
处理会方是，那读书底已是第二义。自家身上道理都具，不曾外面添
得来。"[3]此外，也像陆象山，朱熹认定读书乃是涉及道德性的追求，
这个追求只能由一个意志"定"或心灵"净"的人来承担。他说：
"立志不定，如何读书？"[4]他也说："读书有个法，只是刷刮净了那心
后去看。"[5]或他又说："学者须是收拾此心，令专静纯一，日用动静间
都无驰走散乱，方始看得文字。"[6]他进一步将读书比成"做事"，并
且说一个人应该在读书时"辨别其是非"，就好像在"做事"的时候
一样。[7]

除了将意志或心的纯净视为读书的先决条件之外，朱熹也像陆
象山一样强调超乎"随文逐意"以追求亲身体验的必要性。他说：
"读书穷理当体之于身，凡平日所讲贯穷究者，不知逐日常见得在心

---

[1]《陆象山全集》，3: 22-23；11: 91。
[2]同上书，10: 89。
[3]《朱子语类》，10: 1a。
[4]同上书，11: 2a。
[5]同上。
[6]同上书，11: 1b。
[7]同上书，11: 7b。

目间否？不然，则随文逐义，赶驱期限，不见悦处，恐终无益。"[1]明确地讲，如同在陆象山的例子里，对所读的书的亲身体验，对朱熹来说必然包含了"切己"的理解。[2]这意味着："读六经时，只如未有六经，只就自家身上讨道理"，[3]并且"放下书册，都无书之意义在胸中"。[4]朱熹批评秦汉以来的学者，因为他们不倡议阅读时"反来就自家身上推究"：

> 读书不可只专就纸上求理义，须反来就自家身上（以手自指）推究。秦汉以后，无人说到此……自家见未到，圣人先说在那里。自家只借他言语来就身上推究始得。[5]

还有，如在陆象山的例子中所见，在所读的书中寻找"自家身己上切要处"，也被朱熹以医疗的语汇构思为"治病"。他说：

> 今读书紧要，是要看圣人教人做工夫处是如何。如用药治病，须看这病是如何发，合用何方治之。方中使何药材，何者几两，何者几分，如何炮，如何炙，如何制，如何切，如何煎，如何吃，只如此而已。[6]

261

最后，像是陆象山，朱熹也反对在阅读时求己太深。他警告看书不可"寻从引僻处去"，并且说一个人应该集中注意在"分明处"。[7]

---

[1]《朱子语类》，11: 1a。关于"颜回之乐"，见程颐：《颜子所好何学》，英译见 Wing-tsit Chan, *Source Book*, pp. 547-550。

[2]《朱子语类》，11: 5b。

[3] 同上书，11: 12a。

[4] 同上书，10: 10b。

[5] 同上书，11: 5b。

[6] 同上书，10: 1b-2a。

[7] 同上书，11: 5a。

他也说:"观书,须静着心,宽着意思,沉潜反复,将久自会晓得去。"[1]
他更进一步说:"不可终日思量文字,恐成硬将心去驰逐了。"[2]基于
这个理由,朱熹提醒不要"贪多",并且认为贪多乃是阅读中的"大
病"。[3]他说:

> 向时有一截学者贪多务得,要读《周礼》、诸史、本朝典故,
> 一向尽要理会,得许多没紧要底工夫。少刻,自己都恁自地颠颠
> 倒倒,没顿放处。[4]

相对于"贪多",一个人应该总是"忖自己力量",试着不仅避免让所
读的书成为过度的负担,而且事实上"力量有余"。朱熹将读书比
为射箭,并且说如果一个人能掌控五磅的弓,则他应该只用四磅的
弓。[5]额外的力量要用来复习,而复习,根据朱熹,乃是理解"精熟"
的关键。因此,如果一个人有能力一天读一整页,他应该试着只读半
页,以便他有精力去重读他之前读过的半页。[6]在一个会令人想起
陆象山警告"毋忽其为易晓,毋恃其为已晓"的陈述中,朱熹说:

> 看文字须子细。虽是旧曾看过重温,亦须子细。每日可看三
> 两段,不是于那疑处看,正须于那无疑处看,盖工夫都在那上也。[7]

我已经相当详尽地引述朱熹和陆象山对读书的看法,甚至冒

---

[1]《朱子语类》,11: 5b。
[2] 同上书,11: 3a。
[3] 同上书,104: 4b。
[4] 同上书,11: 14a。
[5] 同上书,10: 5b。
[6] 同上书,10: 5a-b。
[7] 同上书,10: 11a。

着过度堆砌文献材料的危险。不过，我之所以这样做，是因为这些文献突出了一个问题领域，如果我们要将朱、陆之间的紧张了解为新儒思想发展中的一个动态的话，这个问题领域就需要得到批判性的检验。如果朱熹的读书理论听起来很像陆象山，如同我所尝试去展示的，那么，指控陆象山是一个反对书本之学的人，对朱熹来说还有什么意义呢？朱熹错表了陆象山吗？我不认为。或者这样说，如果朱熹错表了陆象山，这个错误表述也不是偶然的，而是系统性的（programmatic），意指这个错表之所以可能，是因为朱、陆作为两种分歧的新儒思想形式的提倡者之间种种的系统性差异所造成的。就好像新儒思想辟佛中的超越问题，读书问题乃是朱熹与陆象山争辩中的一个论述"对象"，对朱、陆个别而言，读书各有一个意义上的特定性，而这个读书意义的特定性又联结到他们各自对自我作为读书主体所抱持的截然不同的概念。在这一点上，陆象山似乎是两人之中比较敏锐的。在下面这番话中，他表明了对相关问题有所意识："（某）何尝不读书来？只是比他人读得别些子。"

朱熹作为二元论者，将人的自我构思为由心与性所组成，而心与性就像气与理、人心与道心这些同套相关的范畴一样，只有在圣人完美理想的状态下才会合一存在，要不然它们在存在上与本体上都是彼此分离。要克服心与性的分离，一个人必须投身于道德与智性的修养，像是读书，这些修养将会转化心智，并且将心带到与性一致。不过，这个转化不是心的自我转化，除非这个作为转化介体（agent）的心乃是道心，而道心当然不是那个要去被转化的心，因为朱熹将道心与性或理等同为一。因此，当朱熹说在阅读之中"须反来就自家身上推究"，他不是在说心，而是在说那个具体化在人的自我中的性或理。就好像"心"这个字在朱熹的用法中可以指人心或者道心一样，"自家身上"这个表述在朱熹那里也可以意指心或者性。当"自家身上"被用来指涉性的时候，读书作为心的转化的一种修养，就是一己之性的自我活动。作为这样的活动,它不需要任何超乎自己的参照点,并且被朱熹说成是"反来就自家身上"。另一方面,当"自家身上"被用来指相反于性的心的时候,读书便成为一个不再内在于自己的活动;它必须超乎那个作为阅读主体的自己,以便去挪摄那个在读书中所客观地具体存在的性或理,致使那个被挪摄的性能够对作为心的己发挥作用,并且将这个作为心的己转化成为作为性的己。基于这个理由,朱熹经常以看起来矛盾的方式谈到性或理,性或理既是人所本然拥有者,也是作为人通过"经历"而有所"理会"之后的结果。例如,他说:

264

> 人生道理合下完具。所以要读书者,盖是未曾经历见许多。圣人是经历见得许多,所以写在册上与人看。而今读书,只是要见得许多道理;及理会得了,又皆是自家合下元有底,不是外面旋添得来。[1]

对比来看,陆象山是主张人的自我(man's self)由心组成的一元论者,而且他将心与性或理等同。他也拒斥人心与道心的分别,并且认定心恒为一且不可分。对陆象山来说,心经常堕落因而需要转化,这点的确为真。不过,这个转化被陆象山理解为是心的自我转化,因为,如同上面所指出的,心作为性或理,具有内在自我纠正的能力。因此,当陆象山倡议人的自我要全心投入、亲身体验所读的书的时候,他所指涉的是心作为性或理,而不是与心相对反的性或理。这意味着读书作为一种为了心的转化的修养方式,对陆象山来说,乃是而且一直是作为心的人的自我的自身活动。读书,从不需要并且事实上不能够有一个超乎作为读书主体的人的心的参照点。对

---

[1]《朱子语类》,10: 1a。

陆象山来说,读书并不是一个被动的行为,不是一个在其中心单纯的由读书中接收到"性"的被动行为。其实,读书是心的动态过程,当心阅读的时候,心构成了心所读者的一部分。基于这个理由,陆象山反对将人的自我作为"客"去从属于"外说",并且将这个"外说"当作"主",他坚持人的自我必须要维持作为"主"的主动性。[1]这个客／主的类比暗示着,对陆象山来说,在阅读之中读者与被读者之间有互动。不过,这是一个在读者视域之中所发生的互动,读者从他作为"主"的立场去指导阅读的活动。根据陆象山,阅读或理解必然带有时空性的立场。因此,当陆象山大声说:"六经注我,我注六经"[2]时,他并不完全是在提议下面这个观点:"我"作为阅读的主体与六经作为被读的客体两者是相互解释的,"我"轮流扮演两种角色,作为被六经所"注"的"主",以及作为去注解六经的"客"。其实他说的是:"我"作为阅读的体应该采取"主"的立场,并且根据我自己的观点来阅读作为"注我"的六经,因为除非"我"将我自己定位为"主",否则"我"将无法了解六经并且为六经提供一个解释性的"注"。

265

　　因此,在朱熹与陆象山之间所争议的,并不是谁赞成、谁反对读书的问题,而是读书这个活动到底是怎么回事的问题。这个问题在朱、陆之间出现成为争议点,是因为他们两人对于心作为阅读主体与被读者作为客体之间该有什么样的适当的知识论关系看法不同。对朱熹而言,他视阅读为一程序,这个程序中必然包含了心作为主体去挪摄性或理,性或理是具体地存在于作为客体的被读物之中,而陆象山所倡议的阅读不得不被摒除为"非阅读"(nonreading),因为陆象山的阅读甚至不将心作为主体与被读物作为客体区分开来。从陆象

[1]《陆象山全集》,1: 3。
[2]同上书,34: 254。

山的观点来看，阅读一定是心的自我认知的建构性活动，因为他"心即理"的主张使得他必然要去否认作为二元对立的主体与客体之间的可分性（separability）。对陆象山来说，如同之后对王阳明来说一样，被读者或者被认知者并没有一个独立于作为读者或认知者的心的存在。陆象山与王阳明都主张一个作为主体的心与作为客体的理的单一统合观点，并且不认为不具时空立场性的理解是可能的。在一个令人想起陆象山的陈述中，王阳明将六经描绘为"吾心之记籍"，并且暗示"六经之实"必须要在读者的"吾心"中寻求。他说：

> 经，常道也。其在于天，谓之命；其赋于人，谓之性；其主于身，谓之心。心也，性也，命也，一也……以言其阴阳消息之行焉，则谓之《易》；以言其纪纲政事之施焉，则谓之《书》；以言其歌咏性情之发焉，则谓之《诗》……六经者非他，吾心之常道也。是故《易》也者，志吾心之阴阳消息者也；《书》也者，志吾心之纪纲政事者也；《诗》也者，志吾心之歌咏性情者也。……君子之于六经也，求之吾心之阴阳消息而时行焉，所以尊《易》也；求之吾心之纪纲政事而时施焉，所以尊《书》也……盖昔者圣人之扶人极，忧后世，而述六经也。犹之富家者之父祖，虑其产业库藏之积，其子孙者，或至于遗忘散失，卒困穷而无以自全也，而记籍其家之所有以贻之，使之世守其产业库藏之积而享用焉，以免于困穷之患。故六经者，吾心之记籍也，而六经之实，则具于吾心……而世之学者，不知求六经之实于吾心，而徒考索于影响之间，牵制于文义之末，硁硁然以为是六经矣。是犹富家之子孙，不务守视享用其产业库藏之实积，日遗忘散失，至为窭人丐夫，而犹嚣嚣然指其记籍曰："斯吾产业库藏之积也！"[1]

266

---

[1]《王阳明全集》，7: 65—66。

陆、王否认理乃是独立于作为主体的心之外的客观存在，就这点而言，他们类似现代西方具有现象学导向的哲学家们，像是 Martin Heidegger、Hans-Georg Gadamer，他们两人也将真实构想为被认知的真实（reality as perceived reality），对象为意向产生的对象（objects as intended objects），并且认为认识或理解在本质上必然是有时空立场性的。由于陆、王这样一种对真实的概念，如同上面所指出的，他们经常被描绘为"主观／唯心论者"（subjective/idealist）。不过，严格地讲，这个描述不适用于陆、王的程度不亚于它不适用于 Heidegger、Gadamer 的程度，Heidegger 与 Gadamer 拒斥主体／客体的两极对立，并且批评客体具有客观性的观念，正因为这个观念是在人类自我作为表现主体（presentational subject）而无法允许客体以其自身存在的权能去展露其自身的前提之下而被构思的。因为，根据 Heidegger 与 Gadamer，许多欧洲哲学的主／客架构中所真正盛行的是一种理性主义与"专技式的"思考模式，这种思考模式的例子，是 Descartes 意义下的确定性，确信人作为主体的理性，以及现代科学主义式的、为了掌控与支配而去重构世界的种种尝试，在这些尝试之中，人类主体居于最高统治地位乃是所知与所见的终极参照点；一个客体之为一个客体，它的存在只能就它作为意识主体呈现于其自身的那个东西而言。因此，那个被声称为是客体的客体性的东西，无非是由人类主体性所建立的一种客体化（objectification）。这种客体化的概念是在"主观论"（subjectivism）中运作，Heidegger 谴责这种主观论，通过这种主观论，人类无可救药地纠缠在他自己投射的循环之中。在传统中国的陆、王以及现代西方的 Heidegger 与 Gadamer，他们都离"主观论者／唯心论者"（subjectivist/idealist）很远，他们都还涉入想要超越主观／客观二元对立的努力之中，以便真实可以不被视为是一个获取而来的东西（an acquired possession），而能够被视为是"生活世界"（lifeworld）的"事实性"（facticity），人属于这个生活世界，并且在这个生活世界之中，人作为主体通过亲身参与将能够以其活生生经历过的具体性（lived concreteness）浮现出来。[1]

另一方面，在陆、王为了超越主／客图示所作的尝试之中，他们也显著地不同于 Heidegger 与 Gadamer。这些差异是重要的，因为，以 Heidegger 的方式来说，它们显示了陆、王作为传统中国新儒学者的"时空性"（placedness），与 Heidegger、Gadamer 作为现代欧洲现象学家的"时空性"。对 Heidegger 与 Gadamer 来说，将真实视为被认知的真实这点，不只是否认不具时空立场性的理解的可能性。它也肯定了作为诠释的理解，并不发生在诠释者的意义视域之外，而总是发生在诠释者位于特定时空之中的时空性脉络里（in the context of his situatedness in a particular time and place）。基于这个理由，Heidegger 与 Gadamer 都以诠释学的语汇来构想理解，理解作为一个具有内在问题性的承担，诠释者永远无法完全超越他自身作为一个在历史上与语言上被决定的存有的有限性，而能够如其实然地了解他所遭遇的对象。作为诠释的理解，因此必然是循环性的，诠释者永远被圈绕在一个诠释学的循环之中，这个循环揭露了诠释者所诠释的对象，其限度只能到诠释者在世存有（being-in-the-world）所允许的程度。这个诠释学的循环不同于"主观论"的循环之处，在于前者不受理性论者与"专技式"的确定感（亦即确信人作为主体的理性）所束缚，并且不将客体化伪装成为客观性。它肯认理解中的循环性乃是人的局限，而这个人的局限虽然无可避免，而是要以一种"醒觉的敏锐反应"（wakeful responsiveness）去正视与面对，以便人将会处在因事物的内在价值而尊敬事物的立场，并且与活生生的自主的种种事物进行对话性的互动，而不将它们视为是通过科学与技术就可以被控制

---

[1] 关于 Heidegger 与 Gadamer 论主／客图示的概述，见 Richard E. Palmer, *Hermeneutics* (Evanston: Northwestern University Press, 1969), pp. 142-152, 164-165, 171-180。

268

或操纵的无生命的东西。在 Heidegger 与 Gadamer 的诠释学循环是一个针对欧洲理性主义中主观论循环的批判而言，诠释学的循环承诺将人类自我从关键参照点的特权地位移开，并且从人类中心论的支配之下将事物传递出来以便进一步的揭露。不过，在这样做的同时，诠释学的循环也将事事物物自身的完满揭露放置在人永远无法到达的地方。根据 Heidegger 与 Gadamer，理解不单必然是具有时空立场性的，而且永远无法真正地免于预设前提。[1]

　　陆、王的哲学中有许多想法是能够应用来批判 Heidegger 与 Gadamer 在欧洲理性论者与"专技性"思考中所认为可鄙的那种"主体主义"的。如同上面所指出的，陆、王都尝试去超越主／客的极端对立，并且坚持亲身参与乃是理解的基础。他们也都敏锐地意识到人类理解具有高度的问题性。他们一再地警告不要将客体化伪装为客观性，并且谴责自我中心主义者的自我中心，用他们的话讲，亦即"私"。例如，陆象山将道之"公"与"自小"及"自狭"者的"自私"[2]比较，并且说：如果有一丝一毫的私被允许混入一个人的"学"中，这个人将与道"不相入"。[3]他也提倡"忘己"之为一个价值，而说应该"任理"，不受自我的干涉。[4]根据陆象山，对道所应抱持的理想态度，必然包含了文王对上帝"小心翼翼"的宗教性。陆象山说："此理塞宇宙，如何由人杜撰得？"[5]同样地，王阳明认定"傲"乃

[1] 关于 Heidegger 与 Gadamer 论主／客图示的概述，见 Richard E. Palmer, *Hermeneutics* (Evanston: Northwestern University Press, 1969)，页 134-139、171-184、186-201；另见 Josef Bleicher, *Contemporary Hermeneutics* (London: Routledge and Kegan Paul, 1980), pp. 101-103, 108-116。

[2]《陆象山全集》，35: 291。

[3] 同上书，35: 313。

[4] 同上书，35: 310。

[5] 同上书，35: 301。文王的典故出自于《诗经》；见 Legge, *The Book of Poetry*, p. 433。

是"人生大病",并且说:"古先圣人许多好处,也只是无我而已"。[1]
他也谴责"私意"为"用智自私",并且将他与"君子之学"对照,而
君子则"廓然而大公",总是能够"物来而顺应"。[2]

不过,即使陆、王都意识到人类理解的问题性,他们却从未构想
到诠释学循环的观念。因为,根据陆、王的看法,心虽然可能犯错,但
也有自我纠正的天赋能力。人的理解或认知因此具有问题性,但不
是内在本质性的问题。人的"私"虽造成了事物无法完满呈显,但并
不是从本体上就植根于人的存有,而是人的灵明本心的堕落,这个
灵明本来就没有私我,并且原则上就具有去自我中心以便如实地构
现事物的能力。因此,陆象山说:"道塞天地。人以自私之身,与道
不相入;人能退步自省,自然相入。"[3]同样地,王阳明说:"只须克去
私意便是,又愁甚理欲不明?"[4]就这方面而言,陆、王与 Heidegger、
Gadamer 有根本的不同。陆、王作为传统中国的新儒学者,他们并没
有一个 Descartes 的自我中心式的理性主义要去对抗。他们投身于
与朱熹的辩论,而朱熹虽然主张心性二元论,但在肯定作为主体的人
与作为客体的事物之间的内在一体性这点上,朱熹比起陆、王来一点
也不逊色。朱熹也像陆、王同样强烈地相信亲身投入作为理解原则
的必要性。因此,陆、王在超越主/客二元对立上最终面对的议题,
并不是像在 Heidegger 与 Gadamer 那里一样,是通过作为一种知识论
原则的经验来建立作为主体的人与作为客体的事物之间的存有连续
性,而是一个明确表达出一元主义人论,以便去保证经验在人的存有
中本然即存的基础(因此这个经验必然发生)的问题。这里所谓的
经验是作为一种实存的自我超越活动,其功能的发挥能实现新儒思

270

---

[1]《王阳明全集》,3: 81-82。
[2]同上书,2: 38。
[3]《陆象山全集》,35: 301。
[4]《王阳明全集》,1: 18。

想人与天地万物为一体的神秘愿景。

就明代中期以来的情况而言,气一元论作为重构过的新儒思想,其意义不仅仅存在于将"理"重新构想为"气之理",更重要的是在于将心与性或"理"等同为一,并且同时否认"理"独立于心之外存在。如同上面所指出的,"理"作为"气之理"的观念并不限于明代陆王学派,罗钦顺认为他自己是程朱学派的跟随者,但是他批评程颐与朱熹将"理"与"气"对立起来,乃是"理"作为"气之理"的一位早期倡议者。还可以进一步指出的是,罗钦顺也拒斥张载分别"天地之性"与"气质之性",而以一种自然主义的态度肯定情与欲。[1]不过,罗钦顺坚持心必须要从性或"理"中区分开来,且作为认知主体的心与超过其自身而作为其认知对象的理有关。[2]就这方面而言,罗钦顺仍然停留在程颐与朱熹的形态之中,他宣称自己是程朱学派的拥护者乃是言之成理的。不令人惊讶的,罗钦顺重申释氏主心、儒家主性的宋式辟佛,虽然他没有将禅修所得之洞见摒除,视为必然无效。[3]他说:

271

> 释氏之"明心见性",与吾儒之"尽心知性"相似而实不同。盖虚灵知觉,心之妙也;精微纯一,性之真也。释氏之学,大抵有见于心,无见于性。[4]

因此,在明代中期,当"理"作为"气之理"的观念不再是一个陆、王所专有的一元论的宇宙之阐述,心与性在知识论与本体论上的等同却持续成为一个将陆王学派与程朱学派分化开来的议题。值得注意

---

[1] 见 Bloom, *Notes on Knowledge*, pp. 63-81。
[2] 同上书,pp. 86-135。
[3] 同上书,pp. 87, 100-102。
[4] 罗钦顺:《困知记》,1: 2b。

的是,明代中期罗钦顺与王阳明的辩论所关心的并不是"理"作为"气之理"的问题,而是性作为心之性的问题。[1]

罗钦顺将"理"一元论式地视为"气之理",但又持续主张心与性之间的二元论式分别,他因此被黄宗羲批评为"自相矛盾"。[2]他说:

> 夫在天为气者,在人为心,在天为理者,在人为性。理气如是,则心性亦如是,决无异也。人受天之气以生,只有一心而已,而一动一静,喜怒哀乐,循环无已。当恻隐处自恻隐,当羞恶处自羞恶,当恭敬处自恭敬,当是非处自是非,千头万绪,镠镴纷纭,历然不能昧者,是即所谓性也。初非别有一物,立于心之先,附于心之中也。先生以为天性正于受生之初,明觉发于既生之后,明觉是心而非性……明明先立一性以为此心之主,与理能生气之说无异,于先生理气之论,无乃大悖乎? 岂理气是理气,心性是心性,二者分,天人遂不可相通乎? [3]

黄宗羲的批评并非无可争议。Irene Bloom 已经指出,罗钦顺的性并不是"一个能够产生心的'物'或者'实体'",而是"在所有活泼存有物中的发展趋势"。就这点而言,依罗钦顺的知识论的要求,在此意义下的性必须要与作为意识的心区分开来,虽然就它一体性的面向而言该被理解为一个整体,但是这个理论中的性必须要由个人根据个别不同的能力来将作为"创造力潜能"的特定的"性"加以实现。[4]不过,黄宗羲提出一个论点,这个论点虽然严格而言对罗钦

---

[1] 关于这个辩论的细节,见 Bloom, *Notes on Knowledge*, pp. 110-135。

[2]《明儒学案》,47: 485。

[3] 同上书,47: 485-486。

[4] Bloom, *Notes on Knowledge*, pp. 97-100.

顺并不公平,不过仍然揭露出罗钦顺与黄宗羲都作为气一元论者彼此的差异。黄宗羲认为理/气与性/心是成对的逻辑相关概念,他是一位陆王学派的一元论者,倡议以"理"为"气之理"、"性"为"心之性"的气一元论。因此,如同上面所指出的,当黄宗羲说:"心无本体,功夫所至即为本体",他不是在说心没有作为性或"理"的本体,而是在暗示性或"理"作为心之"体"要被功能性地以及动态性地理解为心的自我调节活动的规律性。

黄宗羲式的气一元论,乃是一个广泛流布的论述形构的例子,这个论述形构不仅盛行于晚明的焦竑身上,还盛行在清代戴震与章学诚身上。如同之前所指出的,戴震也否认"理"是"包含于心"的外在禀赋,并且主张一元论,肯定理气为一、心性为一。另一方面,章学诚并未专注于"理"与"气"的形上学或心性本体论的持续论述。但是,如同Nivison所指出的,章学诚"欢欣鼓舞地将经与'史'合一,所蕴含的是一个对程朱形上学,亦即道/器、理/物二元论基础的影响深远的修正。"[1]同时值得注意的是,章学诚在一系列讨论"博约"问题的三篇文章中,捍卫王阳明的致良知之说即"孟子之遗言",并且认为自己的学问观念"殆即王氏良知之遗意也。"[2]可以确定的是,章学诚在这三篇文章中主要关心的是学的问题,而并不像王阳明那样将良知构想成不只是一个知识论上的范畴。不过,章学诚通过良知作为一个知识论范畴所构想的学习理论,就论述的规律性而言,与王阳明的学习理念符合一致。因此,对章学诚而言就好像对王阳明而言一样(或者,就这一点而言,对陆象山而言也一样),学是为了"自立",而"自立"是被章学诚以一元论的方式理解为一个个人"性情"的自我实现,而不是二元论式地将学理解为外在的性或理内在化于

273

---

[1] Nivison, *Chang Hsüeh-ch'eng*, p. 276.
[2] 章学诚:《文史通义》,2: 21b-22a。

心。基于这个理由，章学诚反对依循明确的"规矩"。根据章学诚，
应该"但令学者自认资之所近，与力能勉者，而施其功力"。他不必
为了无法做到"人所能者"而"愧"，因为人只需要"患己不能自成家
耳"。[1]在一段令人想起王阳明以成色分两为喻[2]讨论圣人的话里，
章学诚说：

> 今人为学不能同于古人，非才不相及也，势使然也……六经
> 大义，昭如日星。三代损益，可推百世。高明者由大略而切求，
> 沉潜者循度数而徐达。资之近而力能勉者，人人所有，则人人可
> 自得也，岂可执定格以相强欤？[3]

的确，焦竑、戴震与章学诚在对一般而言的新儒思想以及新儒思
想中特定之陆王学派的态度相当不同。焦竑乃是陆王学派公开的派
系成员，而章学诚虽然个人主要同情陆王，但赞成程朱与陆王并存。
如同上面所指出的，章学诚倡议接受朱、陆异同，他认为这个差异乃
是他们各自"自得"之后所实现的独特性的反映。不过，有意思的
是，章学诚接纳朱、陆的理由蕴含的是一个典型的陆王原则，根据这
个原则，知道必然是带有时空性的知道。如同上面所指出的，他认为

---

[1] 章学诚：《文史通义》，2: 18a、21b-22a。

[2] 《王阳明全集》，1: 18-19。关于这段文字的英文翻译，见 Wing-tsit Chan,
Instructions, pp. 60-62。

[3] 章学诚：《文史通义》，2: 21b-22a。在此，余英时和我对于章学诚的"良知"的意
义，显然有不同的意见。我们意见的不同，反映出一个在诠释立场上的根本差
异。余英时就他理解为"尊德性"与"道问学"之间的紧张而言，将章学诚的"良
知"作为一个"智识论者"(intellectualist)的观念，与王阳明的"良知"作为一个
"反智论者"(antiintellectualist)的观念相对比(见余英时：《论戴震与章学诚》，页
73-75)。不过，我认为章学诚的"良知"主要是作为一个分明的认识论范畴，而把
它视为仍然在王阳明的"良知"观念的模式之中，因为我并不相信程朱与陆王在
知识论域之间的问题是一个"智识论"与"反智论"的对抗，而是一个作为认知
主体的心以及作为被认知的客体的"理"或性之间的关系。

"学问之道"无可避免地会分歧,因为"道,公也;学,私也"。

戴震的例子众所周知,他对程朱、陆王都有批评,并且将他们都拒斥为佛、道。不过,他并未将程朱与陆王不加分辨地混为一谈。根据戴震,二程兄弟与朱熹是就老、庄、释氏所谓的"真空"或"真宰"转而来谈论理。在这样做的时候,他们将"以释氏之言杂入于儒",造成的结果是,他们"不得不分理、气为二本,而咎形气"为恶之源。就好像那些认为"真空"与"真宰"是被"凑泊附着于形体"的佛教徒与道教徒一样,二程兄弟与朱熹也将"理"设定是"别为凑泊附着"于"气"之"一物"。陆象山与王阳明也将佛、道与儒家的几种文本性混在一起,但陆王两人是以一种完全不同于程朱的方式将儒、释、道混在一起。陆王并未以佛、道"真空"或"真宰"的观念去谈论理,而是"以理实之",从而佛家的"真空"与道家的"真宰"变得具有"圣、智、仁、义"。与其说是陆王"以释氏之言杂入于儒",戴震认为,不如说是陆王"援儒以入于释"。[1]

戴震对程朱与陆王所作的不同攻击,基于下面两个理由是值得注意的:一是在攻击中对程朱说了什么,二是在攻击中对陆王没有说什么。他以二元论指责程朱,而在对陆王的指控中,二元论很有意思地并未出现。很明显地,程朱的那种二元论并不是戴震认为陆王的问题所在,而王阳明事实上如同戴震本人一样是一元论者。就这方面而言,戴震是一致的。他重复地批评二程兄弟与朱熹,说他们将"理"从"气"中分岔开来,将性从心中分岔开来,并且将形而上从形而下中分岔开来,[2]但戴震并未将同样的批评应用到陆王。当然,他有一个批评是既指向程朱也指向陆王。这个批评主要是关于"复其初"的观念。程朱跟陆王都接受这个观念为学习现象的正确描述,但戴震将这个观念

---

[1]《孟子字义疏证》,页14-15。
[2]见同上书,页9、17-19、21-22、24-25、33-36、45-46、53-54。

276 拒斥为佛、老。因为,这个观念类似于戴震所认定佛、道"真空"与"真宰"乃是"完全自足"的观念。为了取代"复其初"的观念,戴震提议用"扩充","扩充"就必然需要将学习理解为一个靠"问学"支撑的成长过程。戴震将人的德性比为身体,并且说:"形体始乎幼小,终乎长大;德性始乎蒙昧,终乎圣智。其形体之长大也,资于饮食之养,乃长日加益,非复其初。德性资于学问,进而圣智,非复其初,明矣。"[1]

在这个议题上,戴震的确不同于程朱与陆王。不过,在"复其初"的问题上,戴震与程朱的差异与戴震及陆王的差异之间又有不同。因为,"复其初"中要被"复"的那个"本性(初)",对程朱与陆王而言有所不同。因此,当戴震拒斥程朱所谓的"复其初"时,他所拒斥的既是在"复"字中所蕴含的回归或回复的想法,也是程朱将心性对反之下的二元论式的"本性"观念。对比而言,当戴震拒斥陆王所谓的"复其初"时,他只是拒斥将学视为"复"的回复观点,而不是陆王将"本性"视为与心之性为一的一元论观点。如同成中英所观察到的,戴震的性或理不仅仅是"事物的模式",同时也是"心去达成通贯自我、社会与宇宙作为一个整体的辨别引导能力"。[2]对戴震来说,知道虽然不是回复性的,但仍然如同陆王所谓的知道一样,乃是心的自我转化的建构性活动。心需要通过"问学"来"养",以便能够成长,但是这个成长是心的自我成长,所谓的"养"并不包含心必须要挪摄任何外在于他自身者。基于这个理由,戴震说:"人之心知,

277 于人伦日用,随在而知恻隐、知羞恶、知恭敬辞让、知是非,端绪可举,此之谓性善。于其知恻隐,则扩而充之,仁无不尽。……然则所谓恻隐、所谓仁者,非心知之外,别如有物焉藏于心也。"[3]

戴震以学为"扩充"的观点,与陆王以学为"复其初"的观点,两

---

[1]《孟子字义疏证》,页14-15。
[2] Chung-ying Cheng, *Tai Chen's Inquiry into Goodness*, p. 20.
[3]《孟子字义疏证》,页29。

者之间的差异绝非无关紧要；一者在取向上是发展性的，而另外一者是回复性的。但是就下面这两点而言，戴震与陆王的观点之间的不同乃是同一系统内的，而非系统与系统之间的：一是两者都奠基于知者与所知之间相同的知识论关系，二是两者都被部署在同样的论述空间之中，这个论述空间乃是由将"理"视为"气之理"、将性视为心之性的一元论观点所建构。作为系统内的而非系统间的差异，戴震与陆王对"复其初"看法的不同应该被鉴定为，不是戴震根本地不同于陆王的标记，而是这个差异所显示的陆王论述形构之为一个历史散布过程中所具有的动态复杂性。而这个历史散布盛行于明代中期，而且持续进入清代早期，将包含焦竑、戴震与章学诚这群在其他方面而言具有歧异性的思想家们统一起来。焦竑、戴震与章学诚当然有所不同，不仅仅就对宋明新儒思想的态度，在其他的问题上亦然。章学诚在考证学的价值问题上，一生与戴震搏斗，而戴震虽然并未实际去做，但毫无疑问地会像他指摘陆王混杂儒、释、道三家文本性那样来指责焦竑，因为焦竑对学抱持着一个回复性的观点。不过，虽然他们彼此不同，他们却都参与在一个一元论式的论述实践之中，这个论述实践的规律性承继陆王而来，进一步影响到这些作为一元论者的参与者的共同视野。这个规律性作为他们彼此分化的规则，支配了他们之间差异的产生与形态。基于这个理由，在本书中我主张并且论证要将比较明显的 278
焦竑以及不那么明显的戴震与章学诚都放置在陆王传统之中。用棋局作一个比喻，下面这两种紧张性，一是在于焦竑之为"狂禅"与戴震作为"考证学"代言人，二是在于戴震作为著名的考证学"狐狸"与章学诚作为哲学性的"刺猬"，[1]其紧张性都像是同一棋局中的敌对关系，在同一棋局中两方对手彼此对抗但却又都在下同一盘棋。

---

[1] 这个对戴震与章学诚的特征定性导源于余英时的《论戴震与章学诚》，页69-73、83-87。

附 录 焦竑所编撰的各种著作

1.《张于湖(张孝祥,1132—1170)集》八卷,附录一卷。宋代初刊本有两篇1201年所作的序文。焦竑于明代编辑并重新出版。一部1644年刊的善本藏于台北"中央图书馆"。

2.《七言律细》一卷。由焦竑所编纂。一部万历刊本藏于台北故宫博物院。

3.《焦弱侯问答》一卷。《四库总目》注意到这部作品,并谴责它为"狂妄",因为它尊崇杨朱、墨翟,并且攻击孟子。[1]我尚未找到这部著作的复本,可能已经亡佚了。

4.《焦氏类选蔓金苔》四卷。标题中的"蔓金苔"是一个特殊品种的"苔"的名字,当它被丢进水中时,"蔓延波上,光泛铄日",并且是"黄金色"的。[2]东京内阁文库有这部著作的万历刊本,芝加哥大学远东图书馆由此复印了一部。

5.《焦氏类林》八卷。由焦竑从1580至1582年的读书笔记组成。万历年间的初刊本有焦竑于1585年撰写的后跋,后来收入《粤雅堂丛书》。上海商务印书馆由《粤雅堂丛书》重新印行《焦氏类林》,为《丛书集成初编》(1936年)第189—193册。万历刊本的

---

[1]《四库总目》,125: 4b-5a。

[2]见《中文大辞典》,8: 27。

各个影本藏于台湾"中央图书馆"、台湾大学、"中央研究院"、普林斯顿大学葛思德东方图书馆，以及东京内阁文库与静嘉堂文库。

6. 《焦氏笔乘》六卷，《续集》八卷。由焦竑讨论各式各样主题的笔记组成，主题的范围从古代诗歌的韵尾、汉朝从东南亚地区移植荔枝这种技术性问题，到思考心、性、知识的复杂哲学议题都有。《焦氏笔乘》在万历年间刊行过两次，第一次在1580年，第二次在1606年。[1]《焦氏笔乘》的全本也收入了《金陵丛书》与《粤雅堂丛书》。《粤雅堂丛书》本由上海商务印书馆于1935年重新印行，为《丛书集成初编》第2924—2927册，并由台湾商务印书馆于1971年重新印行，为《人人文库》系列特125册。1606年本的复本藏于东京内阁文库、静嘉堂文库、尊经阁文库，以及普林斯顿大学葛思德东方图书馆。《焦氏笔乘》另有一日本版藏于内阁文库中（1649）。

7. 《致身录》一卷。这是一部关于建文帝被废的私家著述，由一位建文帝的臣子史仲彬（1366—1427）所亲身经历。这部著作在焦竑1586年自一道教庙宇找到时，显然已经绝版不传多年。考量到有关建文帝时期的材料稀少，焦竑编辑这部著作并且重新出版它。[2]焦竑的序作于1619年。

8. 《支谈》三卷。《支谈》在万历年间刊行时，是一部独立的作品，收于陈继儒（1558—1639）的《宝颜堂秘笈》。《四库总目》也注意到《支谈》是一部分开刊行的著作。[3]不过，《粤雅堂丛书》与《金陵丛书》把《支谈》并入了《焦氏笔乘》中。《支谈》分析许多儒、释、

281

---

[1] 屈万里：《普林斯顿大学葛思德东方图书馆中文善本书志》（台北：艺文印书馆，1974年），页289。
[2] 《致身录》（1679），焦竑〈序〉，页1a-b。
[3] 《四库总目》，125：4b。

道的观念,并且论述了三教合一。一部万历本的影本藏于台北
"中央图书馆"。

9.《京学志》八卷,由焦竑与一些南京应天府学的学生共同执笔。本
书于万历年间初次刊行,焦竑序于1603年。一部原始的万历本
的影本藏于台北"中央图书馆",并由台北国风出版社重新印行
(1965)。

10.《庄子翼》八卷,附录与阙误两卷。本书由焦竑自四十九家学者
(包括他自己)注解所纂辑而成,于万历年间初次刊行,有焦竑
1588年所作之序。《庄子翼》被收入《续道藏》与《金陵丛书》。
它受到《四库总目》不太好的评价,[1]但仍被影印收入《四库全
书》。万历本的各种影本藏于台北"中央图书馆"、普林斯顿大
学葛思德东方图书馆,以及内阁文库。内阁文库另有一日本版
的《庄子翼》十一卷本,刊行于1653年。《庄子翼》也和焦竑的
《老子翼》(详下)于万历年间合刊,标题为《老庄翼》,由《老子
翼》三卷及《庄子翼》八卷所组成。万历本《老庄翼》的影本藏
于尊经阁文库。

11.《状元策》。《状元策》收集了自1478年以来状元们的会试考卷。
《状元策》初刊本的刊刻时间和卷数都不确定。康熙(1662—
1722)年间刊行过一部八卷本,有吴道南的序,作序的时间不
明。吴道南是1589年会试的榜眼。八卷本包含了清代早期至
1667年的状元试卷。另外有一部晚明的七卷本,影本藏于台北
"中央图书馆"。不过,晚明的七卷本已经是焦竑原始版本的扩
充了。

12.《中原文献》二十四卷。于万历年间初次刊行。焦竑与陶望龄
的序没有标明时间。《中原文献》由经典及其他的历史、哲学与

---

[1]《四库总目》,146: 7a。

文学作品的摘录所组成。根据《四库总目》，这部作品可能是为了科举考生所编辑的指南，因为据说焦竑在序中说，他把无关于制科的作品都排除不收。《四库总目》谴责它只关心科举考试，还有在选录六经时删改文献。不过，另一方面，《四库总目》怀疑《中原文献》实际上是由一些书商收集成书，伪托焦竑所作，因为焦竑虽然敢为异论，却"赅博"而不至于"颠舛如是"去删改六经文献。[1]我倾向于同意《四库总目》对作者问题的看法，因为焦竑虽然不必然反对科举考试系统，却最有可能以为这部作品只关注考试是可悲的。如同文本中所指出的，对于焦竑来说，追求学问的目的是为了知人之性，而不是为了升官。此外，尽管焦竑涉及重新诠释六经，但删改文本将与他身为"考据学"先驱的姿态相左。台北"中央图书馆"有万历本《中原文献》的残书（七卷），全本则藏于普林斯顿大学葛思德东方图书馆。

13.《二十九子品汇释评》二十卷。焦竑与翁正春（1592年状元）以及朱之蕃（1595年状元）共同编辑。在《新锲二太史汇选注释九子全书评林》（详下）中的十八位哲学家外，这部《二十九子品汇释评》选入其他十一名哲学家，包括尉缭子、墨子、颜子、尹文子、鬼谷子与孙武子。本书于万历年间初刊，李廷机（1583年进士）序于1616年。这部书的万历本复本藏于台北"中央图书馆"、内阁文库、尊经阁文库，以及普林斯顿大学葛思德东方图书馆。

14.《法华经精解评林》两卷。初次刊行的时间不确定。本书收入　　　**283**
《大日本续藏经》中。

15.《熙朝名臣实录》二十七卷。我还未找到这部作品的收藏地。不过，根据《四库总目》，这部书是许多为了增补《明实录》而写的传记集，它废除宋代的实录体例，当官员死亡时不附列本传以记

---

[1]《四库总目》，193: 3b。

其始末。在撰写这部作品时，焦竑利用"稗官"的私家著述，因此保存了大量资讯，对于考证官方叙述颇有价值。焦竑处理涉及靖难之变(明成祖推翻建文帝)[1]的臣子们，也被说是公正而超然的。

16.《新锲二太史汇选注释九子全书评林》。焦竑与翁正春共同编辑的这部著作，分为"正集"十四卷与"续集"十卷两个部分。"正集"由九位哲学家的文本组成，其中包括老子、庄子、淮南子、荀子、韩非子与文中子。"续集"也由九位哲学家的文本组成，包括鹖冠子、抱朴子、管子与关尹子。一部万历本的复本藏于普林斯顿大学葛思德东方图书馆。

17.《新刊焦太史续选百家评林明文珠玑》十卷。一部万历本的复本藏于尊经阁文库。

18.《新刊焦太史汇选百家评林明文珠玑》十卷。一部万历本的复本藏于台北师范大学图书馆。

284 19.《新镌焦太史汇选百家评林明文珠玑》四卷。一部万历本的复本藏于普林斯顿大学葛思德东方图书馆。

20.《皇明人物考》。我还未找到原始版本的复本的收藏地，取而代之的是，我使用舒承溪的重刊本，重刊本共有六卷，加上两篇分别作于1594与1595年的序言的"首卷"。"首卷"有张复论黄河、"南倭"、"北虏"的几篇文章。其他六卷涵盖明代开国到穆宗(1567—1573)的统治期间。舒承溪重刊本的复本藏于台北"中央图书馆"、哥伦比亚大学东亚图书馆，以及内阁文库。

21.《易筌》六卷，"附论"一卷。《易筌》于万历年间初次刊行，有焦竑于1621年所作的序。内阁文库拥有一部《易筌》的明代善本的复本，芝加哥大学远东图书馆由此复印了一本。

---

[1]《四库总目》，62: 3b。

22.《国朝献征录》一百二十卷。初次刊刻于万历年间,有黄汝亨(1558—1626)与顾起元(1565—1628)于1616年所作的序。万历本复本藏于台北"中央图书馆"、内阁文库、美国国会图书馆与哥伦比亚大学远东图书馆。万历本的复刻本由台北的台湾学生书局重刊,收于吴湘相编,《中国史学丛书》(1965)第六册。

23.《国史经籍志》五卷,附"纠缪"一卷。万历年间曾两度刊行:原始的万历本,以及钱塘徐象橒的曼山馆校刊本。台北"中央图书馆"各藏有复本一部。这部著作也已经重印,收入《粤雅堂丛书》,上海商务印书馆由此复印为四卷本,收入《丛书集成初编》(1939)第25—28册。《粤雅堂丛书》本也已经由台北广文书局重新印行(1972)。一部日本京都野田庄右卫门刊本,以徐象橒曼山馆万历刊本为基础,并加上日式标点。日版的出版时间不确定。不过,日版的多个复本藏于内阁文库,以及斯坦福大学胡佛研究所东亚图书馆。

24.《老子翼》,由焦竑从六十五位学者(包括他自己)的注解中编纂而成。《老子翼》收入《四库全书》中,《四库总目》给它非常赞赏的评语,说焦竑虽然谈论儒学"多涉悠谬",不过对于佛、道之学"具有别裁"。[1]《老子翼》的多个版本现存于:

(a) 万历年间王元贞校刊本两卷,"附录"一卷,有王氏1587年所作的序。复本藏于台北故宫博物院以及东海大学、内阁文库、普林斯顿大学葛思德东方图书馆。并由台北艺文印书馆重新印行(1965),收于严灵峰编《无求备斋老子集成》初编第七十七册。这部1965年的重印本没有焦竑的序,但是不仅包含"附录",也包含"考异"。"考异"由焦竑取材自薛蕙(君采)的《老子集解》,指出十多种《老子》版本的用字差异。

------

[1]《四库总目》,146: 3b。

285

(b)《四库全书》本两卷,"考异"一卷。

(c)《续道藏》本六卷。

(d) 1895年南京刊本,由金陵刻经处印行,共八卷,含"附录"及"考异"。已由台北广文书局重印(1962)。

(e) 1916年《金陵丛书》本,八卷,含"附录"及"考异"。

(f) 日本四卷本,由小嶋市郎右卫门刊行于京都(1653),又由台北艺文印书馆重新印行,收于严灵峰编《无求备斋老子集成》初编第七十八册(1965)。这部1965年重印版完整收有焦竑与王元贞的两篇序文,但是没有"附录"或者"考异"。

286 25.《楞伽经精解评林》一卷。初次刊行时间不确定。被收入《大日本续藏经》中。

26.《楞严经精解评林》三卷。初次刊行时间不确定。被收入《大日本续藏经》中。

27.《两汉萃宝评林》三卷。本书由焦竑与李廷机、李光缙合作编纂。前两卷为《汉书》选文,第三卷为《后汉书》选文。一部万历本的复本藏于台北"中央图书馆"。

28.《两苏经解》六十四卷。本书由苏轼对《易经》、《书经》的注解,以及苏辙对《诗经》、《春秋》、《论语》、《孟子》与《老子》的注解所组成。本书于万历年间初次刊行。万历本的复本藏于台北"中央图书馆"与静嘉堂文库。

29.《升庵外集》一百卷,焦竑与叶遵(循甫)、王嗣经(曰常)合编。《升庵外集》包含杨慎的经学、史学、文献学、声韵学、地理学、书法、绘画、饮食等著作共二十八种。本书于万历年间初次刊行,有顾起元于1616年所作的序,以及焦竑于1617年所作的后跋。万历本的复本藏于台北"中央图书馆"、内阁文库,以及普林斯顿大学葛思德东方图书馆。

30.《史汉合钞》十卷。本书主要由《史记》与《汉书》列传的选文组成，但也包含许多从各式各样，如《史记》、《汉书》论经济、水利、夷狄等文章所摘引的文字。本书于万历年间刊行，有焦竑于1619年所作的序。一部万历本的复本藏于芝加哥大学远东图书馆。

31.《俗书刊误》十二卷。《四库总目》说这部著作"其辨最详，而又非不可施用之僻论"。[1]《俗书刊误》收入《四库全书》中。上海商务印书馆由《四库全书》本照相复印此书（1935）。焦竑序于1610年。

32.《澹园集》四十九卷。《澹园集》于万历年间初次刊行，有耿定力于1606年所作的序。万历本的复本藏于台北"中央图书馆"、内阁文库与尊经阁文库。《澹园集》被影印收入《金陵丛书》中。

33.《澹园续集》二十七卷。《澹园续集》于万历年间初次刊行，有徐光启（1562—1633）于1611年所作的序。万历本的复本藏于内阁文库与尊经阁文库。《澹园续集》被影印收入《金陵丛书》中。

34.《东坡志林》五卷，焦竑评。一部明代善本的复本藏于台北"中央图书馆"。

35.《词林历官表》三卷。这部书被著录于《明史·艺文志》中。我尚未找到这部著作的复本，可能已经亡佚了。

36.《五言律细》一卷。焦竑编纂。一部万历本的复本藏于台北故宫博物院。

37.《养正图解》。这部著作于万历年间初次刊刻时并不分卷。不过，曹钤于1669年重新刊刻时分为三卷。万历本的复本藏于台北"中央图书馆"与内阁文库。

38.《阴符经解》一卷。本书初次刊刻于万历年间，收于陈继儒的《宝颜堂秘笈》。焦竑的后跋作于1586年。

---

[1]《四库总目》，41: 11b。

39.《禹贡解》一卷。这部书被著录于《明史·艺文志》中。我尚未
　　找到这部著作的复本,可能已经亡佚了。

40.《玉堂丛语》八卷。这是明代开国以来翰林院官员们的言行记
　　载。本书于万历年间初次刊刻,有焦竑1618年所作的序。万历
　　本的复本藏于台北"中央图书馆"、尊经阁文库、静嘉堂文库。

41.《圆觉经精解评林》。本书的初次刊行时间不确定。除了第一卷
　　以外,其他卷帙可能已经亡佚了。第一卷已经印行,收入《大日
　　本续藏经》中。

重要书目

一、中文文献

（一）古籍

《大方广圆觉修多罗了义经》，《大正新修大藏经》，第十七册，no. 842，页913—922。

《大佛顶如来密因修证了义诸菩萨万行首楞严经》，《大正新修大藏经》，第十九册，no. 945，页105—155。

《大乘起信论》，《大正新修大藏经》，第三十二册，no. 1666，页575—593。

《大般若波罗蜜多经》，《大正新修大藏经》，第五册，no. 220，页1—1074；第六册，no. 220，页1—1073；第七册，no. 220，页1—1110。

《大般涅槃经》，《大正新修大藏经》，第七册，no. 374，页365—603。

《老子化胡经》，《大正新修大藏经》，第五十四册，no. 2139，页1266—1270。

《周易》，四部备要本。

《明实录》，台北："中央研究院"历史语言研究所，1962—1966年。

《金刚般若波罗蜜经》，《大正新修大藏经》，第八册，no. 235，页748—752。

《钦定四库全书总目》，上海：大同书局，1930年。

《维摩诘所说经》，《大正新修大藏经》，第十四册，no. 475，页537—557。

《杂阿含经》，《大正新修大藏经》，第二册，no. 99，页1—273。

王先谦，《荀子集解》，台北：世界书局，1968年。

王先谦，《庄子集解》，台北：世界书局，1962年。

王阳明，《王阳明全集》，香港：广智书局，1959年。

朱珪修、李拔纂，《福宁府志》，台北：成文出版社，1967年。

朱熹，《四书集注》，四部备要本。

朱熹，《朱子全书》，1714年。

朱熹，《朱子语类》，应元书院本，1872年。

朱熹，《朱文公文集》，四部备要本。

江永，《近思录集注》，本书亦收入《周子通书》、《小学集注》，台北：中华书局，1966年。

江藩，《汉学师承记》，台北：台湾商务印书馆，1964年。

李贽，《焚书·续焚书》，北京：中华书局，1975年。

李贽，《藏书》，北京：中华书局，1974年。

沈一贯，《明状元图考》，双峰书屋本，1875年。

沈士荣，《续原教论》，南京：金陵刻经处，1875年。

宗密，《中华传心地禅门师资承袭图》，收于《大日本续藏经》第一辑，第二篇，第十五套，第五册，页433b—438b。

宗密，《原人论》，《大正新修大藏经》，第四十五册，no. 1886，页707—710。

承迁，《注金师子章》，收于《大日本续藏经》第一辑，第二篇，第八套，第一册，页75b—78b。

契嵩，《镡津文集》，《大正新修大藏经》，第五十二册，no. 2115，页646—750。

施璜、施澴、方允淳编,《还古书院志》,复印自东京内阁文库1741
　　年本。

胡居仁,《居业录》,正谊堂本,1866年。

夏燮,《明通鉴》,北京:中华书局,1959年。

孙奇逢,《理学宗传》,杭州:浙江书局,1880年。

孙承泽,《春明梦余录》,古香斋本,1883年。

徐鼒,《小腆纪年》,台北:台湾银行,1962年。

徐鼒,《小腆纪传》,台北:台湾银行,1963年。

耿定向,《耿天台先生文集》,台北:文海出版社,1970年。

耿定向,《耿天台先生全书》,武昌:武昌正信印书馆,1925年。

张廷玉等,《明史》,北京:中华书局,1974年。

张载,《张子全书》,上海:商务印书馆,1935年。

章炳麟,《重订齐物论释》,收于《章氏丛书》第十二册,上海:右文
　　社,1916年。

章学诚,《文史通义》,收于《章氏遗书》。

章学诚,《文集》,收于《章氏遗书》,嘉业堂本,1922年。

陈作霖,《上元江宁乡土合志》,南京:江楚编译书局,1910年。

陈第,《毛诗古音考》,明辨斋本,1863年。

陈第,《屈宋古音义》,明辨斋本,1863年。

陈献章,《白沙子全集》,台北:台湾商务印书馆,1973年。

陶宗仪,《南村辍耕录》,北京:中华书局,1959年。

陶望龄,《放生辩惑》,收于陶珽编,《说郛续》(宛委山堂本,1647年),
　　30: 1a—5a。

陆九渊,《陆象山全集》,香港:广智书局,1960年。

彭绍升,《居士传》,1878年本。

智圆,《闲居编》,收于《大日本续藏经》第一辑,第二篇,第六套,第一
　　册,页27a—108a。

智颛,《妙法莲花经文句》,《大正新修大藏经》,第三十四册,no. 1718,
　　页1—149。

智颛,《妙法莲花经玄义》,《大正新修大藏经》,第三十三册,no. 1716,
　　页681—814。

智颛,《摩诃止观》,《大正新修大藏经》,第五十六册,no. 1911,页1—
　　140。

焦竑,《老子翼》,台北:广文书局,1962年。

焦竑,《易筌》,明代善本的复本。

焦竑,《法华经精解评林》,收于《大日本续藏经》第一辑,第九十三
　　套,第一册,页29a—77b。

焦竑,《国史经籍志》,长沙:商务印书馆,1939年。

焦竑,《国朝献征录》,台北:台湾学生书局,1965年。

焦竑,《庄子翼》,台北:广文书局,1970年。

焦竑,《阴符经解》,收于陈继儒编,《宝颜堂秘笈》,上海:文明书局,
　　重印本,1922年。

焦竑,《焦氏笔乘正续》,台北:台湾商务印书馆,1971年。

焦竑,《圆觉经精解评林》,收于《大日本续藏经》第一辑,第九十四
　　套,第一册,页1a—26b。

焦竑,《楞伽经精解评林》,收于《大日本续藏经》第一辑,第九十一
　　套,第二册,页194b—224b。

焦竑,《楞严经精解评林》,收于《大日本续藏经》第一辑,第九十套,
　　第三册,页163a—236b。

焦竑,《澹园集》,金陵丛书本。

焦竑,《澹园续集》,金陵丛书本。

焦循,《论语通释》,收于《木犀轩丛书》,1883—1891年。

焦循,《论语补疏》,收于《焦氏丛书》,清嘉庆年间本。

程颢、程颐,《河南程氏外书》,收于《二程全书》,四部备要本。

程颢、程颐,《河南程氏遗书》,上海：商务印书馆,1935年。

袾宏,《云栖法汇》,南京：金陵刻经处,1899年。

黄宗羲,《明儒学案》,台北：世界书局,1965年。

黄宗羲、全祖望,《宋元学案》,台北：世界书局,1965年。

圆悟克勤,《碧岩录》,《禅学大成》（台北,中华佛教文化馆,1969年）,1：1—264。

万斯同,《石园文集》,1935年。

过庭训,《本朝分省人物考》,台北：成文出版社,1971年。

道原,《景德传灯录》,四部丛刊本。

僧佑,《弘明集》,《大正新修大藏经》,第五十二册,no. 2102,页1—96。

僧肇,《肇论》,《大正新修大藏经》,第四十五册,no. 1858,页150—161。

廖腾煃修、汪晋征等纂,《休宁县志》,台北：成文出版社,1970年。

赵岐,《孟子》,四部丛刊本。

刘若愚,《酌中志》,上海：商务印书馆,1935年。

刘谧,《三教平心论》,《大正新修大藏经》,第五十二册,no. 2117,页781—794。

慧明,《五灯会元》,1906年。

慧海,《顿悟入道要门论》,收于《大日本续藏经》第一辑,第二篇,第十五套,第五册,页420—426。

慧海,《诸方门人参问语录》,收于《大日本续藏经》第一辑,第二篇,第十五套,第五册,427—433。

慧开,《无门关》,收于《禅学大成》（台北：中华佛教文化馆,1969年）,2：1—23。

潘曾纮,《李温陵外纪》,台北：伟文图书出版社,1977年。

钱大昕,《十驾斋养新录》,上海：商务印书馆,1935年。

戴震,《孟子字义疏证》,北京:中华书局,1961年。

戴震,《戴东原集》,上海:商务印书馆,1929年。

瞿汝稷辑,《指月录》,台北:真善美出版社,1968年。

罗钦顺,《困知记》,1622年。

严灵峰编,《无求备斋论语集成》,台北:艺文印书馆,1966年。

释道宣,《广弘明集》,收于《大正新修大藏经》,第五十二册,
　　no. 2103,页97—361。

顾炎武,《日知录》,1795年。

(二) 近人论著

王维诚,《老子化胡说考证》,《国学季刊》,4.2 (1934): 147—268。

甲凯,《宋明心学评述》,台北:台湾商务印书馆,1967年。

皮锡瑞,《经学历史》,香港:中华书局,1973年。

牟宗三,《心体与性体》三册,台北:正中书局,1970—1973年。

牟宗三,《名家与荀子》,台北:台湾学生书局,1979年。

牟宗三,《佛性与般若》修订版,台北:台湾学生书局,1979年。

牟宗三,《从陆象山到刘蕺山》,台北:台湾学生书局,1979年。

牟宗三,《智的直觉与中国哲学》,台北:台湾商务印书馆,1971年。

余英时,《论戴震与章学诚》,香港:龙门书店,1976年。

李宗侗,《中国史学史》,台北:中华文化出版事业社,1964年。

杜维运,〈清盛世的学术工作与考据学的发展〉,收于《史学及外国史
　　研究论集》,台北:大陆杂志社,1967年,页144—152。

杜维运,《清乾嘉时代之史学与史家》,台北:台湾大学文学院,1962年。

阮芝生,《学案体裁源流初探》,收于杜维运、黄进兴编,《中国史学史
　　论文选集》,台北:华世出版社,1976年,页574—596。

林科棠,《宋儒与佛教》,台北:台湾商务印书馆,1966年。

金云铭,《陈第年谱》,福建:协和大学,1946年。

金毓黼，《中国史学史》，台北：台湾商务印书馆，1960年。

侯外庐主编，《中国思想通史》，北京：人民出版社，1963年。

南怀瑾，《宋明理学与禅宗》，《孔孟学报》，23 (1972.04): 23—37。

姚名达，《中国目录学史》，台北：台湾商务印书馆，1965年。

柳存仁，《明儒与道教》，《新亚学报》，8.1 (1967): 259—296。

唐君毅，《中国哲学原论·原道篇》三卷，香港：新亚书院研究所，
　　1973—1974年。

唐君毅，《中国哲学原论·导论篇》修订版，香港：新亚书院研究所，
　　1974年。

唐君毅，《中国哲学原论·原性篇》修订版，香港：新亚书院研究所，
　　1974年。

唐君毅，《中国哲学原论·原教篇》修订版，香港：新亚书院研究所，
　　1975年。

容肇祖，《焦竑及其思想》，《燕京学报》，23 (1938): 1—45。

容肇祖，《李贽年谱》，北京：三联书店，1957年。

徐复观，《中国思想史论集》，台中：东海大学，1959年。

马定波，《中国佛教心性说之研究》，台北：正中书局，1978年。

梁启超，《中国近三百年学术史》，台北：中华书局，1962年。

许世瑛，《中国目录学史》，台北：中华文化出版事业委员会，1954年。

陈荣捷，《论明儒学案之师说》，《幼狮月刊》，48.1 (1978.07): 6—8。

麦仲贵，《王门诸子致良知学之发展》，香港：香港中文大学，1973年。

嵇文甫，《左派王学》，上海：开明书店，1934年。

嵇文甫，《晚明思想史论》，重庆：商务印书馆，1944年。

汤用彤，《汉魏两晋南北朝佛教史》，台北：台湾商务印书馆，1965年。

汤用彤，《魏晋玄学论稿》，北京：人民出版社，1957年。

杨立诚、金步瀛编，《中国藏书家考略》，杭州：浙江省立图书馆，
　　1929年。

杨启樵,《明代诸帝之崇尚方术及其影响》,《新亚书院学术年刊》,4 (1962): 71—147。

叶昌炽,《藏书纪事诗》,上海: 古典文学出版社,1958年。

叶绍钧,《荀子》,上海: 商务印书馆,1934年。

蔡仁厚,《宋明理学: 北宋篇》修订版,台北: 台湾学生书局,1979年。

蔡仁厚,《宋明理学: 南宋篇》修订版,台北: 台湾学生书局,1980年。

蒋伯潜注释,《孟子》,收于沈知方主稿,《语译广解四书》,台北: 启明书局,1952年。

钱穆,《中国近三百年学术史》,台北: 台湾商务印书馆,1968年。

钱穆,《朱子新学案》,台北: 三民书局,1971年。

罗光,《儒家形上学》,台北: 中华文化出版事业委员会,1957年。

罗香林,《唐代三教讲论考》,《东方文化》,1.1 (1954): 85—97。

饶宗颐,《三教论与宋晋学术》,《东西文化》,9 (1968.05): 24—32。

饶宗颐,《中国史学上之正统论》,香港: 龙门书店,1977年。

二、日文文献

久保田量远,《支那儒道佛三教史论》,东京都: 东方书院,1931年。

大久保英子,《明清时代书院の研究》,东京都: 国书刊行会,1976年。

小川贯一,《居士仏教の近世的发展》,《龙谷大学论集》,333 (1950): 46—75。

小柳司气太,《三教相互に关する典籍の二三》,收于《常盘博士还历记念仏教论丛》(京都: 弘文堂,1933年),页69—76。

小柳司气太,《明末の三教关系》,收于《高濑博士还历记念支那学论丛》(京都: 弘文堂,1931年),页349—370。

山下龙二,《阳明学の研究》二卷,东京都: 现代情报社,1971年。

今浜通隆,《儒教と“言语”観》,东京都: 笠间书院,1978年。

内藤虎次郎,《支那史学史》,东京都: 弘文堂,1950年。

加地伸行，《中国人の论理学》，东京都：中央公论社，1977年。

末木刚博，《东洋の合理思想》，东京都：讲谈社，1975年。

足利衍述，《宋以后に于ける三教调和梗概と其参考书目》，《东洋哲学》，16.2—3 (1909): 61—65, 54—58。

柳田圣山，《临济录》，东京都：大藏出版株式会社，1972年。

重松俊章，《支那三教史上の若干の问题》，《史渊》，21 (1939): 125—152。

岛田虔次，《朱子学と阳明学》，东京都：岩波书店，1967年。

荒木见悟，《明代思想研究：明代における儒教と佛教の交流》，东京都：创文社，1972年。

酒井忠夫，《中国善书の研究》，东京都：弘文堂，1960年。

高雄义坚，《云栖大师袾宏に就て》，《内藤博士颂寿记念史学论丛》（京都：弘文堂，1930年），页215—272。

常盘大定，《支那に于ける佛教と儒教道教》，东京都：东洋文库，1930年。

清水泰次，《明代に于ける宗教融合と功过格》，《史潮》，6.3 (1936): 29—55。

间野潜龙，《明代における三教思想——特に林兆恩を中心として》，《东洋史研究》，12.1 (1952): 18—34。

间野潜龙，《林兆恩とその著作について》，《清水博士追悼记念明代史论丛》（东京都：大安，1962年），页421—456。

间野潜龙，《阳明学と儒佛论争——特に姚江书院を中心として》，《支那学报》，1 (1956):12—22。

间野潜龙，《朱子と王阳明：新儒学と大学の理念》，东京都：清水书院，1974年。

三、英文文献

Bauer, Walter. *Orthodoxy and Heresy in Earliest Christianity*.

Philadelphia: Fortress Press, 1971.

Beasley, W. G., and E. G. Pulleyblank, eds. *Historians of China and Japan*. London: Oxford University Press, 1961.

Berling, Judith. *The Syncretic Religion of Lin Chao-en*. New York: Columbia University Press, 1980.

Bleicher, Josef. *Contemporary Hermeneutics*. London: Routledge and Kegan Paul, 1980.

Blofeld, John. *The Zen Teaching of Hui Hai*. London: Rider, 1969.

Bloom, Irene. "Notes on Knowledge Painfully Acquired: A Translation and Analysis of the *K'un-chih Chi* by Lo Ch'in-shun (1465-1547)." Ph.D. dissertation, Columbia University, 1976.

Bodde, Derk, trans. *A History of Chinese Philosophy*. 2 vols. Princeton: Princeton University Press, 1952-1953.

Chan, Wing-tsit. "Chu Hsi's Appraisal of Lao Tzu." *Philosophy East and West* 25.2 (Apr. 1975): 131-144.

Chan, Wing-tsit. "Chu Hsi's Completion of Neo-Confucianism." *Etudes Song* (1973), ser. 2, no. 1, pp. 59-90.

Chan, Wing-tsit. "The Evolution of the Confucian Concept of *Jen*." *Philosophy East and West* 4.4 (Jan. 1955): 295-319.

Chan, Wing-tsit. trans. *Instructions for Practical Living and Other Neo-Confucian Writings by Wang Yang-ming*. New York: Columbia University Press, 1964.

Chan, Wing-tsit. "The Neo-Confucian Solution of the Problem of Evil." *Bulletin of the Institute of History and Philosophy, Academia Sinica* 28 (1959):773-791.

Chan, Wing-tsit. trans. *Reflections on Things at Hand*. New York: Columbia University Press, 1967.

Chan, Wing-tsit. *A Source Book in Chinese Philosophy*. Princeton: Princeton University Press, 1969.

Chan, Wing-tsit. trans. *The Way of Lao Tzu*. Indianapolis: Bobbs-Merrill, 1963.

Ch'en, Kenneth. *Buddhism in China*. Princeton, N. J.: Princeton University Press, 1964.

Ch'en, Kenneth. *The Chinese Transformation of Buddhism*. Princeton: Princeton University Press, 1973.

Cheng, Chung-ying. "Rejoinder to Michael Levin's Comments on the Paradoxicality of the *Kōans*." *Journal of Chinese Philosophy* 3.3 (Jun. 1976): 291-297.

Cheng, Chung-ying. *Tai Chen's Inquiry into Goodness*. Honolulu: East-West Center Press, 1971.

Cheng, Chung-ying. "On Yi as a Universal Principle of Specific Application in Confucian Morality." *Philosophy East and West* 22.3 (Jul. 1972): 269-280.

Cheng, Chung-ying. "On Zen (Ch'an) Language and Zen Paradoxes." *Journal of Chinese Philosophy* 1 (1973): 77-102.

Ch'ien, Edward T. "The Conception of Language and the Use of Paradox in Buddhism and Taoism." *Journal of Chinese Philosophy* 11.4 (Dec. 1984): 375-399.

Ch'ien, Edward T. "The Neo-Confucian Confrontation with Buddhism: A Structural and Historical Analysis." *Journal of Chinese Philosophy* 9.3 (Sep. 1982): 307-328.

Ch'ien, Edward T. "The Transformation of Neo-Confucianism as Transformative Leverage." *Journal of Asian Studies* 34.2 (Feb. 1980): 255-258.

Ching, Julia, trans. *The Philosophical Letters of Wang Yang-ming*. Columbia: University of South Carolina Press, 1972.

Ching, Julia, trans. *To Acquire Wisdom: The Way of Wang Yang-ming*. New York: Columbia University Press, 1976.

Cleary, Thomas and J. C. Cleary, trans. *The Blue Cliff Record*. Boulder: Shambhala, 1977.

Cohen, Paul A. *China and Christianity*. Cambridge: Harvard University Press, 1963.

Conze, Edward, trans. *Buddhist Scriptures*. Baltimore: Penguin, 1971.

Conze, Edward, trans. *Buddhist Wisdom Books, Containing the Diamond Sutra and the Heart Sutra*. New York: Harper, 1972.

Dauenhauer, Bernard P. *Silence: The Phenomenon and its Ontological Significance*. Bloomington: Indiana University Press, 1980.

de Bary, Wm. Theodore. "Buddhism and the Chinese Tradition." *Diogenes* 47 (1964): 102-124.

de Bary, Wm. Theodore. and Irene Bloom, eds. *Principle and Practicality: Essays in Neo-Confucianism and Practical Learning*. New York: Columbia University Press, 1979.

de Bary, Wm. Theodore. et al., eds. The *Buddhist Tradition*. New York: Modern Library, 1969.

de Bary, Wm. Theodore. et al., eds. *Sources of Chinese Tradition*. 2 vols. New York: Columbia University Press, paperback ed. 1964.

de Bary, Wm. Theodore. and the Conference on Ming thought. *Self and Society in Ming Thought*. New York: Columbia University Press, 1970.

de Bary, Wm. Theodore. and the Conference on Seventeenth-Century Chinese Thought. *The Unfolding of Neo-Confucianism*, New York:

Columbia University Press, 1975.

Derrida, Jacques. *Of Grammatology*, trans. by Gayatri Chakravorty Spivak. Baltimore: Johns Hopkins University Press, 1976.

Derrida, Jacques. *Writing and Difference*, trans. by Alan Bass. Chicago: University of Chicago Press, 1978.

Dien, Albert E. "Yen Chih-t'ui (531-591+): A Buddho-Confucian." In Arthur F. Wright and Denis Twitchett, eds., *Confucian Personalities* (Stanford: Stanford University Press, 1962), pp. 43-64.

Dimberg, Ronald G. *The Sage and Society: The Life and Thought of Ho Hsin-yin*. Honolulu: University Press of Hawaii, 1974.

Dobson. W. A. C. H., trans. *Mencius*. Toronto: University of Toronto Press, 1963.

Dubs, H. H. *The Works of Hsüntze*. London: Arthur Probsthain, 1928.

Dumoulin, Heinrich. *A History of Zen Buddhism*. New York: McGraw-Hill, 1965.

Farlow, John King. "On 'On Zen Language and Zen Paradoxes': Anglo-Saxon Questions for Cheng Chung-ying." *Journal of Chinese Philosophy* 10.3 (Sep. 1983): 285-298.

Foucault, Michel. *The Archaeology of Knowledge*, trans. by A. M. Sheridan-Smith. New York: Harper & Row, 1976.

Fu, Charles Wei-hsun. "Morality or Beyond: the Neo-Confucian Confrontation with Mahāyāna Buddhism." *Philosophy East and West* 23.3 (Jul. 1973): 375-396.

Gadamer, Hans-Georg. *Truth and Method*, 2d ed., 1965. Ed. by Garrett Barden and John Cumming. New York: Seabury Press, 1975.

Gedalecia, David. "Excursion into Substance and Function." *Philosophy*

East and West 24.4 (Oct. 1974): 443-451.

Goodrich, L. Carrington, and Chaoying Fang, eds. *Dictionary of Ming Biography, 1368-1644*. 2 vols. New York: Columbia University Press, 1976.

Graham, A. C. "The Background of Mencius' Theory of Human Nature." *Tsing-hua Journal of Chinese Studies* 6.1-2 (1967): 215-271.

Graham, A. C. *Two Chinese Philosophers: Ch'eng Ming-tao and Ch'eng Yi-ch'uan*. London: Lund Humphries, 1958.

Hakeda, Yoshito S., trans. *The Awakening of Faith Attributed to Aśvaghosha*. New York: Columbia University Press, 1967.

Hartman, Sven S., ed. *Syncretisim*. Stockholm: Almqvist & Wiksell, 1969.

Ho, Ping-ti. *The Ladder of Success in Imperial China*. New York: Columbia University Press, 1962.

Hu Shih. "The Scientific Spirit and Method in Chinese Philosophy." In Charles A. Moore, ed., *The Chinese Mind* (Honolulu: University of Hawaii Press, 1967), pp. 104-131.

Huang, Siu-chi. *Lu Hsiang-shan: A Twelfth-Century Chinese Idealist Philosopher*. New Haven: American Oriental Society, 1944.

Hummel, Arthur, ed. *Eminent Chinese of the Ch'ing Period*. Taipei: Literature House, 1964.

Hurvitz, Leon. "Chih I." Ph.D. dissertation, Columbia University, 1959.

Hurvitz, Leon., trans. *Scripture of the Lotus Blossom of the Fine Dharma*. New York: Columbia University Press, 1976.

Koseki, Aaron K. "The Concept of Practice in San-lun Thought: Chi-tsang and the 'Concurrent Insight' of the Two Truths." *Philosophy*

East and West 31.4 (Oct. 1981): 440-466.

Lau, D. C. "The Treatment of Opposites in Lao Tzu." *Bulletin of the School of Oriental and African Studies* 21 (1959): 344-360.

Lau, D. C., trans. *Lao Tzu: Tao Te Ching*. Baltimore: Penguin, 1972.

Lau, D. C., trans. *Mencius*. Baltimore: Penguin, 1970.

Legge, James, trans. *The Chinese Classics*. 5 vols. In 4. Taipei: Wen-shih-che ch'u-pan she, 1971.

Legge, James, *The I Ching: The Book of Changes*. New York: Dover Publications, 1963.

Levenson, Joseph. *Confucian China and Its Modern Fate: A Trilogy*. Berkeley: University of California Press, 1968.

Levin, Michael. "Comments on the Paradoxicality of Zen *Kōans*." *Journal of Chinese Philosophy* 3.3 (Jun. 1976): 281-290.

Liang, Ch'i-ch'ao. *Intellectual Trends in the Ch'ing Period*, trans. by Immanuel Hsü. Cambridge: Harvard University Press, 1959.

Liebenthal, Walter. *Chao Lun: The Treatises of Seng-chao*. Hong Kong: Hong Kong University Press, 1968.

Liebenthal, Walter. "The Immortality of the Soul in Chinese Thought." *Monumenta Nipponica* 8 (1952): 327-397.

Liu, Shu-hsien. "How Idealistic Is Wang Yang-ming?" *Journal of Chinese Philosophy* 10.2 (Jun. 1983): 147-168.

Liu, Ts'un-yan. "Lu His-hsing: A Confucian Scholar, Taoist Priest, and Buddhist Devotee of the Sixteen Century." *Asiatische Studien* 18-19 (1965): 115-142.

Liu, Ts'un-yan. "The Penetration of Taoism into the Ming Neo-Confucian Elite." *T'oung Pao* 57.1-4 (1971): 31-102.

Lonegan, Bernard. "The Concept of *Verbum* in the Writings of St.

Thomas Acquinas." *Theological Studies* 7 (1946): 349-392; 8 (1947): 35-79, 404-444; 10 (1949): 3-40, 359-393.

Luk, Charles (Lu K'uan-yü), trans. *The Śūraṅgama Sūtra*. London: Rider, 1966.

Luk, Charles (Lu K'uan-yü), trans. *The Vimalakīrti Nirdeśa Sūtra*. Berkeley and London: Shambala, 1972.

Metzger, Thomas A. *Escape from Predicament*. New York: Columbia University Press, 1977.

Mote, F. W. "Notes on the Life of T'ao Tsung-i." *Kyoto University zimbun-kagaku kenkyūjo, Silver Jubilee Volume* (Kyoto: Kyoto University, 1954), pp. 279-293.

Nakamura, Hajime. *Ways of Thinking of Eastern Peoples*. Honolulu: East-West Center Press, 1964.

Nivison, David. *The Life and Thought of Chang Hsüeh-ch'eng*. Stanford: Stanford University Press, 1966.

Palmer, Richard E. *Hermeneutics*. Evanston: Northwestern University Press, 1969.

Parkes, Graham. "The Wandering Dance: Chuang Tzu and Zarathustra." *Philosophy East and West* 33.3 (Jul. 1983): 235-250.

Rachewiltz, Igor de. "Yeh-lü Ch'u-ts'ai(1189-1243): Buddhist Idealist and Confucian Stateman." In Arthur F. Wright & Denis Twichett, ed., *Confucian Personalities* (Stanford: Stanford University Press, 1962), pp. 189-216.

Robinson, Richard H. *Early Mādhyamika in India and China*. Madison: University of Wisconsin Press, 1967.

Russel, Geffery B. *Dissent and Reform in the Early Middle Ages*. Berkeley: University of California Press, 1965.

Said, Edward W. *Beginnings: Intention and Method*. Baltimore: Johns Hopkins University Press, 1975.

Schoegl, Irmgard, trans. *The Zen Teaching of Rinzai*. Berkeley: Shambala, 1976.

Shih, Vincent Y. C. "Hsün Tzu's Positivism." *Tsing-hua Journal of Chinese Studies* 4.2 (Feb. 1964): 162-173.

Takakusu, Junjirō. *The Essentials of Buddhist Philosophy*. Honolulu: Office Appliance Co., 1956.

T'ang Chün-i. "Chang Tsai's Theory of Mind and Its Metaphysical Basis." *Philosophy East and West* 4.2 (Jul. 1956): 113-136.

Taylor, Rodney L. "Proposition and Praxis: The Dilemma of Neo-Confucian Syncretism." *Philosophy East and West* 32.2 (Apr. 1982): 187-199.

Tong, Lik Kuen. "The Meaning of Philosophical Silence: Some Reflections on the Use of Language in Chinese Thought." *Journal of Chinese Philosophy* 3.2 (Mar. 1976): 169-183.

Tu, Wei-ming. *Humanity and Self-Cultivation: Essays in Confucian Thought*. Berkeley: Asian Humanities Press, 1979.

Tu, Wei-ming. *Neo-Confucian Thought in Action: Wang Yang-ming's Youth (1472-1509)*. Berkeley: University of California Press, 1976.

Waley, Arthur, trans. *The Analects of Confucius*. New York: Vintage Books, 1938.

Ware, James, trans. *The Sayings of Confucius*. New York: New American Library, 1955.

Watson, Burton, trans. *The Complete Works of Chuang Tzu*. New York: Columbia University Press, 1968.

Watson, Burton, *Hsün Tzu: Basic Writings*. New York: Columbia

University Press, 1963.

Wilhelm, Richard, and Cary F. Baynes trans. *The I Ching: Or Book of Changes*. New York: Pantheon, 1961.

Wright, Dale S. "The Significance of Paradoxical Language in Hua-yen Buddhism." *Philosophy East and West* 32.3 (Jul. 1982): 325-338.

Yampolsky, Philip B., trans. *The Platform Sutra of the Sixth Patriarch*. New York: Columbia University Press, 1967.

Yeh, Michelle. "The Deconstructive Way: A Comparative Study of Derrida and Chuang Tzu." *Journal of Chinese Philosophy* 10.2 (Jun. 1983): 95-126.

Yü, Chün-fang. *The Renewal of Buddhism in China: Chu-hung and the Late Ming Synthesis*. New York: Columbia University Press, 1981.

Yü, Ying-shih. "Some Preliminary Observations on the Rise of Ch'ing Confucian Intellectualism." *Tsing-hua Journal of Chinese Studies* 11 (1975): 105-144.

Zürcher, E. *The Buddhist Conquest of China*. Leiden: E. J. Brill, 1959.

译者跋

　　翻译是一种诠释与理解,但是这本《焦竑与晚明新儒思想的重构》的翻译,对我来说,更是一份心意与无奈。

　　作者钱新祖先生是我在台大读书时的老师,1987年起,我有幸先在课堂上感受到他学问思想的真诚与细致,才下定决心一字一句地攻读他这本专著。当时为了壮胆,还组织了读书小组,希望靠着集体智慧,看看能不能读懂这本书? 那年一起苦读的朋友们,现在已经多半消失在彼此人生的歧途中了! 但若是没有当年的囫囵吞枣,就没有今天这个译本的基础。钱老师作古近二十年以来,我海内外绕了一圈,却再也找不到那个在阅读写作上让我心服口服的老师了! 只能靠着重读这本书,重温与钱老师一起思辨的苦乐。这是做学生的一番心意。无奈的是,这些年来环绕着钱新祖其人其书的闲话从未间断,可惜《焦竑与晚明新儒思想的重构》一书始终没有中译本出现,以致有些想实事求是的朋友们不免向隅之苦。我不是一个好的译者,因为我打从心底就不想要大家只读中译本,而不读我觉得无可取代的英文原本,但是基于上述的心意与无奈,只好野人献曝地提供出这个译本。它只是一座桥梁,一个诱饵,如果能激发中文读者一丝一毫的好奇与不满,因而去找原书返本归真,于愿足矣! 书中经常出现的synthesis与restructuring,我擅自将钱老师自己的翻译"交合"与"重组",更动为"综合"与"重构",是不肖也!

　　本书翻译的过程中，得到李忠达同学的鼎力协助，他负责倾听、打字与复查引文，第四章与附录的底稿出自他手；胡芷嫣同学则在后期清理上也帮了许多忙；台大出版中心的曾双秀编辑负责认真地陪伴本书度过了诞生的阵痛；在此向三位致谢！所有翻译的错误当然都还是由我负责。

宋家复

2013/04/02初稿, 10/23修订, 2014/02/10定稿